消费者-绿色品牌依恋关系研究

张启尧 著

WUHAN UNIVERSITY PRESS
武汉大学出版社

图书在版编目(CIP)数据

消费者-绿色品牌依恋关系研究/张启尧著.—武汉：武汉大学出版社，2021.6

ISBN 978-7-307-22290-8

Ⅰ.消…　Ⅱ.张 …　Ⅲ.消费心理学—研究　Ⅳ.F713.55

中国版本图书馆 CIP 数据核字(2021)第 092601 号

责任编辑:陈　帆　　　责任校对:李孟潇　　　版式设计:马　佳

出版发行：**武汉大学出版社**　(430072　武昌　珞珈山)

(电子邮箱：cbs22@ whu.edu.cn　网址：www.wdp. com.cn)

印刷:广东虎彩云印刷有限公司

开本:787×1092　1/16　印张:14.5　字数:335 千字　插页:2

版次:2021 年 6 月第 1 版　　2021 年 6 月第 1 次印刷

ISBN 978-7-307-22290-8　　定价:60.00 元

作者简介

张启尧，1988年生，湖北仙桃人，管理学博士，东华理工大学经济与管理学院讲师，硕士研究生导师。东华理工大学经济与管理学院市场营销系副主任，江西省民营经济研究中心智库专家。研究方向为消费者行为与品牌管理。主持或参加国家基金项目及省部级项目多项。以第一作者或通讯作者身份在CSSCI及中文核心期刊发表论文十余篇。曾获得2017年中国商业联合会科学技术奖一等奖，抚州市第八次社会科学优秀成果奖二等奖。

目　　录

第1章　绪　　论

1.1　研究背景及意义

1.1.1　研究背景

伴随经济社会快速发展而来的雾霾、水污染、全球变暖及资源短缺等生态环境问题严重威胁到了人们的生活质量和生命安全，如何维持和促进生态环境与经济社会的和谐可持续发展已成为大众普遍关注的热点问题。针对关系到人类社会共同利益与未来发展的生态环境危机，政府及相关组织已开始行动，并作出了一些相应的顶层设计和制度安排。在国际上，从1994年全球第一个为全面控制二氧化碳等温室气体排放而达成的《联合国气候变化框架公约》生效，到1997年明确温室气体减排为发达国家法律义务的《京都议定书》通过，再到2015年确定2016年后15年可持续发展目标的《2030年可持续发展议程》通过，最后到2016年为2020年后全球应对气候变化行动作出安排的《巴黎协定》签订，证明环境问题已成为世界各国政府国际关系发展的重要议题，而相关协定及公约的签署则对世界各国应对环境问题的目标及应承担的相应主体责任进行了协调和确认。中国作为负责任的发展中大国，一直对生态环境问题高度重视，除了积极加入并落实相关国际协定及公约外，还针对自身经济社会发展和环境问题的实际情况制定了一系列适合中国国情的相应政策法规。在党的十八届五中全会上，绿色发展就被确定为国家"十三五"时期的重要发展理念，为保持我国经济社会持续健康发展和建设美丽中国指明了方向。《中华人民共和国环境保护税法》《全国生态保护"十三五"规划纲要》《"十三五"环境影响评价改革实施方案》《关于划定并严守生态保护红线的若干意见》等一批新颁布的生态环境保护相关政策法规则对我国绿色发展和污染防治提出了更为具体的目标和要求，力求将改善生态环境质量落到实处。为了响应政府号召和履行社会责任，企业开始通过绿色创新和绿色营销活动降低生产经营可能对生态环境造成的不利影响。在绿色创新方面，企业通常采用渐进性绿色创新和突破性绿色创新两种途径，希望制造出既能应对环境问题又能具备一定新颖性和前沿性的绿色产品；在绿色营销活动方面，企业主要通过绿色产品设计、绿色产品价格设定、绿色营销渠道建立及绿色促销活动等绿色营销组合策略帮助其在满足消费者需求和保护生态环境的前提下创造绿色效益。与此同时，随着消费者自身环保意识的提升及政府企业的宣传与引导，例如我国环保部2015年印发的《关于加快推动生活方式绿色化的实施意见》，消费者在消费过程中开始自觉或不自觉地将产品或品牌的“绿色”元素考虑在内，希望通过绿色消费为环境保护作出自己的贡献。

虽然政府、企业、消费者及其他组织等主体的相互配合与协同能促进绿色发展的科学、有效、有序进行，但绿色发展归根结底还是要依靠市场的驱动，只有将绿色发展所倡导的节约资源、环境友好、人与自然和谐等理念融合到各类消费活动中，绿色发展的动力机制才能被真正启动。可见，绿色消费在绿色发展中具有举足轻重的作用。由于目前我国绿色消费市场还不成熟，固然消费者环保意识在不断提升，然而消费者现实的绿色消费水平并不高，这严重滞后了企业绿色发展的进程。营销学者们由消费者行为学视角将绿色消费效率低这一现象界定为“态度与行为意向的不一致”，即消费者经常会表现出对环境问题的关心并对绿色品牌持有正面的态度，但是却很少将这种关心和正面态度转换为对绿色品牌或产品的实际消费行为，最终导致绿色品牌或产品的市场占有率偏低。① 已有研究针对导致消费者绿色消费态度与行为意向不一致的原因进行了深入分析并提出了相应的对策建议，但这些对策建议在营销实践中并没有从根本上帮助企业扭转绿色消费水平不高的局面。以态度-行为理论作为解释和挖掘绿色消费行为形成内在机理的依据开始受到了学者们的质疑。首先，态度与行为之间的关系非常复杂，且影响两者关系的其他因素也较多，导致态度与行为的关系并不牢固，态度对行为的预测效果也并不佳；其次，态度强度本身的概念界定就很模糊，无法对其进行准确的把握和测量；最后，相关态度-行为理论，如计划行为理论和理性行为理论，主要以消费者行为理性为假设前提，而理性并非行为产生的动机，其仅可作为消费者获得幸福或规避痛苦的方式或手段。② 王建明和吴龙昌(2015)指出态度-行为理论仅强调个体行为驱动的认知成分作用，完全忽视或抽象情感成分的作用是导致消费者绿色购买行为无法被完全理解的关键原因。尤其是在我国注重情感、人情的传统东方文化背景下，完全借用由西方理性、理智文化发展而来的相关理论对中国人消费行为模式进行研究也是不合适的。基于此，其从情感层面提出了绿色购买情感-行为双因素模型，并通过实证研究发现积极情感更利于促成绿色购买行为，且相对于“晓之以理”的态度-行为理性路径，“动之以情”的情感-行为路径更容易启动和促进消费者绿色购买行为的产生。③ 可见，消费者绿色消费情感能帮助研究者更加深入的理解和发掘绿色消费行为形成的真实路径，且相关研究成果也能对中国情境下的企业绿色营销战略实施提供

---

① MAINIERI T, BARNETT E G, VALDERO T R, et al. Green buying: The influence of environmental concern on consumer behavior[J]. The Journal of Social Psychology, 1997, 137(2): 189-204.

② SHEPPARD B H, HARTWICK J, WARSHAW P R. The theory of reasoned action: A meta-analysis of past research with recommendations for modifications and future research[J]. Journal of Consumer Research, 1988, 15(3): 325-343.

PARK C W, MACINNIS D J, PRIESTER J R. Beyond attitudes: Attachment and consumer behavior[J]. Seoul National Journal, 2006, 12(2): 3-36.

休谟. 道德原则研究[M]. 北京：商务印书馆，2011.

③ 王建明，吴龙昌. 绿色购买的情感-行为双因素模型：假设和检验[J]. 管理科学，2015，28(6)：80-94.

更强的理论和实践借鉴作用。

即便绿色消费市场的消费效率并不高，但绿色消费需求却在不断提升，绿色消费市场规模也在日益壮大。阿里研究院和阿里公益公布的《2016 年度中国绿色消费者报告》显示，截至 2015 年年底，经阿里网络零售平台进行绿色消费的中国绿色消费群体已达 6500 万人，近四年来增长了约 14 倍，且这部分人群占到了淘宝活跃用户的 16%，说明我国具有绿色消费需求且愿意或已经进行绿色消费的人群正不断增长。① 绿色消费需求的释放和市场规模的扩大势必会加剧企业间的市场竞争和绿色产品的同质化。为了扩大绿色消费市场份额，获得差异化的竞争优势，构建绿色品牌成为企业适应绿色消费浪潮的重要选择。从品牌特性来看，绿色品牌的高品牌溢价在提升企业盈利水平的同时，其所创造的独特绿色品牌价值对推动企业转型升级也至关重要。由于我国绿色品牌发展还处于探索起步阶段，绿色品牌管理中的手段缺失、品牌相关判断识别体系不科学、品牌漂绿及绿色品牌真实性等矛盾十分突出，严重削弱了消费者绿色品牌消费热情和信任度。怎样让消费者认可并建立对绿色品牌的信心受到了国内相关绿色品牌营销学者的重点关注。同时，品牌拟人化研究的兴起也让绿色品牌的研究目标由怎样促进绿色品牌消费行为的生成转变到如何在消费者与绿色品牌间建立起牢固可持续的消费者-绿色品牌关系。虽然学者们已进行了大量相关研究，但多数研究还是主要基于消费者态度-行为理论进行的，如通常采用的品牌满意—品牌信任—品牌忠诚研究模式。② 与态度-行为理论在解释绿色消费行为生成中的情况一样，品牌满意和品牌信任在预测和解释消费者品牌忠诚行为中的作用也受到了广泛质疑和挑战。品牌满意和品牌信任并不意味着消费者与品牌间一定会建立稳固且持久的关系。③ 学者们同样将消费者-绿色品牌关系研究的目光转移到消费者品牌情感上来，认为一个品牌只要与消费者形成了情感上的共鸣，消费者就会与品牌之间建立起更为持久的忠诚关系。④ 在描述消费者-品牌关系的相关概念中，品牌依恋作为一种能由情感角度体现市场交换关系的构念，被认为比品牌态度能更好地说明和解释高层次消费行为反应，且能为消费者品牌忠诚形成提供一条全新的研究途径。⑤ 可见，消费者-绿色品牌依恋关系不仅能作为企业绿色品牌构建和发展的目标，还能帮助企业明确情感在维系消费者与绿色品牌关系中的优势，弥补因过度聚焦品牌态度-行为理论导致的绿色品牌情感管理缺

① 阿里研究院，阿里社会公益部．2016 年度中国绿色消费者报告[EB/OL].（2016-08-03）.［2016-12-22］. http：//www. aliresearch. com/blog/article/detail/id/21025. html.

② YIM C K, TSE D K, CHAN K W. Strengthening customer loyalty through intimacy and passion：Roles of customer-firm affection and customer-staff relationships in services[J]. Journal of Marketing Research, 2008, 45(6)：741-756.

③ 俞林．品牌信任、顾客满意及关系承诺[J]. 中国流通经济，2015(3)：101-107.

④ OLIVER R L. Whence consumer loyalty? [J]. Journal of Marketing, 1999, 63：33-44.

⑤ PARK C W, MACINNIS D J, PRIESTER J R. Beyond attitudes：Attachment and consumer behavior[J]. Seoul National Journal, 2006, 12(2)：3-36.

THOMSON M. Human Brands：Investigating antecedents to consumers' strong attachments to celebrities[J]. Journal of Marketing, 2013, 70(3)：104-119.

失。而迄今为止，消费者-绿色品牌依恋关系的理论研究仍然游离于营销学者们的视野之外。

因此，本书的研究目的在于：(1)明确消费者-绿色品牌依恋关系的内涵及构成，提出消费者-绿色品牌依恋关系的测量模型及测量指标，回答消费者-绿色品牌依恋关系“是什么”的问题；(2)对影响消费者-绿色品牌依恋关系建立的前因要素及相关作用路径进行挖掘，回答消费者-绿色品牌依恋关系“因何而起”的问题；(3)对消费者-绿色品牌依恋关系可能导致的心理和行为结果及相关影响机制进行探索，回答消费者-绿色品牌依恋关系“到哪里去”的问题。

1.1.2 研究意义

对消费者-绿色品牌依恋关系进行理论与实证研究不仅具有重要的理论意义，还具有一定的实践意义。

(1)理论意义

首先，通过对消费者-绿色品牌依恋关系内涵和构成的开发，丰富了绿色品牌关系管理理论，为理解情感因素在促进消费者与绿色品牌关系建立中的作用提供了新视角。虽然国内外学者普遍认为情感是品牌依恋的重要内容，但对品牌依恋概念及架构的认知却并不统一，以致滞后了消费者-绿色品牌依恋关系系统理论研究的开展。本书以品牌关系理论为指导，确定了消费者-绿色品牌依恋关系的内涵、构成维度及相关测量量表。这不仅提升了消费者-绿色品牌依恋关系在相关消费者心理和行为研究中的解释力，弥补了仅由认知或情感角度理解或解读消费者绿色品牌消费心理或行为的缺陷，还强化了人们对本土文化和绿色消费环境下消费者-绿色品牌依恋关系的科学认知。

其次，聚焦于消费者-绿色品牌依恋关系的前端，针对消费者-绿色品牌依恋关系的动因和激发机制，提出了较为全面和完善的理论解释。以往关于品牌依恋的研究仅提出或简单探讨了相关直接影响因素，并没有对导致高品牌依恋的作用机制进行系统探索。本书把自我一致性和绿色品牌消费情境一并设为影响消费者-绿色品牌依恋关系形成的前因，不仅利用消费者-绿色品牌关系真实性的中介作用探索了消费者-绿色品牌依恋关系的形成机制，还通过模糊集定性比较分析方法挖掘了自我一致性和绿色品牌消费情境在带来高消费者-绿色品牌依恋关系中的捆绑效应。这不仅完善了消费者-绿色品牌依恋关系形成前因研究的理论体系，还为消费者-绿色品牌依恋关系理论的挖掘给出了更加系统的方法与路径。

最后，梳理分析消费者-绿色品牌依恋关系的后效，发现不同消费者-绿色品牌依恋关系构成影响下的心理与行为反应，对比了这些反应的共性和独特性。目前关于品牌依恋后效的多数研究仅笼统地提出品牌依恋可以带来消费者积极的心理状态和高层次的行为反应，较少关注多维品牌依恋下消费者的反应差异性。以已确定的消费者-绿色品牌依恋关系构成维度为自变量，将绿色品牌承诺作为中介变量，认知风格为调节变量，绿色品牌行为意向为因变量，分别探索了不同消费者-绿色品牌依恋关系构成维度下的后效反应机制，并通过对分析结果的对比分析，发现了这些不同构成维度所致结果和作用路径的异同，明确了个体差异性在其中的调节作用。这不仅提高了消费者-绿色品牌依恋关系后效研究的理论深度，还打破了以往仅分别关注单一行为结果的理论研究局限。

（2）实践意义

首先，消费者-绿色品牌依恋关系内容的研究可以帮助企业品牌管理者明确消费者-绿色品牌依恋关系构造的目标。差异化的消费者-绿色品牌依恋关系构成维度代表着不同的评价标准，所提出的消费者-绿色品牌依恋关系构成维度和开发的相应测量题项能作为企业品牌管理者诊断其绿色品牌与消费者间依恋关系状况的工具。由于目前我国绿色品牌关系管理还处于起步阶段，企业对如何提升高层次绿色品牌依恋关系管理效率并没有清晰的认识，且相关绿色品牌关系研究一味强调绿色功能属性在其中的决定作用，导致现有消费者-绿色品牌关系判断标准在多数情况下无法真实反映实际问题。根据不同维度的测量分数可以清晰且准确的把握绿色品牌与消费者间依恋关系的状态，从而依据测评的结果对绿色品牌与消费者间的依恋关系进行有指向性的干预，提升不同构成维度间的协调性和平衡性。

其次，消费者-绿色品牌依恋关系前因的分析能帮助企业根据不同消费者特性和绿色品牌消费情境制定更为专门性与前瞻性的绿色品牌依恋关系治理办法。虽然总体来看自我一致性和绿色品牌消费情境或多或少都会对消费者-绿色品牌依恋关系有影响作用，但现实生活中绿色品牌消费情境构成因素和自我一致性构成因素并不是单一存在的，通常会存在多种能带来高消费者-绿色品牌依恋关系的自我一致性与绿色品牌消费情境组合。通过对这些自我一致性和绿色品牌消费情境组合的挖掘能帮助企业避免绿色品牌关系管理方式的单一化和简单化，推动品牌管理者依据不同的消费者自我特征设计和开发出符合自我构建与提升需要的绿色品牌消费情境，促进消费者和绿色品牌的深入互动与价值交融，使得两者间能形成稳定可持续的依恋关系，提升绿色品牌的市场竞争优势。

最后，消费者-绿色品牌依恋关系后效的研究可以帮助企业准确把握绿色品牌依恋关系管理的效果，提升绿色品牌管理相关资源的运用效率。消费者绿色品牌心理及行为反应是消费者-绿色品牌依恋关系高低的最直观体现。由消费者-绿色品牌依恋关系后效研究发现的相应消费者心理及行为反应有助于品牌管理者明确消费者-绿色品牌依恋关系建立和发展的市场目标。同时消费者反应还能更好的检验企业绿色品牌依恋关系管理的效果，帮助品牌关系管理者及时根据市场反应调整和修正绿色品牌关系管理方式与策略，提升消费者绿色品牌关系管理的可持续性和可预见性。此外，创新型认知风格和适应型认知风格在后效作用路径中的调节作用的不同，还有助于企业根据消费者个体差异制定更科学的绿色品牌技术创新计划和相应的绿色营销手段，实现有限绿色品牌管理资源的合理分配，提升消费者对绿色品牌的黏性。

1.2　国内外研究现状

1.2.1　品牌情感研究

(1) 情感与情绪

在对品牌情感研究现状综述前需要把握情感与情绪的联系和区别。情感与情绪同为描述具体感情状态的重要心理学专业术语，经常因字面意思的交融给学者们的使用造成困扰。通常，情感被认为是个体随着心智的成熟和社会认知的发展而形成的具有社会意义的情感体验，如责任感、对亲人的爱等；情绪被认为是个体对特定事件产生的情境性感情反应，如愤怒、快乐、悲伤等。① 具体而言，情感与情绪主要存在三个方面的显著差异。首先，情感与情绪在个体发展过程中出现的先后顺序不同。情绪多与个体的生理性需要相关，而情感则多与个体的社会性需要有关，如个体从出生开始就能通过哭和笑表达自己开心或生气的情绪，但个体对亲人的爱与责任感以及对美的欣赏等则是在社会性的交往和体验中形成的。可以说，个体的情绪出现在前，情感出现在后。其次，情绪是情境性和暂时性的，情感是稳定性和持久性的。情绪是个体因所处情境的刺激导致的发生在某一时间点或时间段内的感情反应，并会根据刺激的方向及强度而发生变化，因此我们经常会评价一个人的情绪"喜怒无常"。情感则是个体因多次的情绪体验或感受而发展出来的较为稳定且长期的感情状态，因此我们经常会祝福一对爱人"百年好合，地久天长"。情绪可被视为个体某一特定体验或感受反应的内在心理活动过程，情感则可被视为个体基于这一感情性心理活动形成的稳定心理状态。最后，情绪是外显的，情感则是内隐的。在情绪的作用下，个体的行为往往是不能自控的，如愤怒时暴跳如雷、高兴时手舞足蹈等；但由于情感是个体稳定且深沉的内在感情状态，往往会使个体具备较强的自控能力，不会轻易通过行为反映出来。虽然情感与情绪存在以上差异性，但两者同时也是密不可分的。在经过多次情绪化过程之后，个体的感情状态会归于平静和稳定，此时的情绪开始转化为个体的内在情感；而情感一般会通过情绪表现出来，且情绪表现还会受到已有情感的制约，如因与异性朋友在一起时的愉悦、轻松和快乐而慢慢爱上对方，而对恋人的爱又会因短暂的分离而表现出失落和忧伤等。此时，情感成为情绪的深化和本质，情绪则成为情感的基础和外在表现，两者融为了一体，使得情感与情绪在一般情况下经常会被通用。②

在消费者行为学领域，学者们对消费情感和消费情绪进行了研究。虽然有学者延续了

---

① GARDNER M P. Mood states and consumer behavior: A critical review[J]. Journal of Consumer Research, 1985, 12(3): 281-300.

BAGOZZI R P, GOPINATH M, NYER P U. The role of emotions in marketing[J]. Journal of the Academy of Marketing Science, 1999, 27(2): 184-206.

② 王雁．普通心理学[M]．北京：人民教育出版社，2002.

心理学角度的情感和情绪理论界定方式，认为消费情感和消费情绪在概念上存在一定差异，如何佳讯(2008)指出消费情绪多与消费者生理需要相关联，而消费情感则多与消费者社会性需要存在联系，① 但多数学者认为两者概念是相互联系和包容的。在消费者行为学的相关研究中，消费情感和消费情绪也同样经常被通用，仅存在称呼上的差异。② Westbrook 和 Oliver(1991)将消费情感定义为消费者因产品使用或相关消费经历所导致的一系列内在感情反应，且消费情绪通常更为急迫和更有情境性。③ Chaudhuri(1997)认为消费情感是消费者对相关消费情境的直接感受及主观体验，为消费者提供了与产品或服务相关的感觉性和体验性信息。④ 耿黎辉和陈淑青(2006)指出消费情感是消费者在购买、使用或消费产品或服务的消费过程中因企业相关内外部因素刺激导致的一系列内在特定情绪反应。⑤ 基于对情感和情绪概念的理解，本书将消费情感界定为消费者在购买及使用产品过程中因消费情境的刺激而引发的一系列特定情绪反应，且这种情绪反应会随着消费者与产品的不断互动而趋于稳定和深沉。

(2)品牌情感的内涵及作用

在品牌管理研究中，研究者发现消费者不仅会基于品牌产品所提供的功能利益进行品牌消费，还会根据自己的情感需求选择所需的品牌，甚至最终还会因这种情感需求的满足形成品牌忠诚。⑥ 随着消费情感研究的深入，品牌情感在解释和预测消费者品牌忠诚中的作用开始受到重视。Chaudhuri 和 Holbrook(2001)首先对品牌情感的概念进行了界定，指出品牌情感是消费者在品牌使用后对其形成正面感情反应的潜能，认为品牌信任与品牌情感同为消费者与品牌间关系性质的决定要素，且两者不仅能提升消费者的品牌忠诚度，还共同构成了品牌资产的重要组成部分。⑦ Mazodier 和 Merunka(2012)指出品牌情感为消费者对品牌形成的积极正面感情，由相关实证分析探明企业的赞助活动应在强化消费者品牌

---

① 何佳讯．中国文化背景下品牌情感的结构及对中外品牌资产的影响效用[J]．管理世界，2008(6)：95-108.

② MANO H，OLIVER R L. Assessing the dimensionality and structure of the consumption experience：evaluation，feeling，and satisfaction[J]. Journal of Consumer Research，1993，20(3)：451-466.

③ WESTBROOK R A，OLIVER R L. The dimensionality of consumption emotion patterns and consumer satisfaction[J]. Journal of Consumer Research，1991，18(1)：84-91.

④ CHAUDHURI A. Consumption emotion and perceived risk：A macro-analytic approach[J]. Journal of Business Research，1997，39(2)：81-92.

⑤ 耿黎辉，陈淑青．消费情绪与购后行为的关系研究综述[J]．西南交通大学学报(社会科学版)，2006，7(5)：93-99.

⑥ WAGNER T，HENNIG-THURAU T，RUDOLPH T. Does customer demotion jeopardize loyalty？[J]. Journal of Marketing，2009，73(3)：69-85.

⑦ CHAUDHURI A，HOLBROOK M B. The chain of effects from brand trust and brand affect to brand performance：the role of brand loyalty[J]. Journal of Marketing，2001，65(2)：81-93.

信任和品牌情感的基础上才能实现消费者品牌忠诚的提升。① 望海军(2012)将品牌情感定义为消费者对品牌所持有的一种特殊情感，反映了消费者对品牌的喜恶，并研究发现基于品牌功能性利益形成的品牌信任和品牌情感均是品牌忠诚的决定性因素，且随着时间的推移或消费次数的增加，品牌信任对品牌忠诚的影响会提升，品牌情感的作用反而会降低。② 谢毅和彭泗清(2014)延续了 Chaudhuri 和 Holbrook(2001)对品牌情感的定义，通过研究品牌信任、品牌情感、消费者态度及口碑传播的关系发现，品牌信任和品牌情感均对消费者口碑传播意愿产生影响，且品牌信任和品牌情感对口碑传播意愿的作用分别通过增强消费者品牌态度和提升消费者态度确定性的路径达到影响效果。③ 本书也继续采用 Chaudhuri 和 Holbrook(2001)关于品牌情感的定义。由以上关于品牌情感的研究可以发现，品牌情感在促进品牌忠诚、正面口碑传播等消费者积极心理和行为响应方面的作用已得到了学者们的广泛认同，特别是其与品牌信任所产生的协同作用亦说明消费者品牌购买行为的产生是消费者对品牌认知反应和情感反应的共同结果。可见，品牌情感在消费者品牌选择行为研究中扮演着重要角色。

(3)品牌情感的构成

在对品牌情感构成进行综述前需对目前消费情感的主要划分方式有一个基本认识。目前在消费情感的研究中，通常会按照以下三种方式对消费情感的构成进行划分，第一种按照消费情感发展过程进行划分，认为消费情感作为一个连续的发展过程，消费者的情感会由不愉快发展到愉快，消费情感构成应包括所有对情感发展状态进行相应描述的形容词，且不对消费情感进行正向或负向划分；④ 第二种按照消费者情感的正负状态进行划分，认为消费情感可分为正面情感和负面情感两种独立的状态，且两者应进行分开研究，如正面情感包括快乐、愉悦、满足等，负面情感包括郁闷、烦恼、愤怒等；⑤ 第三种按照消费的过程进行划分，认为消费情感可划分为消费前情感和消费后情感，且随着消费的发展和情感的变化，消费前情感通常会对消费后情感产生重要影响。⑥ 目前在消费情感的研究中多

① MAZODIER M, MERUNKA D. Achieving brand loyalty through sponsorship: the role of fit and self-congruity[J]. Journal of the Academy of Marketing Science, 2012, 40(6): 807-820.

② 望海军. 品牌信任和品牌情感：究竟谁导致了品牌忠诚？——一个动态研究[J]. 心理学报, 2012, 44(6): 830-840.

③ 谢毅, 彭泗清. 品牌信任和品牌情感对口碑传播的影响：态度和态度不确定性的作用[J]. 管理评论, 2014, 26(2): 80-91.

④ SMITH A K, BOLTON R N. The effect of customers' emotional responses to service failures on their recovery effort evaluations and satisfaction judgments[J]. Journal of the Academy of Marketing Science, 2002, 30(1): 5-23.

⑤ WESTBROOK R A. Product/consumption-based affective responses and postpurchase processes[J]. Journal of Marketing Research, 1987: 258-270.

⑥ HOLBROOK M B, GARDNER M P. Illustrating a dynamic model of the mood-updating process in consumer behavior[J]. Psychology and Marketing, 2000, 17(3): 165-194.

采用第二种划分方式，将消费情感分为正面情感和负面情感两种或取其中的一种进行研究。①

消费者在购买和使用品牌时同样会形成十分丰富的情感，如购买和使用能突显身份地位的品牌会让消费者感到自信和尊贵；使用新颖和具有创新特性的品牌产品则会让消费者感到激动和快乐；而品质较差的品牌则会让消费者感到失望、烦恼和愤怒。② 按照品牌情感的定义，品牌情感的构成也可按照消费情感划分方式被分为正面品牌情感和负面品牌情感，但研究重点仅为其中的正面品牌情感。何佳讯（2008）对中国文化背景下的品牌情感构成进行了研究，认为品牌情感应包括"真有之情"和"应有之情"两个维度，其中"真有之情"是消费者在品牌使用中因对品牌的喜爱而形成的对品牌的无法自控的正面情绪反应，包括吸引、高兴、愉悦及乐趣等；"应有之情"则指消费者因受到文化规范（如爱国主义、传统文化、风俗礼仪等）的影响而对品牌形成的义务上的感情。③ 黄静和林青蓝（2010）由消费者-品牌关系出发将品牌情感分为消费者-品牌个人情感和消费者-品牌社会情感两个维度，其中消费者-绿色品牌个人情感主要源于消费者和品牌间的热切交往，而品牌爱则反映的是消费者由品牌体验形成的相关认知，且能体现两者间深度心理关联的品牌依恋构成了品牌爱的主要内容；消费者-品牌社会情感强调社会文化在消费者与品牌间情感联结中的作用，认为当消费者感知自己属于想强烈归属的某一社会团体时，就会形成对品牌的特殊偏爱情感。④ 由以上文献综述可以发现，目前品牌情感构成研究主要以消费者正面情感为导向，不仅包括消费者对品牌的单向情感反应，还包括基于消费者-品牌关系的互动型情感反应。但无论是哪种品牌情感构成划分方式，都应该将所处的特定文化背景考虑在内，否则将无法对品牌情感构成及内涵进行合理清晰的解释。

1.2.2 消费者-绿色品牌关系研究

(1) 消费者-绿色品牌关系的相关构念

品牌拟人化理论的建立和运用让消费者-品牌关系逐步成为品牌管理研究的热点问题。Blackston（1992）最先提出了消费者-品牌关系的概念，认为消费者-品牌关系是消费者对品牌的态度与品牌对消费者的态度之间的互动。⑤ Fournier（1998）指出消费者与品牌间能建

---

① LEE Y K, BACK K J, KIM J Y. Family restaurant brand personality and its impact on customer's emotion, satisfaction, and brand loyalty[J]. Journal of Hospitality & Tourism Research, 2009, 33(3): 305-328.

② 谢毅，彭泗清. 品牌信任和品牌情感对口碑传播的影响：态度和态度不确定性的作用[J]. 管理评论，2014，26(2)：80-91.

③ 何佳讯. 中国文化背景下品牌情感的结构及对中外品牌资产的影响效用[J]. 管理世界，2008(6)：95-108.

④ 黄静，林青蓝. 消费者-品牌的个人和社会情感维度研究[J]. 武汉大学学报（哲学社会科学版），2010，63(3)：446-450.

⑤ BLACKSTON M. Building brand equity by managing the brand's relationships[J]. Journal of Advertising Research, 1992, 32(3): 79-83.

立起一种类似人之间的人际关系。① 消费者-品牌关系让品牌管理研究由传统的品牌认知层面转向了品牌关系层面，突破了由品牌态度等传统品牌概念对品牌管理研究的限制，为由消费者与品牌互动视角探索消费者行为的形成和发展机制提供了新的思路和启发，打开了基于消费者的品牌资产研究新格局。② Fournier(1994)在其博士学位论文"A consumer-brand relationship framework for strategic brand management"中基于案例研究的方法对三名不同年龄段和生活状态的女性进行了深入访谈，通过对访谈内容的定性研究并结合人际关系的相关理论提出了用于判断消费者-品牌关系强度、稳定性和持久性的品牌关系质量(brand relationship quality，BRQ)概念，发现品牌关系质量共包括六个维度：相互依赖、个人承诺、爱与激情、自我联结、亲密情感、伙伴质量等。③ 品牌关系质量概念及其构成为消费者-品牌关系理论的研究提供了依据和参考，由此形成了自我-品牌联结、品牌满意、品牌承诺和品牌依恋等相关具体构念来形容、抽象和概括品牌关系。这些相关具体概念的提出深化了人们对品牌关系理论的认识和理解，并进一步增强了相关消费者-品牌关系测量量表的实用性和可操作性。

在由传统态度-行为理论无法解释消费者绿色品牌消费态度与消费行为不一致问题的背景下，消费者-绿色品牌关系为消费者绿色品牌消费行为研究提供了更强的理论依据。推动牢固可靠的消费者-绿色品牌关系建立已成为绿色品牌管理的重要目标和内容。随着相关研究不断开展和深入，与消费者-绿色品牌关系相关的构念也开始被不断提出。在这些构念被普遍认知和接受前，品牌忠诚已然作为鉴定两者间关系的主要依据和标准。虽然品牌忠诚也具备丰富的关系内涵，但品牌忠诚的过度简化研究也压缩了其他消费者-品牌关系构念的发展空间。④ 绿色品牌忠诚也同样属于消费者-绿色品牌关系范畴内被最先提出的相关构念。Kang 和 Hur(2012)将绿色品牌忠诚定义为消费者对于未来继续重复购买和使用的承诺，认为绿色品牌忠诚可由消费者是否重复购买绿色品牌产品或对绿色品牌持有正面口碑来判断。⑤ 除绿色品牌忠诚外，Chen(2010)指出绿色品牌满意是消费者因绿色品牌满足其环保欲望、可持续发展期望和绿色需求等而获得的一种消费愉悦状态，实证研究发现绿色品牌满意度能显著提升绿色品牌价值。⑥ Lin 等(2017)则对消费者自我-绿色品牌联结进行了界定，指出自我-绿色品牌联结是消费者将品牌融入自我概念的程度，认为

① FOURNIER S. Consumers and their brands: Developing relationship theory in consumer research[J]. Journal of Consumer Research, 1998, 24(4): 343-353.

② 何佳讯，卢泰宏．中国文化背景中的消费者-品牌关系：理论建构与实证研究[J]．商业经济与管理，2007，193(11)：41-49.

③ FOURNIER S. A consumer-brand relationship framework for strategic brand management [D]. Gainesville: University of Florida, 1994.

④ 谢毅，彭泗清．消费者-品牌关系的影响因素：一项探索性研究[J]．商业研究，2008(1)：1-7.

⑤ KANG S, HUR W M. Investigating the antecedents of green brand equity: A sustainable development perspective[J]. Corporate Social Responsibility and Environmental Management, 2012, 19(5): 306-316.

⑥ CHEN Y S. The Drivers of green brand equity: Green brand image, green satisfaction, and green trust [J]. Journal of Business Ethics, 2010, 93(2): 307-319.

当绿色品牌宣称自己是环境友好和行为道德时，消费者能利用购买和使用绿色品牌产品的机会表达自己的绿色身份并展现象征性的自我。同时，他们的研究还发现对于实体性产品的绿色品牌，消费者自我-绿色品牌联结对绿色品牌忠诚有显著的正向影响作用。① 虽然目前描述消费者-绿色品牌关系的相关构念并不多，但通过文献分析可以发现消费者-绿色品牌关系的研究主要是以消费者绿色品牌忠诚度提升和绿色品牌价值创造为最终目的的。此外，由于目前绿色品牌的市场认可度和接受度较低，为了促进消费者-绿色品牌关系的建立，相关学者将消费者-绿色品牌关系的研究视角下沉到绿色品牌的定位上来。Suki(2016)指出绿色品牌定位是一个企业关于自己绿色形象是否能被公众感知的绿色定位，认为绿色品牌定位只有与消费者绿色消费需求相契合时，消费者才能将绿色品牌形象与其具备的绿色环保价值联系起来。② Wang(2016)对在线绿色品牌消费环境下品牌定位问题进行了深入分析，将品牌定位的内容及方向进行了细化，提出可通过网络技术创新和网络接口优化提升消费者对绿色品牌定位的认知。③

(2)消费者-绿色品牌关系建立的影响因素

基于对消费者-绿色品牌关系相关构念的挖掘，学者们还对消费者-绿色品牌关系建立的影响因素进行了分析。Rahman 和 Haque(2011)认为制定弹性定价方案是赢取消费者绿色品牌忠诚的关键，研究发现性别、年龄、职业、收入、受教育水平和婚姻状况等人口统计变量中仅消费者收入和受教育水平与消费者绿色品牌溢价支付意愿存在相关性，指出可通过针对各收入水平和受教育程度消费者采取差异化的定价策略赢得消费者忠诚。④ Papista 和 Krystallis(2013)通过对绿色品牌感知价值、消费者-绿色品牌关系质量及绿色品牌忠诚三者间关系的分析，探究了消费者视角下绿色品牌构建的效用和成本，指出影响绿色品牌忠诚的价值要素包括绿色品牌的经济价值、社会价值、享乐价值和利他性价值；而影响绿色品牌忠诚的成本要素则包括绿色品牌的价格、努力、评估、时间和绩效等。此外，他们还发现这些价值要素和成本要素对消费者绿色品牌感知价值的影响还会受到消费者环境关心、环保知识、感知效用和涉入度的调节作用。⑤ Bekk(2016)探究了影响绿色品牌价值的相关前置要素，指出绿色品牌形象会对消费者满意有显著的正向影响，研究认为

① LIN J, LOBO A, LECKIE C. The role of benefits and transparency in shaping consumers' green perceived value, self-brand connection and brand loyalty[J]. Journal of Retailing and Consumer Services, 2017, 35: 133-141.

② SUKI N M. Green product purchase intention: Impact of green brands, attitude, and knowledge[J]. British Food Journal, 2016, 118(12): 2893-2910.

③ WANG H J. Green brand positioning in the online environment [J]. International Journal of Communication, 2016, 10: 1405-1427.

④ RAHMAN K M, HAQUE M. Exploring price sensitivity of a green brand: A consumers' perspective[J]. World Review of Business Research, 2011, 1(2): 84-97.

⑤ PAPISTA E, KRYSTALLIS A. Investigating the types of value and cost of green brands: proposition of a conceptual framework[J]. Journal of Business Ethics, 2013, 115(1): 75-92.

绿色品牌形象是绿色品牌价值构建的重要基础。① Jeng 和 Yeh(2016)由消费者价值视角挖掘了绿色酒店品牌定位的相关影响因素，发现消费者通过对绿色酒店品牌消费的健康福利、环境保护、光顾频率增加、心情愉快和改善环境能力等结果利益的价值感知能为绿色酒店品牌定位提供借鉴。② Chen(2016)研究了漂绿对绿色品牌价值的影响机理，指出漂绿与绿色品牌形象、品牌价值和消费者绿色品牌满意间均存在负相关关系，绿色品牌形象和绿色品牌满意对绿色品牌价值有显著的正向影响，且绿色品牌形象和绿色品牌满意在漂绿对绿色品牌价值的负向影响中具有中介作用。③ 由以上相关研究可以发现，人口统计变量、消费者价值、绿色品牌利益、绿色品牌消费成本、绿色品牌形象和漂绿等被视为影响消费者-绿色品牌关系建立的主要因素。

(3)消费者-绿色品牌关系的结果

除消费者-绿色品牌关系的影响因素外，学者们还就消费者-绿色品牌关系可能导致的结果进行了探讨。Hartmann 等(2005)研究了绿色品牌功能定位策略和情感定位策略对消费者绿色品牌态度的影响，发现单独或交互的积极绿色品牌功能定位策略和情感定位策略均有利于消费者绿色品牌态度的形成，指出基于功能和情感的绿色品牌定位策略能帮助消费者实现绿色品牌感知效用最大化。④ Mourad 和 Serag(2012)研究了绿色品牌形象、绿色品牌满意、绿色品牌信任和绿色品牌意识对消费者绿色品牌偏好的影响，实证分析指出除绿色品牌认知外，绿色品牌形象、绿色品牌满意和绿色品牌信任均与绿色品牌偏好间呈强相关关系，且这些因素与绿色品牌偏好的关系还会因消费者年龄、收入水平和受教育水平的不同而存在差异。⑤ Nazari 等(2015)探讨了绿色品牌形象、绿色品牌满意、绿色品牌信任及绿色品牌价值相关要素间的关系，发现绿色品牌满意不仅能强化绿色品牌信任，还能提升消费者绿色品牌意识、绿色品牌感知质量及绿色品牌忠诚。⑥ Bekk(2016)在分析了绿色品牌形象、绿色品牌满意和绿色品牌信任等绿色品牌价值前因后接着对后果进行了分析，指出绿色品牌价值会继续促进绿色品牌态度的形成，并有利于消费者对绿色品牌积极

① BEKK M, SPÖRRLE M, HEDJASIE R, et al. Greening the competitive advantage: Antecedents and consequences of green brand equity[J]. Quality & Quantity, 2016, 50(4): 1727-1746.

② JENG M Y, YEH T M. The effect of consumer values on the brand position of green restaurants by means-end chain and laddering interviews[J]. Service Business, 2016, 10(1): 223-238.

③ CHEN Y S, TIEN W P, LEE Y I, et al. Greenwash and green brand equity[C]//PICMET. 2016 Proceedings of PICMET' 16: Technology Management for Social Innovation. Honolulu: [s. n.], 2016: 1797-1803.

④ HARTMANN P, IBÁÑEZ V A, SAINZ F J F. Green branding effects on attitude: Functional versus emotional positioning strategies[J]. Marketing Intelligence & Planning, 2005, 23(1): 9-29.

⑤ MOURAD M, SERAG ELDIN AHMED Y. Perception of green brand in an emerging innovative market [J]. European Journal of Innovation Management, 2012, 15(4): 514-537.

⑥ NAZARI E, GHASEMI B, SAEIDI S S. Explain the relationship between green brand image, green satisfaction and green trust and factors affecting on green brand equity[J]. Bulletin of The Georgian National Academy of Sciences, 2015, 9(1): 487-494.

口碑的传播。① Amegbe 和 Hanu(2016)研究了绿色导向、绿色品牌价值和企业竞争绩效间的作用机理，发现绿色品牌联想和绿色品牌忠诚能显著提升企业的绿色导向竞争绩效，而绿色品牌意识和绿色感知质量对企业绿色导向竞争绩效的影响并不显著。② 由以上学者对消费者-绿色品牌关系结果的研究可知，目前消费者-绿色品牌关系的结果主要包括绿色品牌态度、绿色品牌偏好、绿色品牌信任、绿色品牌满意、绿色品牌忠诚、绿色品牌口碑传播及企业竞争绩效等，且相关研究多以绿色品牌价值为中介变量。此外，消费者-绿色品牌关系的相关构念亦可作为其他构念的结果，如绿色品牌信任利于消费者绿色品牌忠诚度的提升。

1.2.3 绿色品牌消费行为研究

(1)以品牌转换为导向的绿色品牌消费行为研究

不论是在理论研究层面还是在企业实践层面，绿色品牌概念提出的时间都还较短，导致消费者对绿色品牌的认识度和接受度并不高。如何促进消费者在品牌偏好上由传统品牌转向绿色品牌，主动且自如地选择绿色品牌产品成为相关学者关注的问题。我国学者陶宇红、井绍平和李自琼等对这一问题进行了较为全面的分析，并专门就消费者绿色品牌转换行为的影响因素进行了深入探究。井绍平等(2008)指出影响消费者由非绿色品牌向绿色品牌转换的驱动因素大体可分为基本因素、强化因素和深化因素三类，其中基本因素是对消费者品牌转换产生最基础作用的因素，如收入与价格、产品性能和质量以及品牌形象等；强化因素是作用于消费者品牌转换的外部干扰因素，如社会参照群体、绿色消费宣传及非绿色品牌不安全性等；深化因素则是消费者绿色品牌和绿色消费观念建立和巩固的驱动因素，如社会环保责任、环保意识等。③ 接着，李自琼等(2010)将研究对象进行了细化，以食品和家电为例，从绿色营销的视角研究了影响消费者绿色品牌偏好变化的相关因素，研究发现绿色产品有无绿色概念并没有成为消费者品牌偏好形成的决定新因素；同品类产品的负面信息成为消费者绿色品牌偏好形成的催化剂；消费群体成为消费者绿色品牌偏好形成的重要参照；绿色产品属性则成为制约消费者绿色品牌偏好变化的主要瓶颈。④ 然后，井绍平等(2010)专门对口碑在促进消费者绿色品牌转换中的作用进行了分析，指出口碑传播是推动消费者由非绿色品牌向绿色品牌转换的重要影响因素，并在解析绿色营

---

① BEKK M, SPÖRRLE M, HEDJASIE R, et al. Greening the competitive advantage: Antecedents and consequences of green brand equity[J]. Quality & Quantity, 2016, 50(4): 1727-1746.

② AMEGBE H, HANU C. Exploring the relationship between green orientation, customer based brand equity (CBBE) and the competitive performance of SMEs in Ghana[J]. Journal of Marketing Development and Competitiveness, 2016, 10(1): 80-93.

③ 井绍平，陶宇红，田泽永. 消费者品牌转换驱动因素研究：基于绿色营销视角[J]. 商业经济与管理，2008，198(4)：50-54.

④ 李自琼，陶宇红，井绍平. 基于绿色营销的消费者品牌偏好变化影响因素的实证研究——以食品、家用电器为例[J]. 生态经济(学术版)，2010 (2)：335-340.

销通过口碑传播影响消费者口碑转换的路径基础上发现，绿色营销对口碑传播的作用主要包括推动口碑传播内容的变化、方式的更新、速度的提升及角色的转换等方面，而口碑传播效用的提升则需要依靠促进消费者认知与绿色品牌口碑传播内容的共鸣、构建以消费者满意为导向的口碑传播体系、积极应对负面口碑传播、注重口碑传播媒介的使用以及意见领域的培养等。① 最后，陶宇红等(2011)采用BP人工神经网络模型探寻了消费者绿色品牌偏好的变化趋势，通过实证研究发现消费者对绿色品牌偏好的形成及转变和消费者认知间呈现非线性的关系，绿色品牌偏好的形成多易受到产品与消费者的相关性以及消费者所属消费群体的影响。消费者品牌偏好的变化则具体包括了逐渐向绿色产品消费转移、消费群体细分日益突出、知名绿色品牌偏好的形成速度提升、变化效果受绿色产品属性限制等方面。② 此外，井绍平和王春梅(2008)还专门对如何控制消费者绿色品牌成本这一问题进行了研究，其基于价值链成本控制理论认为消费者在由非绿色品牌转换到绿色品牌过程中可能面对包括程序、财务和关系等三方面在内的高转换成本，研究指出品牌转换的程序转换成本控制可通过成立作业中心的方式对企业售前和售后两部分销售费用加以控制；品牌转换的财务以及关系转换成本则可在同时研判竞争对手价值链与行业价值链的基础上通过优化自身价值链实现。③ 由以上研究可以发现，消费者绿色品牌转换行为的影响因素主要可分为消费者内在要素，如环保意识、社会责任、收入水平等；绿色品牌相关要素，如绿色品牌价格、产品性能和质量、品牌形象等；外在环境要素，如参照群体、广告宣传、竞争对手状况等。

(2)以品牌购买为导向的绿色品牌消费行为研究

除了消费者绿色品牌转换外，近年来学者们还将绿色品牌消费行为研究的注意力集中到如何提升消费者绿色品牌购买行为的问题上来，并就该问题进行了大量的相关研究。Olsen等(2014)对新绿色产品是如何改变消费者品牌态度的问题进行了研究，发现新绿色产品介绍能显著提升消费品牌态度，而新绿色产品介绍则会受到品牌及品类定位的影响。他们提出绿色产品信息质量、产品类型、信息来源可靠性等因素会进一步对新绿色产品改变消费者品牌态度的效果和程度产生影响。④ Doszhanov和Ahmad(2015)构建了绿色品牌意识、绿色品牌信任、绿色品牌形象和绿色感知价值对消费者绿色产品使用意向作用的概念模型，通过实证研究发现绿色品牌意识、绿色品牌信任和绿色感知价值分别与消费者绿色产品使用意向间存在显著相关性，而绿色品牌形象对消费者绿色产品使用意向的形成没

① 井绍平，陶宇红，李自琼．消费者品牌转换口碑传播影响因素研究：基于绿色营销视角[J]．管理世界，2010(9)：182-183.

② 陶宇红，井绍平，周庆元．基于BP模型的消费者绿色品牌偏好变化趋势分析[J]．消费经济，2011，27(4)：19-23.

③ 井绍平，王春梅．基于绿色营销视角的消费者品牌转换成本控制研究[J]．江苏技术师范学院学报，2008，23(11)：104-108.

④ OLSEN M C，SLOTEGRAAF R J，CHANDUKALA S R. Green claims and message frames：How green new products change brand attitude[J]. Journal of Marketing，2014，78(5)：119-137.

有显著的影响。① 刘中刚(2015)研究了农产品绿色信息完美度和品牌知名度对消费者品牌购买意愿说服效果的影响，通过实验研究发现绿色双面信息更有利于消费者不知名品牌可信度的提升，而工艺非绿色双面信息比原料非绿色双面信息更不利于消费者对产品做出积极评价。此外，当在绿色双面信息中融入价格折扣信息时，消费者对知名品牌的购买意愿会明显增强，但对不知名品牌的购买意愿则会随之减弱。② Nagar(2015)探究了绿色广告对品牌形象的影响，构建了包括绿色广告态度、品牌形象、品牌态度、产品涉入度和品牌购买意愿等在内的概念模型，研究发现积极的绿色广告态度、品牌形象和品牌态度有利于品牌购买意愿的提升，且产品涉入度在品牌态度对品牌购买意愿的影响中有调节作用，即随着消费者产品涉入度的提升，消费者绿色品牌态度对品牌购买意愿的影响也会随之增强。③ Ulusoy 和 Barretta(2016)研究了消费者对广告宣称环保品牌的感知、品牌信任和品牌购买意愿三者间的关系，发现对环境问题没有很高关注度的消费者具备较高的品牌态度，但品牌购买意愿并不显著；对环境问题非常关注的消费者则对品牌展现出很高的购买意愿，但他们并不信任广告中关于该品牌为绿色品牌的宣传。④ 由以上以品牌购买为导向的消费者绿色品牌消费行为研究文献可以发现，目前学者们主要关注的是消费者绿色品牌态度的建立路径和绿色品牌购买行为的形成机理，所利用的相关探析要素基本包含了基于消费者视角的绿色品牌价值构成要素(如绿色品牌意识、绿色品牌信任、绿色感知价值等)、绿色品牌相关要素(如绿色品牌知名度、绿色品牌形象等)以及外在环境要素(如绿色广告、信息可靠度等)。

1.2.4 文献评述

通过分别对品牌情感、消费者-绿色品牌关系及绿色品牌消费行为相关文献的回顾，可以发现品牌情感在探寻和解释不同消费者品牌消费意向形成机理中的重要作用已被广泛认可；依据消费者-绿色品牌关系提取出的相关构念打开了从品牌关系层面研究消费者绿色品牌消费行为的新局面，弥补了以往从品牌认知层面进行绿色品牌研究的不足；绿色品牌消费行为研究现状则明确了绿色品牌转换和绿色品牌购买在目前绿色品牌研究中的导向作用。虽然这三类研究并没有对消费者-绿色品牌依恋关系进行直接探讨，且分别尝试着解决绿色品牌研究相关的不同问题，但它们却在研究思路和研究内容等方面相互补充相互

---

① DOSZHANOV A, AHMAD Z A. Customers' intention to use green products: The impact of green brand dimensions and green perceived value[C]//SHS Web of Conferences. Les Ulis Cedex A: EDP Sciences, 2015: 1-16.

② 刘中刚. 农产品绿色信息完美度及品牌知名度对说服效果的影响：双面信息的视角[J]. 经济经纬, 2015, 32(5): 31-36.

③ NAGAR K. Modeling the effects of green advertising on brand image: Investigating the moderating effects of product involvement using structural equation[J]. Journal of Global Marketing, 2015, 28(3-5): 152-171.

④ ULUSOY E, BARRETTA P G. How green are you, really? Consumers' skepticism toward brands with green claims[J]. Journal of Global Responsibility, 2016, 7(1): 72-83.

配合，如品牌情感和消费者-绿色品牌关系均被认为能突破由传统品牌认知层面进行绿色品牌研究的限制，帮助研究者明晰消费者-绿色品牌依恋关系研究的重要性和前沿性，为深入理解和研究消费者-绿色品牌依恋关系奠定了一个良好的开端。虽然相关文献的成果对消费者-绿色品牌依恋关系研究起到一定引导作用，但是还存在着一些局限和需要扩展的空间。

首先，由品牌情感概念的界定及构成看，研究所处特定文化背景成为品牌情感构成要素划分的重要依据。然而由消费者-绿色品牌依恋关系的研究现状可见，目前所提相关构念多为欧美发达国家学者的研究成果，且理论依据也主要源于品牌关系质量(brand relationship quality，BRQ)的相关维度，并没有完全结合中国的特有文化背景和绿色消费实际情况提出的相关构念。因此，有必要以中国消费者为研究样本，重新对消费者-绿色品牌关系相关情感构念的内涵和构成进行挖掘。

其次，现有研究虽探究了消费者价值、利益、人口统计变量、绿色品牌形象及品牌漂绿等对消费者-绿色品牌关系建立的影响，但欠缺由消费者本身固有自我要素和外部消费情境要素等方面对消费者-绿色品牌关系构建过程的全面深入研究。绿色品牌所具备的绿色环保属性加上妨碍消费者-绿色品牌关系建立的绿色品牌漂绿和真实性等问题都预示着消费者-绿色品牌关系的形成过程会和传统品牌关系有一定差别，然而已有相关研究通常以传统品牌关系理论为基础，并没有形成对消费者-绿色品牌关系建立过程研究的专门理论体系。

最后，以往绿色品牌消费行为研究主要以绿色品牌转换和绿色品牌购买为导向，但并没有将这些绿色品牌消费行为细化或具体化。虽然消费者-绿色品牌关系能促使消费者对绿色品牌采取积极的品牌消费行为，但由于实际消费者绿色品牌消费行为的表现形式多种多样，如重复购买、口碑推荐、差错容忍等，现有研究的缺失使得消费者-绿色品牌关系作用下的具体绿色品牌消费行为产生路径及可能达到的效果并不明确。此外，目前以情感为导向的消费者-绿色品牌关系研究还多停留在理论分析阶段，缺乏实证检验和实践操作性。

1.3 研究内容与研究方法

1.3.1 研究内容

本书主要对消费者-绿色品牌依恋关系进行研究，在挖掘消费者-绿色品牌依恋关系内涵和构成的基础上，通过构建消费者-绿色品牌依恋关系前因后效研究的概念模型，以发现促进消费者-绿色品牌依恋关系建立的作用路径和消费者-绿色品牌依恋关系的后向影响机制。全文共分为七章，主要研究内容如下：

第一章，绪论。主要介绍研究的背景及意义；梳理品牌情感、消费者-绿色品牌关系和绿色品牌消费行为等相关国内外文献并提出研究中存在的不足；说明研究的主要内容、所采用的研究方法及研究的技术路线。

第二章，消费者-绿色品牌依恋关系研究的理论基础。主要把握绿色品牌的概念、绿色品牌消费的困境和绿色品牌消费的特点；阐述品牌依恋的内涵、相关作用模型及品牌依恋与类似概念的区别；掌握消费情境的概念、分类及其与消费者响应的关系；理解 S-O-R 理论、ABC 理论和价值-信念-规范理论等品牌决策行为相关理论。

第三章，消费者-绿色品牌依恋关系的结构及量表开发。采用扎根理论挖掘消费者-绿色品牌依恋关系的构成要素，提出各维度相应的初始量表；利用探索性因子分析对消费者-绿色品牌依恋关系初始量表进行信度和效度分析，实现初始量表的纯化；通过验证性因子分析对处理后的消费者-绿色品牌依恋关系量表进行结构方程模型分析和竞争模型分析，确定消费者-绿色品牌依恋关系各维度最终的测量量表。

第四章，消费者-绿色品牌依恋关系前因后效的研究模型构建。分别选取用于前因和后效研究的相关变量；基于 S-O-R 理论、ABC 理论和价值-信念-规范理论构建消费者-绿色品牌依恋关系前因后效研究的作用模型；分别提出消费者-绿色品牌依恋关系前因和后效作用的相关研究假设；构建消费者-绿色品牌依恋关系研究的整合概念模型，并对相关研究假设进行汇总。

第五章，研究设计与变量测量。依据国内外已有相关研究成果生成消费者-绿色品牌依恋关系前因后效研究所需所有初始量表，并对相关变量进行操作化定义；通过预调研采集的数据对初始量表进行净化和分析，形成正式测量量表；利用正式调研采集的数据对正式测量量表的信度和效度进行分析，对量表进一步优化以形成前因后效的最终测量量表。

第六章，消费者-绿色品牌依恋关系模型的检验与分析。对所研究的变量进行相关性分析与共同方法偏差检验；分别对消费者-绿色品牌依恋关系前因作用和后效作用的相关假设进行检验。

第七章，结论与展望。基于前述消费者-绿色品牌依恋关系构成分析及相关假设的检验结果对研究的结论进行探讨；提出研究的主要创新点；指出研究存在的局限并提出未来研究的方向。

1.3.2 研究方法

(1) 文献研究法

通过对与消费者-绿色品牌依恋关系研究变量相关的国内外文献进行广泛收集和深入阅读，重点分析和系统梳理绿色品牌、消费者-绿色品牌关系、品牌依恋及消费情境等已有研究成果，揭示相关理论的研究思路和研究轨迹，为消费者-绿色品牌依恋关系构成的研究及前因后效作用概念模型的构建提供坚实的理论基础。

(2) 访谈调查法

为了避免所设计的量表因借用国外相关量表而忽视中国文化背景，在确定消费者-绿色品牌依恋研究的测量量表前，不仅邀请管理学专业博士研究生对国外测量题项进行双向翻译，以求通过测量题项描述的修饰与完善，适应中国人的阅读习惯和思考方式，还会就所制定的初始量表咨询相关专家学者的意见，实现测量题项的进一步改进和优化。此外，在研究消费者-绿色品牌依恋关系构成和制定相关测量量表前，会对具有一定绿色品牌消费经历与认知的消费者进行深入的访谈，为之后的文本挖掘提供充足的资料支持。在所制定测量量表基础上，本书主要进行预调研和正式调研两个阶段的问卷调查。预调研是为了对初始问卷进行优化和提出正式调查问卷；正式调研则是为了对所构建概念模型的拟合度及所提出的假设进行检验。

(3)扎根理论方法

采用扎根理论方法对消费者-绿色品牌依恋关系构成和测量量表进行挖掘。首先对访谈所采集的数据进行分析和编码；接着通过归纳法探索能体现消费者-绿色品牌依恋关系的内容，并将内容与相关文献进行不断的比较；然后提出消费者-绿色品牌依恋关系的主要构成要素和测量量表；最后对消费者-绿色品牌依恋关系结构的研究结果进行理论饱和度检验。

(4)数理分析方法

在对所制定量表进行信度和效度分析以及对所设定变量进行相关性分析的基础上，主要通过结构方程模型对所构建的消费者-绿色品牌依恋关系前因后效研究概念模型进行检验，并对所提出的相关主效应假设进行验证；利用单因素方差分析法(One-Way ANOVA)对不同人口统计变量与消费者-绿色品牌依恋关系的相关性进行探讨；采用多层回归分析方法对消费者-绿色品牌依恋关系前因后效研究中的相关中介作用及调节中介作用假设进行检验。这些数理分析主要采用的数据分析软件包括 SPSS 20.0、AMOS 16.0 等。此外，还采用模糊集定性比较分析法对绿色品牌消费情境和自我一致性要素组合同消费者-绿色品牌依恋关系间的作用关系进行验证。模糊集定性比较分析法在研究多重并发因果关系中具有独特优势。虽从称谓上看定性比较分析可纳入“定性”研究法的范畴，但定性比较分析通常还包括许多数理分析的算法，特别是其中的模糊集分析技术就主要是基于相关量化算法实现的，能作为传统定性研究法和定量研究法的重要补充。[①] 模糊集定性比较分析利用的数据分析软件为 fs/QCA 2.0。

本书所采取的技术路线如图 1-1 所示。

① 夏鑫，何建民，刘嘉毅．定性比较分析的研究逻辑——兼论其对经济管理学研究的启示[J]．财经研究，2014 (10)：97-107.

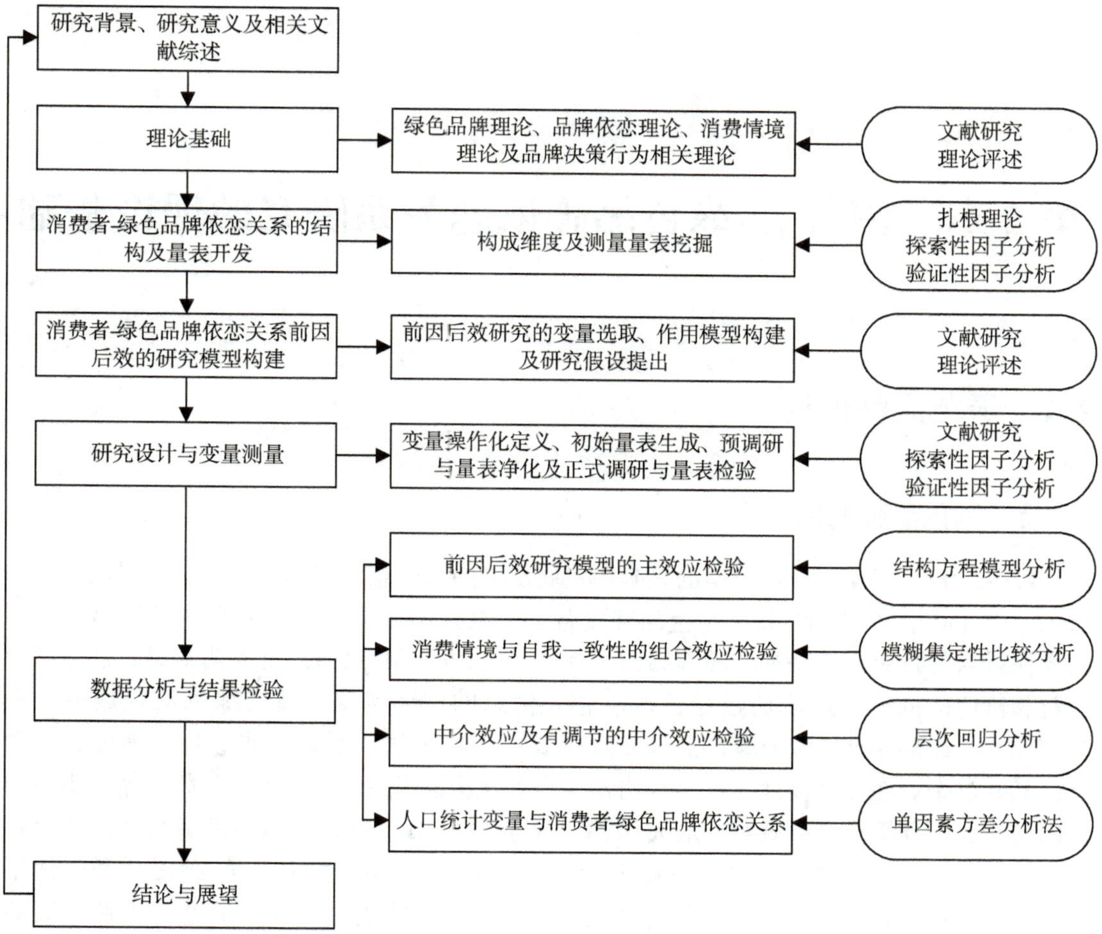

图 1-1　本书采取的技术路线

第 2 章　消费者-绿色品牌依恋关系研究的理论基础

2.1　绿色品牌理论

2.1.1　绿色品牌的概念

绿色品牌是伴随着绿色营销的兴起而发展出来的一个相对于非绿色品牌的市场符号和概念。Hartmann 等(2005)指出绿色品牌具备了一系列能减少环境影响和能满足消费者不同环保诉求的特定品牌特征和品牌属性，且一个优秀的绿色品牌应能在为消费者创造相关利益和价值的同时，还能通过绿色产品相关信息的传播实现消费者绿色消费热情的提升。① 马计斌等(2008)认为绿色品牌是环保要素和资源效益要素与非绿色品牌要素的融合，其要求企业在品牌设计—原材料购置—产品开发销售—回收利用的品牌产品全生命周期内均能实现环境与资源效益的最大化。② Huang 等(2014)则认为绿色品牌是否向消费者提供了绿色环保方面的信息会直接影响消费者对绿色品牌的认可度。③ 孙习祥和陈伟军(2014)认为绿色品牌更加强调环境保护与人身健康，其拥有的环保和有益于生命安康的品牌属性可为消费者所感知。④ 郭锐等(2015)则指出绿色品牌比非绿色品牌具备了更多对环境和生态保护有益的独特绿色属性和优势，这些绿色属性不仅有利于资源优化配置，还能为社会大众带来健康、无毒、节能和天然等绿色的个人利益，提升了绿色品牌对消费者的吸引力。⑤ 由以上学者对绿色品牌概念的界定可见，低碳、节能、环保等构成了绿色品牌区别于非绿色品牌的重要属性，消费者能否通过这些属性获得绿色利益和感知绿色品牌

---

① HARTMANN P, IBÁÑEZ V A, SAINZ F J F. Green branding effects on attitude: Functional versus emotional positioning strategies[J]. Marketing Intelligence & Planning, 2005, 23(1): 9-29.

② 马计斌, 王亚平, 吴旭燕. 基于未确知的绿色品牌诊断研究[J]. 科技管理研究, 2008, 28(7): 500-501.

③ HUANG Y C, YANG M, WANG Y C. Effects of green brand on green purchase intention[J]. Marketing Intelligence & Planning, 2014, 32(3): 250-268.

④ 孙习祥, 陈伟军. 消费者绿色品牌真实性感知指标构建与评价[J]. 系统工程, 2014, 32(12): 92-96.

⑤ 郭锐, 李伟, 严良. 漂绿后绿色品牌信任重建战略研究: 基于 CBBE 模型和合理性视角[J]. 中国地质大学学报(社会科学版), 2015, 15(3): 28-38.

价值，进而建立起与绿色品牌积极的关系成为检验绿色品牌的主要标准。

在对绿色品牌概念研究的基础上，学者们由消费者-绿色品牌关系和绿色品牌价值两个方面对绿色品牌的内涵进行了挖掘。消费者-绿色品牌关系的研究主要关注消费者在感知和回应绿色品牌相关属性过程中的差异化心理和行为表现。Blackston(1992)指出品牌关系是消费者与品牌间的一种双向互动，并将品牌视为两者互动关系的主动参与方。① Fournier(1998)探寻了消费者-品牌关系发展的动态模型，其认为消费者-品牌关系的发展主要包括注意、了解、共生、相伴、断裂和复合等六个阶段，如图2-1所示。② 消费者-绿色品牌关系的发展同样也可按照这种模式进行划分。结合许正良和古安伟(2011)关于关系视角品牌资产驱动模型的分析可以发现，在消费者-绿色品牌关系的注意和了解阶段，绿色品牌会主动向消费者展示和传输所代表企业、产品、服务及营销管理方式等要素所蕴含的绿色环保信息，并在被消费者主观感知的基础上形成对消费者的吸引力和消费者对绿色品牌的认知；消费者对绿色品牌的正面认知结果则会进一步激发自身对绿色品牌积极情绪的形成，继而产生对绿色品牌的正面情感和行为回应，如品牌信任、品牌依恋和品牌依附等，消费者-绿色品牌关系由注意和了解阶段进入共生和相伴阶段。③ 然而，由于目前我国绿色消费市场的不成熟和绿色营销手段的不合理，品牌漂绿等负面信息的不断出现，严重削弱了消费者对绿色品牌的信任，消费者表现出了停止或退出绿色品牌关系的倾向，消费者-绿色品牌关系出现了隔离和分裂的状态。为了应对出现的消费者-绿色品牌关系断裂问题，让消费者-绿色品牌关系重回共生和相伴状态，企业需采取积极的绿色品牌危机应对策略，主动复合或重塑消费者-绿色品牌关系。郭锐等(2015)从合理性视角提出了漂绿后绿色品牌信任的重建机制，认为可采取绿色标示、来源国和定价等绿色品牌战略修复消费者对绿色品牌的正面情感，重建消费者绿色品牌信任。④ 由消费者-绿色品牌关系

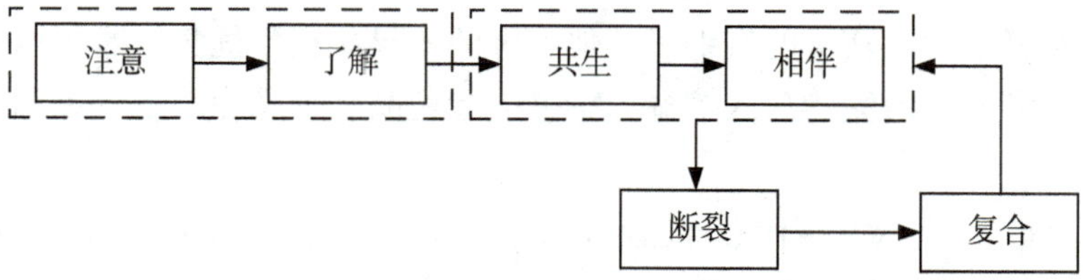

图2-1　Fournier的消费者-品牌关系发展动态模型

① BLACKSTON M. Observations: Building brand equity by managing the brand's relationships[J]. Journal of Advertising Research, 1992, 32(3): 79-83.

② FOURNIER S. Consumers and their brands: Developing relationship theory in consumer research[J]. Journal of Consumer Research, 1998, 24(4): 343-373.

③ 许正良，古安伟．基于关系视角的品牌资产驱动模型研究[J]．中国工业经济，2011 (10): 109-118.

④ 郭锐，李伟，严良．漂绿后绿色品牌信任重建战略研究：基于CBBE模型和合理性视角[J]．中国地质大学学报(社会科学版)，2015, 15(3): 28-38.

发展的六个阶段可知，消费者对绿色品牌的情感和行为回应决定了消费者-绿色品牌关系的强度和发展方向，只有当消费者基于绿色品牌认知产生积极的情感和行为反应时，良性消费者-绿色品牌关系才能得到保证。

品牌价值是品牌所形成无形资产的价值，反映了品牌所具备的竞争优势。消费者视角的品牌价值认为品牌价值具体体现为消费者基于品牌形象感知和利益感知而倾向于继续品牌消费的意愿。Nam 等(2011)认为消费者品牌认同是品牌价值形成的重要基础，随着品牌形象的体现和强化，消费者会加深对品牌的熟悉度，最终建立对该品牌的偏好。① Chung 等(2013)指出消费者品牌信任能促进品牌价值的塑造，且消费者对品牌的感知风险会随品牌价值的提升而弱化。② Tuškej 等(2013)通过实证研究指出消费者价值和品牌价值间的契合度与消费者品牌认同呈显著正相关关系，两者的契合度还能推动消费者品牌承诺与口碑的形成。③ 由上可知，品牌价值源于正面积极的消费者-品牌关系，品牌提供的利益和价值与消费者的功能和情感消费需求越相符，消费者的品牌认同越强，消费者对该品牌的购买意愿也越高，消费者的品牌忠诚也越易建立。由消费者角度对绿色品牌价值的研究继续采取了以往品牌价值研究的模式。Ng 等(2014)由消费者视角将绿色品牌价值界定为消费者对其绿色品牌感知与环保期望、可持续预期和绿色需求等一致性的整体评估。④ Chen 和 Chang(2012)从消费者-绿色品牌关系的角度对绿色品牌价值塑造的路径进行了研究，发现消费者绿色感知质量、绿色感知风险和绿色品牌意识等均与绿色品牌价值存在相关性。⑤ Kang 和 Hur(2012)对绿色品牌价值形成的影响因素进行了挖掘，指出消费者绿色品牌满意度、绿色品牌信任度、绿色品牌忠诚和绿色情感是绿色品牌价值构建的主要前因，且绿色品牌忠诚可作为相关作用路径的中介变量。⑥ 从已有绿色品牌价值的相关研究看，绿色品牌价值同样源于消费者-绿色品牌关系的建立与强化。绿色品牌价值可看作绿色品牌在满足消费者绿色消费功能需求与社会需求并为消费者创造额外绿色价值的基础上，因得到消费者认同而获得的有别于其他品牌的差异化竞争优势。基于以上学者对绿色品牌概念的界定和对其内涵的深入挖掘，本书将绿色品牌定义为具备一系列能为消费者创

① NAM J, EKINCI Y, WHYATT G. Brand equity, brand loyalty and consumer satisfaction[J]. Annals of Tourism Research, 2011, 38(3): 1009-1030.

② CHUNG T, JANG H, HAN J. Financial-based brand value of Incheon international airport[J]. The Asian Journal of Shipping and Logistics, 2013, 29(2): 267-286.

③ TUŠKEJ U, GOLOB U, PODNAR K. The role of consumer-brand identification in building brand relationships[J]. Journal of Business Research, 2013, 66(1): 53-59.

④ NG P F, BUTT M M, KHONG K W, et al. Antecedents of green brand equity: An integrated approach [J]. Journal of Business Ethics, 2014, 121(2): 203-215.

⑤ CHEN Y S, CHANG C H. The influences of green perceived quality and green brand awareness on green brand equity: The mediation effect of green perceived risk [C]// PICMET. 2012 Proceedings of PICMET '12. [S. l.]: [s. n.], 2012: 1152-1159.

⑥ KANG S, HUR W M. Investigating the antecedents of green brand equity: A sustainable development perspective[J]. Corporate Social Responsibility and Environmental Management, 2012, 19(5): 306-316.

造绿色利益和品牌价值且能被消费者感知到的低碳、节能、环保等品牌属性，并能以此促使消费者与其建立积极关系的品牌。

2.1.2 绿色品牌消费的困境

绿色品牌消费不仅能帮助消费者应对环境问题，还能彰显环保意识，理应成为消费者品牌消费的主要选择，然而现实的绿色品牌消费水平还较低，对绿色品牌可持续发展造成了不良影响。通过日常对消费者绿色品牌消费行为的观察与思考，并结合绿色品牌的概念及学者们的相关研究，本书归纳和提出了目前我国绿色品牌消费存在的三个主要困境。

(1)绿色品牌真实性问题

由绿色品牌的概念可知，绿色环保属性是绿色品牌区别于非绿色品牌的主要标志，也是绿色品牌的独特卖点。因当前我国绿色品牌的评价标准不统一且制假造假成本较低，使得能“快速提高”企业财务绩效和形象而无须动用过多资金的品牌漂绿行为成为一些企业推行所谓“绿色发展”的捷径。针对这一现象，南方周末等新闻媒体充分发挥舆论监督作用，从2009年开始每年发布了一分《年度中国漂绿榜》，揭露了一批批以环保、绿色之名行漂绿之实的企业或品牌。随着这些漂绿品牌的不断曝光，消费者开始关注绿色品牌的真实性问题。真实性被认为是造成企业品牌漂绿行为和消费者绿色品牌认知困难的直接原因。① 真实性源于希腊语中的“Autenticità”一词，有“最初的”“亲手制作的”等含义，由于研究背景与领域的差异，该词一般还会被翻译成“真实性”“本真性”“原真性”等。② 张楠和彭泗清(2016)从客观真实性、构建真实性和存在真实性等角度对品牌真实性的内涵进行了挖掘。其中，客观真实性强调了品牌产品相关属性的原始和纯粹；构建真实性突出了消费者基于主观感知体验到的品牌精神及价值；存在真实性反映了消费者由品牌消费实现的自我构建与自我发展。③ 梁勇(2011)对绿色品牌真实性问题进行了系统分析，认为存在真实性漠视了绿色品牌的客观真实性，绿色品牌真实性困境应分为客观真实性困境和构建真实性困境两方面。绿色品牌客观真实性困境的主要表现有消费者难以获得企业和绿色品牌的实际信息、缺乏判断和处理绿色品牌信息的能力、无法由宣传用语对绿色品牌环保属性进行明确判断及容易被企业相关营销手段刻意误导等。绿色品牌构建真实性困境的主要

---

① 孙习祥，陈伟军．消费者绿色品牌真实性感知指标构建与评价[J]．系统工程，2014，32(12)：92-96.

② 周亚庆，吴茂英，周永广，等．旅游研究中的“真实性”理论及其比较[J]．旅游学刊，2007，22(6)：42-47.

王新新，刘伟．试论市场营销中真实性问题研究的缘起、主要内容与未来方向[J]．外国经济与管理，2010 (7)：31-39.

徐伟，王新新，刘伟．老字号真实性的概念、维度及特征感知——基于扎根理论的质性研究[J]．财经论丛，2015 (11)：80-87.

③ 张楠，彭泗清．品牌本真性概念探析：内涵，维度与测量[J]．商业经济与管理，2016 (9)：62-72.

表现为企业通过向消费者灌输错误的绿色品牌知识、传递不实的绿色品牌信息及进行具有迷惑性的仿真情境设计等手段误导和操纵消费者的绿色品牌真实性感知。① 本书认为绿色品牌真实性问题出现的关键在于绿色品牌与消费者间的信息不对称，消费者通常很难把握和确定绿色品牌的绿色环保功能与质量，纵然有一定绿色品牌消费经验或曾有过数次消费体验的消费者也无法准确判断绿色品牌的真实性与有效性，而这些绿色品牌消费的不确定性无疑会增加消费者感知风险，弱化消费者对绿色品牌的消费热情和意向。

(2)绿色品牌感知效用低

绿色品牌的构建不仅需要企业在绿色产品的生产过程中采用绿色创新技术、革新制作工艺及运用环保材料，还需要企业营销人员制定专门的营销计划，如对绿色品牌产品进行认证、绿色品牌宣传推广等，这些都会提升绿色品牌构建的成本，导致绿色品牌产品价格普遍高于同类非绿色品牌产品。虽然消费者认识到绿色品牌产品消费在应对环境问题和承担社会责任中的作用，但绿色品牌产品的高价格通常会让他们感觉难以接受。王爱民等(2001)指出由于我国居民的收入水平偏低且经济基础有限，日常消费产品的价格会对居民生活的质量和水平产生较大的影响，企业通常会将绿色产品消费的目标群体定位于对价格较不敏感的高收入阶层。② 按照理性消费和消费效用最大化原则，无论是高环保意识消费者，抑或是高收入消费者，他们在进行绿色品牌产品消费前都会对绿色品牌溢价消费成本与收益、绿色产品品质和自身的消费习惯等因素进行反复比较和权衡，并最终根据预期感知效用进行绿色品牌消费决策。于超等(2015)指出感知效用源于消费者产品或服务消费实际感受和消费预期的偏差，当消费者预期高于实际感受时，消费者会感到失望；当消费者预期低于实际感受时，则消费者会感到满意。③ Kronrod 等(2012)认为绿色产品的绿色价值通常是以牺牲价格、品质和可得性等为代价的。④ Weisstein 等(2014)指出绿色产品创新性不突出、价格过高及质量良莠不齐等问题影响了消费者绿色消费感知，不利于绿色产品购买意愿形成。⑤ 王大海等(2015)认为消费者如能感知和认可绿色产品的环保功能属性，并能确定其消费行为对社会大众的公共福利有利，便会接受绿色产品的高溢价，进而对绿色产品表现出正面的情感和行为意向；而当感知效用较低时，消费者则会对绿色品牌表现出相反的情感和行为。⑥ 可见，绿色品牌产品的高价格与消费者对其环保功能和产品

---

① 梁勇．绿色品牌真实性问题探讨[J]．消费经济，2011，27(3)：63-66.

② 王爱民，董俊武，黄江圳．绿色消费及绿色价格研究[J]．消费经济，2001，17(2)：42-44.

③ 于超，张重阳，樊治平．考虑顾客感知效用的服务要素优化配置方法[J]．管理学报，2015，12(5)：744-749.

④ KRONROD A，GRINSTEIN A，WATHIEU L. Go green! Should environmental messages be so assertive? [J]. Journal of Marketing，2012，76(1)：95-102.

⑤ WEISSTEIN F L，ASGARI M，SIEW S W. Price presentation effects on green purchase intentions[J]. Journal of Product & Brand Management，2014，23(3)：230-239.

⑥ 王大海，姚唐，姚飞．买还是不买——矛盾态度视角下的生态产品购买意向研究[J]．南开管理评论，2015，18(2)：136-146.

品质的期望不匹配是导致消费者绿色品牌感知效用低的主要原因。在低绿色品牌感知效用的作用下，消费者会对绿色品牌价值产生怀疑，导致其对绿色品牌感知风险的增加和购买意愿的下降，不利于消费者-绿色品牌关系的建立和发展。

(3)绿色品牌消费不作为惰性

除真实性和感知效用等问题阻碍绿色品牌消费外，王财玉等(2017)认为多数消费者认可和支持绿色消费，但绿色产品市场占有率低且部分消费者仍然购买非绿色产品的原因还可能与消费者的不作为惰性有关。① Tykocinski 等(1995)指出不作为惰性是个体在错失一个初始机会后，会继而降低在后期类似机会上有所作为的倾向。初始机会具有吸引力和初始机会比后续机会更好是个体不作为惰性形成的两个重要前提。② 王财玉等(2017)指出绿色产品是在非绿色产品基础上融合环境友好创新技术制造而成，这种具备较高环保价值的创新型绿色产品在市场推广初期一般会出现与消费者消费习惯相抵触和流行度低等问题，使得市场上出现低环保-高热销非绿色产品和高环保-低热销新绿色产品的两种同品类产品。对同品类产品而言，高环保意识消费者虽会减少选择低环保-高热销的非绿色产品，但在绿色消费还未成为一种新时尚的社会环境下，创新型绿色产品低流行度会促使消费者继续不愿意进行绿色创新消费，从而导致消费者绿色消费不作为惰性现象的发生。③ 吴波(2014)在对消费者绿色消费态度-行为不一致的原因进行分析时也发现，虽然消费者有绿色产品消费需求，但由于消费者很难获取、分析和整合绿色品牌及产品环保价值方面的信息，导致消费者无法就其有用性和有效性进行准确且充分的判断，使得消费者对企业的环保宣传持怀疑态度，开始忽视绿色产品信息，以致最后在面对绿色产品时消费者更不愿意主动询问相关环保信息，对绿色产品展现出眼不见心不烦的态度，且这种现象在深绿色消费者中更为明显。④ 为降低个体不作为惰性的产生，苏凇等(2013)认为可在参照效应基础上通过“向前看”的多参照点作用对个体不作为惰性进行调节。⑤ Putten(2009)则指出不作为惰性存在个体差异，研究发现状态定向个体所表现出的不作为惰性高于行为定向个体。⑥ 可见，虽然绿色品牌产品具备较高的创新性且对消费者具备一定吸引力，但绿色品牌产品品质及环保信息的可接近性、外界环境中人际影响和参照点选择、消费者个体差异

---

① 王财玉，雷雳，吴波．时间参照对绿色创新消费“不作为惰性”的影响[J]．心理科学进展，2017，25(1)：1-11.

② TYKOCINSKI O E, PITTMAN T S, TUTTLE E E. Inaction inertia: Foregoing future benefits as a result of an initial failure to act[J]. Journal of Personality and Social Psychology, 1995, 68(5): 793-803.

③ 王财玉，雷雳，吴波．时间参照对绿色创新消费“不作为惰性”的影响[J]．心理科学进展，2017，25(1)：1-11.

④ 吴波．道德认同与绿色消费——环保自我担当的中介作用[D]．天津：南开大学，2014.

⑤ 苏凇，陈荣，黄劲松．不作为惰性的调节：基于“向前看”的多参照点视角[J]．心理学报，2013，45(12)：1393-1409.

⑥ PUTTEN M V, ZEELENBERG M, DIJK E V. Dealing with missed opportunities: Action vs. state orientation moderates inaction inertia[J]. Journal of Experimental Social Psychology, 2009, 45(4): 808-815.

等因素仍可能促使消费者对绿色品牌产生高不作为惰性，导致消费者进入持续拒绝绿色品牌的不良消费惯性。

2.1.3　绿色品牌消费的特点

虽然目前绿色品牌消费面临如真实性不高、感知效用低及消费不作为惰性等困境，导致绿色品牌消费出现了态度-行为差距等问题，但为了促进绿色品牌消费的可持续发展，还必须准确把握消费者绿色品牌消费的规律和特点，为克服绿色品牌消费困境和展开有针对性的绿色品牌管理活动提供理论依据。在归纳和分析绿色消费及绿色品牌相关文献的基础上，本书结合绿色品牌的概念及其消费过程中的困境对目前绿色品牌消费的主要特点进行了提炼。

(1)基于环境压力的绿色品牌消费

绿色品牌消费的环境压力主要源自生态环境压力和社会群体压力两方面。因经济社会快速发展而造成的生态环境恶化和自然资源短缺等问题严重影响到了大众的身体健康和生活质量，全社会开始关注于如何通过经济发展模式转型实现经济与环境的协调发展。中国政府针对环境问题制定了严格的生态保护管理办法和制度，并于2017年年初发布了《关于划定并严守生态保护红线的若干意见》，提出了中国生态保护红线战略的路线图和时间表。① 生态红线路线图和时间表的制定为绿色环保产业的发展、污染产业的调整和退出以及公众生活方式绿色化转化提出了具体且严格的要求与标准。盛光华等(2016)指出生态环境压力与生态红线约束的增强会约束并重塑企业、政府、消费者等经济参与者的行为，特别是会唤起中国消费者环境关心的觉悟，强化消费者的绿色消费意愿。② Dunlap 和 Jones(2002)将环境关心定义为人们认识到所存在的生态环境问题并积极支持应对这些问题的程度，抑或人们为了应对这些问题而愿意做出个人牺牲或投入的程度。③ 高环境关心往往映射着高环境价值、高社会价值或高环保意识，对消费者绿色消费行为有一定的预测能力和解释能力。Kwon 等(2016)分析了不同环境关心程度消费者对第三方绿色认证品牌的绿色感知差异，发现高环境关心消费者对第三方绿色认证的品牌具有更强的绿色感知。④ 吴波等(2016)研究发现高环境价值的消费者无论是出于何种动机参与环保活动都会

① 王尔德．中国实施最严生态保护战略 2020 年底前全国划定生态红线[N]．21 世纪经济报道，2017-02-09(20)．

② 盛光华，庞英，张志远．生态红线约束下环境关心对绿色消费意图的传导机制研究[J]．软科学，2016，30(4)：85-88.

③ DUNLAP R，JONES R．Environmental concern：Conceptual and measurement issues[M]//DUNLAP R，MICHELSON W．Handbook of Environmental Sociology．London：Greenwood Press，2002：482-524.

④ KWON W S，ENGLIS B，MANN M．Are third-party green-brown ratings believed?：The role of prior brand loyalty and environmental concern[J]．Journal of Business Research，2016，69(2)：815-822.

提升环保自我担当，并推动绿色消费行为的产生。① Suki(2016)研究了消费价值、环境关系与绿色产品购买间的关系，发现相较于认知价值、功能价值等其他消费价值，社会价值与消费者环境关心关系最大，最能促使消费者购买绿色产品。② 可见，生态环境压力能激活和唤醒消费者环境关心等相关内在心理变量，让消费者能更主动且更容易地去识别和接受绿色品牌的绿色价值，进而建立关于该绿色品牌的正面情感，最终引导消费行为的产生。

除生态环境压力外，社会群体压力引发的绿色品牌消费行为也被认为是目前绿色品牌消费存在的主要特点。虽然生态环境压力能在刺激消费者个体内在心理状态及价值观的基础上促使消费者采取绿色品牌消费行为，但 Escalas 和 Bettman(2005)指出消费者的品牌消费行为并非完全由其独立自主地作出，而是还会受到其所处社会环境因素的影响，如参照群体等。③ 于伟(2008)对群体压力、环境认知和消费者绿色消费行为三者的关系进行了揭示，指出群体压力能通过消费者环保意识对绿色消费行为产生正向影响。④ 赵爱武等(2015)对消费者绿色购买行为的演化路径研究发现，除消费者环保意识外，"朋友影响"同样能显著提升绿色产品的市场份额。⑤ 社会群体压力是与个体密切相关的社会群体对个体行为产生的一种约束和影响力，如亲戚、朋友、邻里等。作为被广泛接受和认可的经典行为学理论，计划行为理论中的主观规范要素就是个体行为形成所要受到的社会环境压力，认为个体在采取某种特定行为时往往会受到那些对其非常重要的个人或群体的影响。Yadav 和 Pathak(2016)基于计划行为理论研究了年轻消费者绿色产品购买意愿形成的路径，发现主观规范即社会环境压力会对消费者绿色产品购买意向有显著正向影响。⑥ 此外，相较于西方的个体主义文化，中国典型的东方集体主义文化更加强调自我与他人的关系，社会自我的特质让中国消费者更易受到他人的影响。叶生洪等(2015)专门研究了具有中国传统文化特色的"社会圈子"对消费者自我-品牌联结的调节作用，发现"社会圈子"正向调节品牌形象和成员群体形象一致性对消费者自我-品牌联结的影响作用。⑦ 随着绿色品牌消费市场的日益成熟以及消费者对绿色品牌认知的加深，绿色品牌消费必将成为一

---

① 吴波，李东进，王财玉．绿色还是享乐？参与环保活动对消费行为的影响[J]．心理学报，2016，48(12)：1574-1588.

② SUKI N M. Consumer environmental concern and green product purchase in Malaysia：Structural effects of consumption values[J]. Journal of Cleaner Production，2016，132：204-214.

③ ESCALAS J E，BETTMAN J R. Self-construal，reference groups，and brand meaning[J]. Journal of Consumer Research，2005，32(3)：378-389.

④ 于伟．消费者绿色消费行为形成机理分析——基于群体压力和环境认知的视角[J]．消费经济，2009(4)：75-77.

⑤ 赵爱武，杜建国，关洪军．绿色购买行为演化路径与影响机理分析[J]．中国管理科学，2015，23(11)：163-170.

⑥ YADAV R，PATHAK G S. Young consumers' intention towards buying green products in a developing nation：Extending the theory of planned behavior[J]. Journal of Cleaner Production，2016，135：732-739.

⑦ 叶生洪，谷穗子，谢仕展．社会圈子、面子意识对自我—品牌联结的调节作用[J]．中南财经政法大学学报，2015 (3)：139-147.

种消费习惯和社会文化。周围亲戚朋友及意见领袖的影响能有效约束消费者非绿色消费行为，指引其正确认识和感知绿色品牌的绿色价值，形成绿色品牌消费意愿。但与此同时，还应防止崇尚奢侈浪费消费之风的社会群体对消费者的诱惑和误导。贺爱忠和邓天翔(2014)研究发现不良参照群体是导致非绿色消费行为的重要原因，指出消费者会将参照群体的非绿色消费行为效仿得更为顺理成章，且不良参照群体对消费者的参照效果更强。① 本书所探讨的社会群体压力主要源自那些追求绿色环保生活且具有较高社会责任意识的群体。社会群体不仅能通过绿色品牌环保信息和绿色价值的传递促进消费者进行绿色品牌消费，还能对消费者的非绿色品牌消费行为进行约束和修正，实现绿色品牌消费的规范化和标准化。当社会群体压力发展为社会规范时，全社会对绿色品牌的认知将会形成统一，绿色品牌消费也将成为一种习惯和风气。

(2)基于品牌价值的绿色品牌消费

Park 等(1986)由消费者品牌消费需求角度将品牌价值分为功能性价值、象征性价值和体验性价值三类。其中，品牌功能性价值主要满足消费者对品牌识别和解决相关问题的消费需求，源于品牌产品的功能、质量及性能等；品牌象征性价值主要满足消费者自我实现与提升及角色定位等内在消费需求，源于品牌的包装、名称、寓意等；品牌体验性价值主要满足消费者享乐、多样化及认知刺激等精神需求，源自消费者对品牌的感官、情感、心灵等体验。② 由于绿色品牌还不够成熟且消费者与绿色品牌的互动水平还较低，因此目前多数研究认为绿色品牌消费主要以功能性价值和象征性价值为导向。程志宇和王朝晖(2013)对资源节约型品牌的功能性价值和象征性价值进行了界定，认为功能性价值体现在能通过先进性、合理性及资源节约性的资源节约型品牌产品满足消费者的生理与安全消费需求；而象征性价值则体现在通过资源节约型品牌产品的购买和使用能让消费者将自己履行社会责任、倡导资源节约及践行环境保护的积极形象传递给他人以获得社会认同。③ 学者们对以功能性价值为导向的消费者绿色品牌消费行为进行了深入研究。王秀村等(2012)对消费者低碳家电消费行为的影响因素研究指出，低碳家电在制造与消费过程中所具备的低碳排放量特征是其有别于传统家电的关键，实证分析发现消费者对低碳家电的功能价值认知对消费者态度和购买意愿有显著促进作用。④ Olsen 等(2014)研究了绿色声明和信息框架对消费者新绿色产品认知与品牌态度改变两者关系的影响，发现新绿色产品绿色环保信息、产品类型信息及信息的可信性均在消费者新绿色产品认知对品牌态度改变

① 贺爱忠，邓天翔．典型非绿色消费行为形成机理研究[J]．经济管理，2014，36(1)：77-87.

② PARK C W, JAWORSKI B J, MACLNNIS D J. Strategic brand concept-image management[J]. Journal of Marketing, 1986, 50(4): 135-145.

③ 程志宇，王朝晖．顾客价值视角下消费者资源节约型品牌创新研究[J]．学术交流，2013(4)：94-97.

④ 王秀村，吕平平，周晋．低碳消费行为影响因素与作用路径的实证研究[J]．中国人口·资源与环境，2012，22(S2)：50-56.

的作用中具有调节作用。[①] Schuitema 和 Groot(2015)对产品属性及价值与绿色消费意愿的关系进行了研究，指出当产品的低价格、熟悉度及知名度等属性能满足消费者的利己消费动机时，产品高价格且低环保效用的绿色属性将不利于绿色消费意愿的形成，并认为这主要因为产品生态型价值对消费者绿色消费意向的影响要高于自利型价值。[②] 功能性价值是消费者感知绿色品牌产品应对环境问题能力和将其区别于非绿色品牌产品的主要参考点，是消费者绿色品牌消费的最基本需求。绿色品牌功能性价值的好坏直接关系到消费者对绿色品牌初始信任，是后续消费者品牌态度和行为形成的重要基础。

"绿色"是绿色品牌象征性价值的最直接体现。尹世杰(2001)指出绿色消费中的"绿"即是金，"绿色"象征着希望与活力，象征着和谐和健美。[③] 杨晓燕和周懿瑾(2006)认为绿色产品本身就是一种符号，是高生活质量和时代的象征，能帮助消费者表明对生态环境的关注，并向他人表达自己对社会负责的积极态度，最终赢得他人的赞许或认同。[④] 由上可知，通过绿色品牌消费不仅能在应对环境问题上体现消费者的高环保意识和高道德水平，还能在促进经济与生态环境协调可持续发展上展现高社会责任感，帮助消费者赢得社会认同和展示社会身份地位。Jeng 和 Yeh(2016)研究了消费者价值对绿色酒店品牌定位的影响，指出消费者希望通过绿色酒店品牌消费来提升自我与他人的关系水平，并能使自己生活得更幸福。[⑤] 对于绿色品牌象征性价值的研究，学者们通常会将其和功能性价值对消费者绿色品牌消费行为的影响进行对比分析，以探究两者作用效果的差异性。Hartmann 和 Apaolaza-Ibáñez(2012)对西班牙消费者绿色能源品牌态度、购买意愿和心理利益的关系分析指出，绿色能源品牌的实用性利益与消费者绿色能源品牌态度及消费意愿之间呈正相关关系，而自我展现利益的影响则都不显著。[⑥] Matthes 等(2014)研究了美国消费者绿色涉入度与功能/情感广告绿色购买行为说服效果的关系，指出情感广告对品牌态度有直接影响且不依赖于消费者绿色涉入度的作用，而功能广告仅在消费者具备一定绿色涉入度时才会对品牌态度产生影响。[⑦] 熊小明等(2015)对绿色产品诉求方式与中国消费者绿色产品购买意愿的关系进行了研究，发现绿色产品利己诉求的广告方式比利他诉求的广告方式更

---

① OLSEN M C, SLOTEGRAAF R J, CHANDUKALA S R. Green claims and message frames: How green new products change brand attitude[J]. Journal of Marketing, 2014, 78(5): 119-137.

② SCHUITEMA G, GROOT J I M. Green consumerism: The influence of product attributes and values on purchasing intentions[J]. Journal of Consumer Behaviour, 2015, 14(1): 57-69.

③ 尹世杰. 关于绿色消费一些值得研究的问题[J]. 消费经济, 2001, 17(6): 3-7.

④ 杨晓燕, 周懿瑾. 绿色价值: 顾客感知价值的新维度[J]. 中国工业经济, 2006(7): 110-116.

⑤ JENG M Y, YEH T M. The effect of consumer values on the brand position of green restaurants by means-end chain and laddering interviews[J]. Service Business, 2016, 10(1): 223-238.

⑥ HARTMANN P, APAOLAZA-IBÁÑEZ V. Consumer attitude and purchase intention toward green energy brands: The roles of psychological benefits and environmental concern[J]. Journal of Business Research, 2012, 65(9): 1254-1263.

⑦ MATTHES J, WONNEBERGER A, SCHMUCK D. Consumers' green involvement and the persuasive effects of emotional versus functional ads[J]. Journal of Business Research, 2014, 67(9): 1885-1893.

能促进购买意愿的形成，但当消费者处于群体情境时，利他诉求广告对购买意愿的影响反而会更大。① 可见，学者们关于绿色品牌功能性价值和象征性价值影响效果的认识并不统一，这可能与相关文献的研究样本选择、样本所在地区绿色发展水平及社会文化等因素有关。当然，象征性价值的作用是不容忽视的，但也要防止因过度追求绿色品牌象征价值造成绿色品牌消费"徒有其表"。Wal 等(2016)就指出虽然高社会地位动机会推进消费者进行公开的绿色消费行为，但是高社会地位动机的群体却经常会为了以示自己在高端绿色连锁机构进行了更多的绿色消费，不断重新购买高端绿色连锁机构品牌的购物袋而非反复利用。②

(3)基于外部线索的绿色品牌消费

虽然功能性价值是消费者绿色品牌消费的基本要求，但由绿色品牌消费困境可知，因漂绿造成的绿色品牌真实性问题又构成了目前消费者绿色品牌购买意愿产生的主要障碍。由于消费者辨识绿色品牌功能价值真伪的时间成本和精力成本是十分有限的，导致消费者无法通过成分、质地、性状等绿色品牌产品内在信息认知绿色品牌。在这样的背景下，绿色品牌外部线索成为消费者评价绿色品牌形象，消除绿色品牌消费顾虑和形成绿色品牌消费意愿的主要途径。Cox(1967)最先提出了"线索"的概念，指线索由与产品或品牌有关的某些信息构成，包括价格、色彩、味觉、感受、同伴观点与售卖者服务等。③ Olson 和 Jacoby(1972)继续对 Cox 的研究进行了扩展，将线索划分成了内部和外部线索。④ 内部线索指的是那些在没有变动产品内在物理特性的前提下不能被转换或实验控制的产品内在属性，如产品标准、式样和味道等；外部线索主要包括那些不同于产品物理特征但又与产品相关的外在属性，如产品价格、包装、品牌名称、认证和原产地等。相对于内部线索，消费者一般更倾向通过外部线索对产品或品牌进行评价。Woodside(2012)指出当消费者不了解产品或品牌时，他们通常不能即刻获取产品或品牌的内部线索，且内部线索的获得与确认过程十分复杂繁琐，而外部线索却更便于获取和接近，相关认知过程也更为简单方

---

① 熊小明，黄静，郭昱琅．"利他"还是"利己"？绿色产品的诉求方式对消费者购买意愿的影响研究[J]．生态经济，2015，31(6)：103-107.

② WAL A J V D, HOREN F V, GRINSTEIN A. The paradox of "green to be seen": Green high-status shoppers excessively use (branded) shopping bags[J]. International Journal of Research in Marketing, 2016, 33(1): 216-219.

③ COX D F. The sorting rule model of the consumer product evaluation process[M]//COX D F. Risk Taking and Information Handling in Consumer Behavior. Boston: Graduate School of Business Administration, Harvard University, 1967: 324-369.

④ OLSON J C, JACOBY J. Cue utilization in the quality perception process[C]//VENKATESAN M. Proceedings of the Third Annual Conference of the Association for Consumer Research. Chicago, IL: Association for Consumer Research, 1972: 167-179.

便。① 绿色、环保和节能等构成了绿色品牌的关键内在要素，然而现实中这些内在要素并不显著且不易被察觉。在消费者还没有对绿色品牌形成清晰认知的背景下，绿色品牌内在线索无法被消费者识别，因此会更偏向于通过外部线索认知与判断绿色品牌。

已有对外部线索与品牌消费间相关性探究的文献多以自有品牌为研究对象。Delgado-Ballester 等(2014)分析了店铺形象中产品类别、产品层次、价位、产品搭配、服务质量、人员安排和消费便捷等外部线索与消费者商店自有品牌感知风险的相关性，研究指出以上外部线索和自有品牌感知风险间存在明显负相关关系。② 江林和郝婕(2010)从品牌外部线索中的品牌包装与名字等方面探索了超市自有品牌与全国性品牌相似度和自有品牌感知质量的关系，发现品牌包装相似度与自有品牌感知质量呈负相关关系，名字相似度与感知质量则呈现出正相关关系。③ 李健生等(2015)挖掘了自有品牌外部线索中价位、包装、促销、美誉度和口碑等要素通过感知风险与信任对消费者购买意向的作用机理，实证研究指出自有品牌外部线索中仅商店美誉度和口碑可通过感知风险和信任对购买意向产生间接影响。④ 消费者与自有品牌间的信息不对称以及自有品牌本身的不成熟构成了当前由外部线索视角探究消费者自有品牌消费行为的重要动因。目前绿色品牌外部线索的研究还较少，只能由已有文献发现和提炼出相关构成要素。Ewing 等(2012)强调尽管多数消费者无法掌握绿色认证的评判规范，然而其依然能领悟到绿色品牌产品在获得绿色认证标示时通过的严格检测和考核。⑤ 仇立(2012)分析了绿色认证、绿色品牌可得性和价位等对消费者绿色品牌购买行为的影响，指出绿色认证与价位和绿色品牌购买行为间存在明显正相关关系。⑥ 刘呈庆(2010)探索发现绿色品牌价格、绿色认证和可得性等与消费者绿色品牌购买频率存在显著相关性。⑦ 郭锐等(2015)则认为与第三方认证一样，品牌来源国形象与消费者绿色品牌信任间也存在相关性。⑧ 通过对相关研究归纳可知，绿色认证、来源国形象、价格和可得性等外部线索与消费者绿色品牌购买意向形成存在一定相关性。

---

① WOODSIDE A G. Consumer evaluations of competing brands: Perceptual versus predictive validity[J]. Psychology & Marketing, 2012, 29(6): 458-466.

② DELGADO-BALLESTER E, HERNANDEZ-ESPALLARDO M, RODRIGUEZ-OREJUELA A. Store image influences in consumers' perceptions of store brands: The moderating role of value consciousness[J]. European Journal of Marketing, 2014, 48(9/10): 1850-1869.

③ 江林，郝婕．品牌相似性对超市自有品牌感知质量的影响研究——基于外部线索的自有品牌与全国性品牌比较[J]．首都经济贸易大学学报，2010，12(4)：63-71.

④ 李健生，赵星宇，杨宜苗．外部线索对自有品牌购买意愿的影响：感知风险和信任的中介作用[J]．经济问题探索，2015(8)：44-51.

⑤ EWING D R, ALLEN C T, EWING R L. Authenticity as meaning validation: An empirical investigation of iconic and indexical cues in a context of "green" products[J]. Journal of Consumer Behaviour, 2012, 11(5): 381-390.

⑥ 仇立．基于绿色品牌的消费者行为研究[D]．天津：天津大学，2012.

⑦ 刘呈庆．绿色品牌发展机制实证研究[D]．济南：山东大学，2010.

⑧ 郭锐，李伟，严良．漂绿后绿色品牌信任重建战略研究：基于 CBBE 模型和合理性视角[J]．中国地质大学学报(社会科学版)，2015，15(3)：28-38.

2.2 品牌依恋理论

2.2.1 品牌依恋的概念

依恋理论最早源于 Bowlby(1969)关于母婴关系的研究，其将依恋用于描述和解释婴儿与照料者(主要为母亲)间独特且强烈的情感联结，认为依恋是婴儿为获得保护与归属感的本能反应，且这种本能不仅存在于个体的婴儿时期，还会延展到个体一直到老的整个生命过程。① 此外，Bowlby(1973)通过对母婴依恋的深入研究，还发现依恋存在着以下关键性的特点：亲近维持(proximity maintenance)、分离悲伤(separation distress)、避风港(safe haven)和安全基地(secure base)。其中，寻求亲近指个体会寻求并试图始终保持与依恋对象的亲近；分离悲伤指个体会抗拒与依恋对象的分离，并会在与依恋对象分离时感到失落、痛苦和悲伤；避风港指个体会将依恋对象视为自己的避风港，而且当面对困难或侵犯时会主动要求从被依恋方处获得安抚、支持和庇护；安全基地则指个体将被依恋方视作自己的安全之所，且由被依恋方获得的自信和安全感还会进一步增强个体对未知事物与人的交往和探索能力。② 以母婴依恋关系为基础，学者们对依恋理论做了广泛且深入的研究，并针对不同的研究对象界定了依恋的相关基本概念，本书对目前具有代表性的几种定义进行了归纳，如表 2-1 所示。

表 2-1　**具有代表性的依恋概念**

作者	依恋概念的界定
Hazan 和 Shaver (1987)③	成人婚恋依恋(adult romantic attachment)是个体与恋人或配偶间的一种情感联结，一般发生于成人早期。处于婚恋依恋的个体会将依恋对象融入自我概念中并表现出如快乐、安全和自信等积极情感或行为
Hummon(1992)④	社区依恋(community attachment)是个体与所居住社区间相互作用而建立的情感联系，且个体会对所居住的社区展现出强烈的亲密感，而这种亲密感主要源自个体对所居住社区自然环境、物理环境与社会文化环境的热爱

① BOWLBY J. Attachment and loss: Volume 1. Attachment[M]. New York: Basic Books, 1969.

② BOWLBY J. Attachment and loss: Volume 2. Separation[M]. New York: Basic Books, 1973.

③ HAZAN C, SHAVER P. Romantic love conceptualized as an attachment process [J]. Journal of Personality & Social Psychology, 1987, 52(3): 511-24.

④ HUMMON D M. Community attachment: Local sentiment and sense of place[M]. ALTMAN I, LOW S M. Place Attachment, New York: Plenum Press, 1992: 253-278.

续表

作者	依恋概念的界定
Popper 和 Mayseless (2003)①	领导-追随者依恋关系(leader-follower attachment relationship)指领导通常被追随者视为依恋对象，领导如同父母似的对那些权力低于自己的追随者履行引导、指挥、管理和照顾的义务，但与此同时，他们的命运也高度依赖于这些追随者
Oh(2004)②	邻里依恋(neighborhood attachment)指个体与邻居间基于社会关系所形成的情感联结，反映了个体能由社会网络化的邻居关系中获得安全感和舒适感，并由此形成对所在社区强烈认同感的心理状态
Rubin 等(2004)③	青少年同伴依恋(adolescent peer attachment)指青少年与同伴间建立的双方互有亲密感并彼此关心、支持和信任的关系。在青少年早期，个体从同伴处获得的工具性帮助和习得的行为准则将帮助其更好适应社会

资料来源：本研究整理

由以上几种具有代表性的依恋概念可以发现，依恋具有以下几层内涵：首先，依恋并不局限于婴儿与母亲之间，还囊括了青少年与同伴、成年人婚恋等人的整个人生阶段，甚至还可以扩展到如个体与社区、个体与邻里及领导与追随者等其他情境；其次，依恋属于双向情感关系，是个体与特定对象相互作用形成的；再次，这种情感关系具有亲密性和依赖性，是联结个体与特定对象间独特心理纽带；最后，由母婴关系得出的依恋四大关键特征或多或少还能继续运用于其他依恋关系的研究。因此，本书从心理学的角度将依恋界定为个体同某个明确主体之间通过相互作用而建立的亲密情感性联系。随着依恋理论相关研究的发展，依恋理论的应用开始延伸到营销学领域，相关营销学者认为个体同样可以与地点、产品、品牌及其他特定类型或喜爱的对象等形成拟人化的人与人之间的依恋关系。④如万基财等(2014)就指出地方依恋是人与地方相互作用形成的情感联结，并通过对旅游的地方依恋研究发现，地方特质能由地方依恋对旅游者环保行为产生间接影响。⑤ 姜岩和董大海(2008)系统地梳理和总结了目前相关依恋理论从心理学范畴向营销学范畴演进的规律⑥，如图 2-2 所示。

---

① POPPER M, MAYSELESS O. Back to basics: Applying a parenting perspective to transformational leadership[J]. Leadership Quarterly, 2003, 14(1): 41-65.

② OH J H. Race/ethnicity, homeownership, and neighborhood attachment[J]. Race and Society, 2004, 7(2): 63-77.

③ RUBIN K H, DWYER K M, BOOTH-LAFORCE C, et al. Attachment, friendship, and psychosocial functioning in early adolescence[J]. The Journal of Early Adolescence, 2004, 24(4): 326-356.

④ 姜岩，董大海．品牌依恋的概念架构及其理论发展[J]. 心理科学进展，2008，16(4)：606-617.

⑤ 万基财，张捷，卢韶婧，等．九寨沟地方特质与旅游者地方依恋和环保行为倾向的关系[J]. 地理科学进展，2014，33(3)：411-421.

⑥ 姜岩，董大海．品牌依恋的概念架构及其理论发展[J]. 心理科学进展，2008，16(4)：606-617.

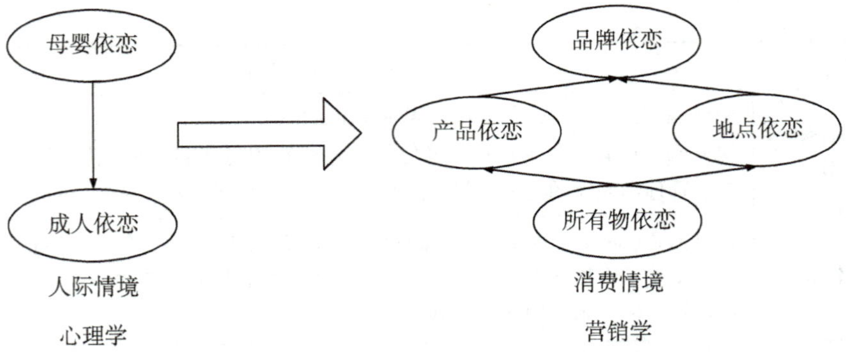

图 2-2　姜岩和董大海(2008)提出的依恋研究范畴演进规律

由依恋研究演进规律可发现，品牌依恋是对传统心理学依恋理论的传承，是对消费者与品牌间心理活动的描述，体现了消费者对品牌的热切情感。高翔(2012)指出虽然营销学中的品牌依恋发展于心理学中的母婴依恋，且两者在基本内涵上有共通性，但由于研究的情景和领域存在差异，使得品牌依恋理论并不能完全照搬心理学中依恋的定义。① 因此，有必要结合消费者心理特点，并在把握依恋理论基本内涵的基础上，对品牌依恋的内涵进行深入挖掘。目前，已有学者对品牌依恋的概念进行了界定，但并没有形成统一的观点，分歧主要体现在对其内涵的理解和组成要素的挖掘等方面。本书将与品牌依恋内涵把握以及组成要素分析相关的文献进行了归纳和总结，如表 2-2 所示。

表 2-2　**品牌依恋的定义及构成维度**

作者	定　义	构成维度
Thomson 等(2005)②	消费者和品牌之间形成的充满情谊的特有心理联结状态	喜爱、联结、热情
McEwen(2005)③	消费者在和品牌关系中建立的综合且全面的深情联结	信任、忠厚、骄傲和亲密
Park 等(2006)④	品牌和消费者间基于理解与情谊所建立心理联系的程度	品牌-自我关联度、品牌显著度

① 高翔．消费者品牌依恋对品牌忠诚的影响研究[D]．泉州：华侨大学，2012.

② THOMSON M，MACINNIS D J，PARK C W．The ties that bind：Measuring the strength of consumers' emotional attachments to brands[J]．Journal of Consumer Psychology，2005，15(1)：77-91.

③ MCEWEN W J．Married to the brand：Why consumers bond with some brands for life[M]．Princeton：Gallup Press，2005.

④ PARK C W，MACINNIS D J，PRIESTER J R．Beyond attitudes：Attachment and consumer behavior[J]．Seoul National Journal，2006，12(2)：3-36.

续表

作者	定　义	构成维度
Thach 和 Olsen(2006)①	消费者基于品牌形象而同品牌建立的感性关系	单维度
姜岩和董大海(2008)②	在消费者和品牌之间形成的具有认知、情谊及意动等特性的心理联系	消费者与品牌关联程度、由品牌自动唤起的思绪与感情、强烈的动机与行为反应
杨春(2009)③	消费者基于对特定品牌形成的热切且深入的情谊和认知而生成的依恋感	情感联系、信任维持、消费者与品牌关系的紧密度
戴春林和唐维维(2016)④	消费者将品牌与自我概念相关联后，逐步产生强烈行为倾向的一种情感联结	积极体验、关系维持、积极评价、自我联结

资料来源：本研究整理

由表 2-2 可以发现，目前关于品牌依恋概念的界定主要体现出以下几方面的特点：首先，普遍认同消费者-品牌关系是品牌依恋形成的重要基础，即品牌依恋是消费者与品牌双向互动的结果，是一个关系型概念；其次，部分品牌依恋界定以情感为导向，将品牌依恋定义为消费者和品牌之间建立的情谊关系，如 Thomson 等(2005)关于品牌依恋的界定；⑤ 再次，部分品牌依恋定义以情感与认知为导向，认为品牌依恋是联结消费者与品牌间情感与认知的纽带，如 Park 等(2006)对品牌依恋概念的界定；⑥ 最后，部分品牌依恋定义以情感、认知和意向为导向，强调品牌依恋是一种建立在消费者和品牌间具有认知、情谊和意动等特性的心理桥梁，以姜岩和董大海(2008)所提出概念为代表。⑦ 可见，情感因素在品牌依恋概念界定中的核心作用已取得共识，但关于品牌依恋概念是否应融入认知和意向等因素的认识还没有取得一致，这也直接导致了品牌依恋构成维度和测量量表的差异。

① THACH E C, OLSEN J. The role of service quality in influencing brand attachments at winery visitor centers[J]. Journal of Quality Assurance in Hospitality & Tourism, 2006, 7(3): 59-77.

② 姜岩，董大海．品牌依恋理论研究探析[J]．外国经济与管理，2008，30(2)：51-59.

③ 杨春．消费者品牌依恋的内容结构及其相关研究[D]．广州：暨南大学，2009.

④ 戴春林，唐维维．大学生品牌依恋量表的编制[J]．心理技术与应用，2016，4(1)：14-20.

⑤ THOMSON M, MACINNIS D J, PARK C W. The ties that bind: Measuring the strength of consumers' emotional attachments to brands[J]. Journal of Consumer Psychology, 2005, 15(1): 77-91.

⑥ PARK C W, MACINNIS D J, PRIESTER J R. Beyond attitudes: Attachment and consumer behavior [J]. Seoul National Journal, 2006, 12(2): 3-36.

⑦ 姜岩，董大海．品牌依恋理论研究探析[J]．外国经济与管理，2008，30(2)：51-59.

2.2.2　品牌依恋的作用模型

基于对品牌依恋概念的理解和挖掘，学者们对品牌依恋的作用模型进行了探索，以发现品牌依恋的形成机理和其可能导致的作用结果。通过对具有代表性的品牌依恋作用模型进行归纳和分析，可以为本书后续关于消费者-绿色品牌依恋关系作用模型的研究提供借鉴和参考。

(1)A-R-C 模型

A-R-C 模型即自主(autonomy)-关联(relatedness)-发展能力(competence)模型，由 Thomson(2006)在对消费者与名人品牌间依恋关系研究时提出，如图 2-3 所示。该模型认为消费者对自主、关联及发展能力等天生、普遍且持久的消费需求如能从品牌处得到满足，则消费者会倾向于与品牌形成依恋关系，且满足的水平越高，品牌依恋程度越大。自主强调消费者在采取相关行为前需要判断该行为是否符合其自我抉择、掌握及认同的需求；关联强调消费者有同别人建立和维持一定密切度的需求；发展能力则强调消费者具有与生俱来的追求实现、满足和调整自我的行为倾向，且这种倾向会贯穿于个体的一生。Thomson(2006)基于 A-R-C 模型对消费者-名人品牌依恋关系进行深入探究指出，消费者关于自主和关联需求的实现水平与名人品牌依恋间呈现正相关关系，但发展能力需求对名人品牌依恋的影响则并不显著。① A-R-C 模型强调了消费者自我需求在品牌依恋建立中的重要作用，且该模型也得到了学者们的普遍认同。姜岩(2013)基于 A-R-C 模型将自主、关联和发展能力等消费者自我需求要素作为消费者购物网站依恋形成研究的重要理论基础。②

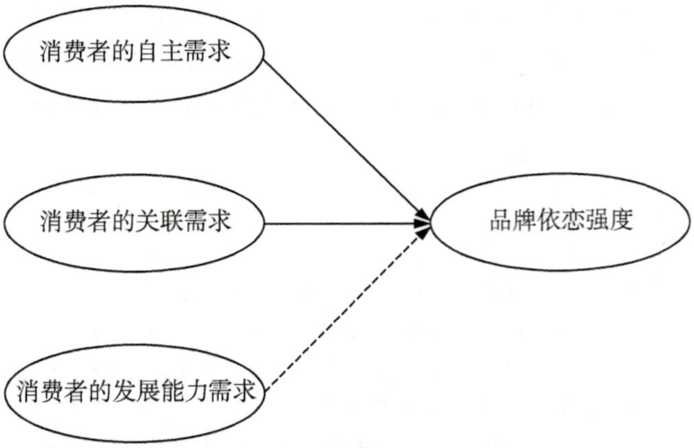

图 2-3　品牌依恋强度的 A-R-C 模型

① THOMSON M. Human Brands: Investigating antecedents to consumers' strong attachments to celebrities [J]. Journal of Marketing, 2013, 70(3): 104-119.

② 姜岩. 消费者购物网站依恋机理研究[D]. 大连: 大连理工大学, 2013.

(2) Grisaffe 和 Nguyen 的品牌依恋前因模型

Grisaffe 和 Nguyen(2011)运用质性研究方法对导致品牌依恋的前因要素进行了研究，发现怀旧/情感记忆、社会化、以往消费效果、卓越的营销特性及用户驱动型利益等五大因素是驱动消费者品牌依恋的主要前因，如图 2-4 所示。其中，怀旧/情感记忆是指因品牌的"引导"而唤起的消费者对某个人、地方或情境的美好回忆；社会化是指消费者由社会交往中感知到的与品牌功能相关的技能、知识和态度及家庭成员选择倾向而形成的对品牌的情感联结；以往消费效果是指消费者在过去品牌消费过程中体会到的品牌价值、满足度及该品牌与其他品牌间存在的不同，可促使消费者与品牌间形成独特且热烈的情感依恋；卓越的营销特性是指品牌营销所拥有的良好产品特性、舒适消费场所、合适价格、合理促销方式及一流服务等都能唤起消费者对品牌的依恋情感；用户驱动型利益则强调消费者从品牌消费获得的感官愉悦及感知品牌在塑造和提升自我概念与社会认同中的作用利于强品牌依恋的形成。① Grisaffe 和 Nguyen 的品牌依恋前因模型对影响消费者品牌依恋形成的相关因素进行了归纳和梳理，对更全面地分析和把握品牌依恋前因变量具有一定的指导意义和借鉴作用，但该模型还仅处于概念框架探讨阶段，并没有经过实证研究的验证，因此其实践价值还有待确认。

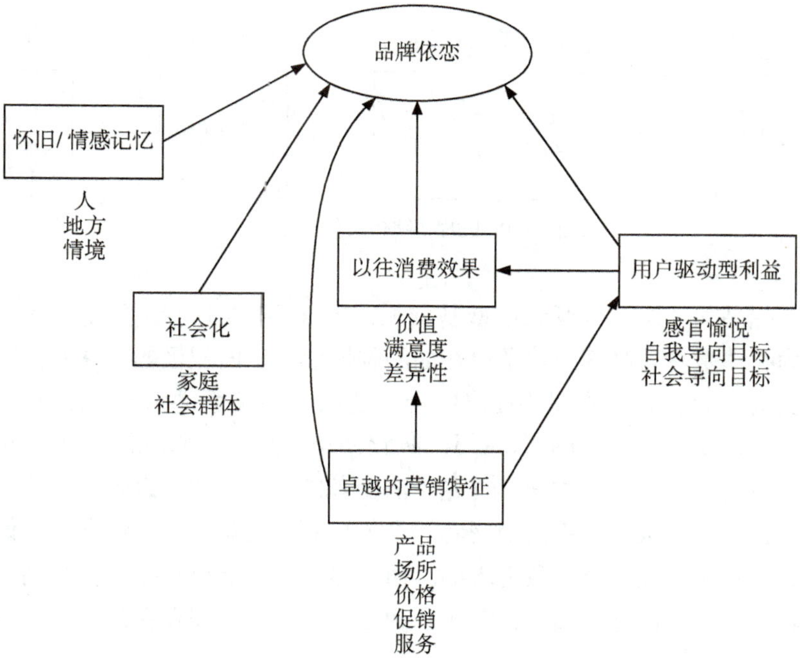

图 2-4 Grisaffe 和 Nguyen 的品牌依恋前因模型

① GRISAFFE D B, NGUYEN H P. Antecedents of emotional attachment to brands[J]. Journal of Business Research, 2011, 64(10): 1052-1059.

(3) Park 的品牌依恋综合模型

Park 等(2006)构建了包括品牌依恋形成机理及品牌依恋对消费者行为作用结果的综合概念模型，如图 2-5 所示。该模型以自我概念理论和资源交换理论为基础，指出消费者与品牌建立依恋关系的动机在于通过将品牌纳入自我范畴并与自我概念融合，帮助消费者从品牌处获取与自我塑造和自我提升相符的特定利益和资源，如享乐的、象征的或功能的资源等。就享乐性资源而言，当品牌符合消费者个性化追求且品牌所提供的享乐性资源与消费者自我相契合时，消费者便会建立起品牌与自己的联结，此刻品牌能够由给消费者带来的触觉、享受或赏析等方面的愉悦感契合消费者的相关需求；对于象征性资源而言，消费者在从品牌处获得所需的象征性资源后，也能建立起品牌和消费者自身之间的关联，继而在由品牌定义、表达及构建消费者真实自我或者理想自我的基础上，达成消费者自身的丰富及自我与他人的差异化；对于功能性资源而言，消费者从品牌处获得所需的功能性资源后，也可建立起品牌和消费者自身之间的关联，并会进一步提升消费者对自身的期许，推动其努力探寻和实现所憧憬的方向。通过品牌享乐性、象征性及功能性等相关资源的持续提供，消费者能在不断满足、丰富和实现自我的基础上与品牌建立较强的依恋关系，进而促进他们对品牌作出承诺并采取相关实际品牌消费行为。①

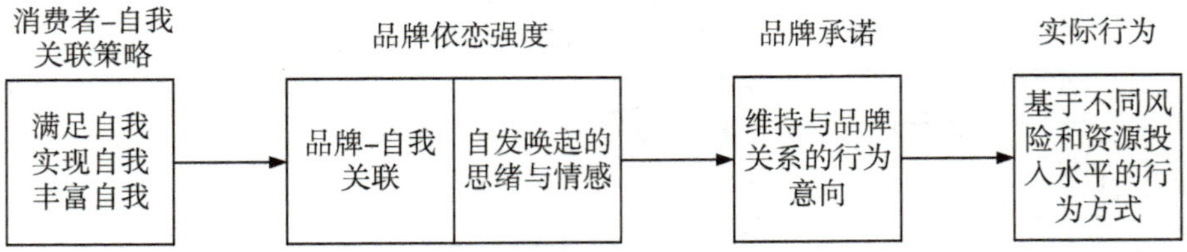

图 2-5　Park 的品牌依恋综合概念模型

在前述所提品牌依恋综合概念模型基础上，Park 等(2013)继续对该模型进行了充实和完善，认为在消费者与品牌间除了存在如品牌依恋等正面积极的关系外，还存在着如品牌厌恶等负面消极的状态，梳理并提出综合描述两者间关系的依恋-厌恶模型(AA 模型，attachment-aversion model)，如图 2-6 所示。② 该模型对品牌依恋(厌恶)作用模型进行了重新梳理，主要体现在以下几个方面：首先，消费者依恋关系的决定因素中的诱惑自我取代了满足自我，这是因为虽然品牌向消费者提供了功能性利益或象征性利益，但也并不意味消费者会认为这些利益是符合自我需求的，而诱惑自我则能更直接的反映出品牌利益对消费者自身的吸引力和倾向性；其次，基于消费者和品牌两者间存在的认知与情感联系，把

① PARK C W, MACINNIS D J, PRIESTER J R. Beyond attitudes: Attachment and consumer behavior [J]. Seoul National Journal, 2006, 12(2): 3-36.

② PARK C W, EISINGERICH A B, PARK J W. Attachment-aversion (AA) model of customer-brand relationships[J]. Journal of Consumer Psychology, 2013, 23(2): 229-248.

消费者-品牌依恋关系的判断标准进一步界定为品牌-自我距离和品牌显著度；再次，分别对消费者与品牌依恋-厌恶关系可能导致的动机和行为意向进行了层级划分，明确了通过动机和行为意向结果判断消费者-品牌关系状态的标准；最后，首次在消费者-品牌关系作用模型中将消费者年龄因素考虑在内，丰富了品牌依恋理论的研究内容。Park 等学者对消费者-品牌关系的把握和研究不仅明确了品牌依恋在品牌关系研究中的重要地位，还为后续品牌依恋理论的深入挖掘提供了重要的理论基础。

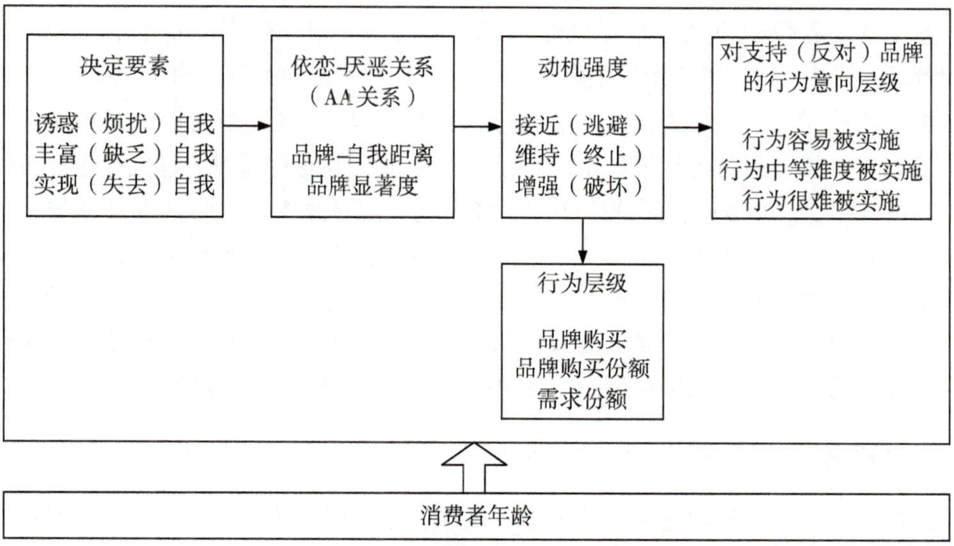

图 2-6　Park 的品牌依恋-厌恶关系模型

2.2.3　品牌依恋与类似概念的区别

随着消费者行为理论和品牌关系理论研究的不断深入，发展出了很多描述消费者对品牌反应倾向及消费者-品牌关系的相关概念，如品牌态度、品牌满意、品牌爱及品牌承诺等。虽然品牌依恋与这些概念间或多或少地存在一定联系，但如能准确把握品牌依恋与这些概念间的差异，不仅能让研究者更好地认识品牌依恋的内涵，还能帮助研究者更准确地聚焦和挖掘其存在的理论价值与实践价值。已有学者对品牌依恋同其他类似概念间的异同点进行了研究，如 Thomson 等(2005)分析了品牌依恋与品牌态度、品牌满意等概念间的区别。① 结合本书的研究内容，笔者在相关学者已有研究的基础上分别对品牌依恋与品牌态度、品牌满意、品牌爱及品牌承诺等四个相关概念间的差异性进行了梳理和总结。

① MCEWEN W J. Married to the brand: Why consumers bond with some brands for life[M]. Princeton: Gallup Press, 2005.

(1)品牌依恋与品牌态度的区别

虽然品牌依恋与品牌态度间存在一定相似性和关联性，如品牌依恋和品牌态度的形成都以消费者对品牌的持续认知为基础、两者都能预测消费者的购买行为、并且品牌依恋还可以作为积极正面品牌态度建立的影响因素等，但两者的概念构建却存在较大差异。首先，品牌依恋是以消费者与品牌间的双向互动为基础形成的；而品牌态度主要体现的是消费者关于品牌的单向判断，甚至不需要消费者同品牌有特定接触或交往就可产生。其次，品牌依恋是基于品牌-自我关联而形成的"热烈"情感，而强品牌态度则是消费者在对品牌评价和判断基础上产生的"冷淡"情感。热烈情感和自我暗示的驱动使得品牌依恋能比品牌态度更有效地促进消费者积极品牌消费行为的产生。① 再次，消费者对多数品牌均能形成积极的态度，甚至还会对品牌产生互相矛盾的评价，但能与消费者建立稳定且持续依恋关系的品牌却很少。② 最后，品牌依恋和品牌态度所能导致的行为特征存在差异。前者可以促使消费者表现出亲近维持和分离悲伤等相关特性，预示着消费者在与品牌建立依恋关系后会积极采取溢价投入、口碑推荐和持续拥护等品牌支持活动，但正面的品牌态度却无法导致以上行为结果。虽然品牌态度被证明与消费者行为存在相关性，但这种相关性也是十分短暂和不稳定的，目前绿色消费态度-行为不一致问题就是最好的例子。③

(2)品牌依恋与品牌满意的区别

满意被认为是营销学理论中的一个中心概念，是伴随个体产品标准、消费经历或产品属性评价产生的情感、认知或意动反应。虽然情感要素都构成了品牌依恋和品牌满意理论的重要基础，但两者间还是存在着某些差异。首先，品牌依恋与品牌满意的概念交而不融。品牌依恋是经消费者与品牌间互动生成的牢固且不变的自我-品牌情感联结；品牌满意是消费者因品牌消费经历或某次交易行为而对品牌形成的深沉但短暂的情感。在这种情况下，品牌满意可被视为品牌依恋的前因变量。但品牌依恋反过来又能促进品牌满意的形成，且品牌满意可被视为品牌依恋的一种外在表征。例如，当消费者对品牌的依恋水平越

① PARK C W, MACINNIS D J, PRIESTER J, et al. Brand attachment and brand attitude strength: Conceptual and empirical differentiation of two critical brand equity drivers[J]. Journal of Marketing, 2010, 74(6): 1-17.

② BELAID S, TEMESSEK BEHI A. The role of attachment in building consumer-brand relationships: An empirical investigation in the utilitarian consumption context[J]. Journal of Product & Brand Management, 2011, 20(1): 37-47.

③ THOMSON M, MACINNIS D J, PARK C W. The ties that bind: Measuring the strength of consumers' emotional attachments to brands[J]. Journal of Consumer Psychology, 2005, 15(1): 77-91.

高时，其对品牌的评价会越有利，品牌消费满意度也会随之越高。① 其次，品牌依恋和品牌满意的形成机理不同。品牌满意是消费者在对品牌特性、功能和效果的主观评价基础上形成的；品牌依恋则是消费者在反复对比品牌形象与自我概念基础上与品牌建立的情感联结。最后，品牌依恋与品牌满意的行为结果不同。品牌依恋能使消费者自然表现出亲近维持和分离悲伤等持续行为特性，但高品牌满意并不意味着消费者一定会因满意而采取一些相关行为。即使消费者因品牌满意而采取了即时性消费行为，也不代表消费者与品牌间建立了稳定而持续的关系。②

(3) 品牌依恋与品牌爱的区别

Carroll 和 Ahuvia(2006)将品牌爱视为满意消费者对特定品牌产生的“狂热”情感依恋，并认为品牌爱由消费者对品牌的热情、依恋、积极评价、积极情绪的响应及爱的宣言等构成。③ 从品牌爱的定义可知，品牌依恋是品牌爱理论的核心要素。此外，Batra 等(2012)关于品牌爱的理论研究也证明品牌爱与品牌依恋一样能导致消费者形成品牌忠诚、口碑推荐及抵御负面信息等品牌支持行为。④ 但品牌依恋与品牌爱之间也存在着一些明显的差异。首先，品牌依恋与品牌爱的概念界定方式不同。品牌依恋体现的是消费者对特定品牌的情感依赖，突出的是依恋在消费者与品牌间情感联结纽带的作用；品牌爱则反映的是消费者对其与品牌间依恋纽带的情感，强调的是消费者对品牌的疯狂，比品牌依恋形容的情感程度更深。其次，品牌依恋与品牌爱的构成维度存在差异。虽然品牌爱能够由品牌关系的角度进行衡量，但爱可以表现的形式也是多种多样的，如友爱、亲情、母爱等。由于品牌依恋是消费者与品牌互动后建立的自我-品牌联结且会自发产生对品牌的情感，因此品牌依恋相较于品牌爱中的友爱、亲情及母爱等类型，其所对应的构成维度必然是不同的。⑤

(4) 品牌依恋与品牌承诺的区别

品牌依恋与品牌承诺虽然在理论基础和构架方面存在一定相似性，但两者却是完全不同的两个概念。品牌依恋和品牌承诺的区别主要体现在以下几个方面：首先，品牌依恋和品牌承诺的概念界定方式相异。品牌依恋最先由心理学视角的人际依恋理论发展而来，强

① BELAID S, TEMESSEK BEHI A. The role of attachment in building consumer-brand relationships: An empirical investigation in the utilitarian consumption context[J]. Journal of Product & Brand Management, 2011, 20(1): 37-47.

② MANO H, OLIVER R L. Assessing the dimensionality and structure of the consumption experience: evaluation, feeling, and satisfaction[J]. Journal of Consumer Research, 1993, 20(3): 451-466.

③ CARROLL B A, AHUVIA A C. Some antecedents and outcomes of brand love[J]. Marketing Letters, 2006, 17(2): 79-89.

④ BATRA R, AHUVIA A, BAGOZZI R P. Brand love[J]. Journal of Marketing, 2012, 76(2): 1-16.

⑤ 姜岩，董大海. 品牌依恋的概念架构及其理论发展[J]. 心理科学进展，2008，16(4)：606-617.

调的是情感成分在消费者品牌行为塑造及品牌忠诚建立方面的突出作用；而品牌承诺主要以忠诚理论与承诺理论为基础，相较于前者在市场营销学领域中出现得更早且发展得也更成熟。其次，品牌依恋与品牌承诺的内涵不同。品牌依恋体现的是联结消费者自我与品牌间认知与情感纽带的强度；而品牌承诺反映的是消费者未来与特定品牌保持关系的意向，蕴含着消费者对未来与品牌保持某种关系的潜在或明确的许诺。可见，品牌依恋注重消费者与品牌间关系的强度，但品牌依恋则更强调消费者与品牌关系的持久性。品牌承诺被认为是品牌依恋的一个重要结果。① 最后，品牌依恋的营销价值高于品牌承诺。消费者对品牌的承诺除可能是由品牌依恋导致的外，还有可能是因缺少选择其他品牌的机会或是品牌关系断裂成本过高等因素造成的。那么，此时的消费者品牌承诺是短期且不稳定的，且随时都会有消费者"出逃"的风险。品牌依恋则能帮助品牌管理者预知消费者对品牌的承诺，并确认消费者基于该承诺与品牌建立长期互动关系的意愿。②

2.3　消费情境理论

2.3.1　消费情境的概念

除内在特质外，情境也同样被视为导致个体及组织行为差异的关键原因。情境差异的合理性及关键、特色情境要素在解释管理学理论深层次问题中的作用已得到了管理学者的广泛认同。③ 特别是随着中国管理学研究的发展和管理知识的沉淀，中国管理学者们注意到世界管理学研究呈现出向北美研究范式集中的"同质化倾向"，而中国管理学的现有研究也多为西方管理理论的模仿或追随，缺乏对中国特色情境下重要管理现状和理论的挖掘和创新。④ 对情境理论的理解将有利于学者们从情境化的视角深入分析和挖掘管理学现象及问题背后的管理学原理。目前关于情境理论的研究主要集中在组织行为学领域。苏敬勤和张琳琳(2016)以组织行为学理论为基础对情境的概念及内涵进行了较为全面且综合的研究，指出情境蕴含着场所的意思，包括了某一期间内事件变化及个体行为活动的状态、情势或即时条件。此外，他们还对情境理论的发展过程进行了归纳和梳理，提出目前情境概念的界定主要存在物质环境、物质与理念环境和理念环境三种观点，如表 2-3 所示。⑤

---

① THOMSON M, MACINNIS D J, PARK C W. The ties that bind: Measuring the strength of consumers' emotional attachments to brands[J]. Journal of Consumer Psychology, 2005, 15(1): 77-91.

② 姜岩，董大海．品牌依恋的概念架构及其理论发展[J]．心理科学进展，2008，16(4)：606-617.

③ 苏敬勤，张琳琳．情境视角下的中国管理研究——路径与分析框架[J]．科学学研究，2015，33(6)：824-832.

④ 任兵，楚耀．中国管理学研究情境化的概念、内涵和路径[J]．管理学报，2014，11(3)：330-336.

⑤ 苏敬勤，张琳琳．情境内涵、分类与情境化研究现状[J]．管理学报，2016，13(4)：491-497.

表 2-3 **苏敬勤和张琳琳的情境概念界定汇总表**

主要观点	学派	代表人物	概念界定
物质环境	行为主义学派	Watson(1933)①	情境是客观存在的具体环境，并不包括个体基于意识、动机等心理活动形成的主观精神境界
		Cappelli 和 Sherer (1991)②	情境是与特定现象相关的解释性因素，并会直接或间接作用于这些现象
		Mowday 和 Sutton (1993)③	情境是研究对象所处层次之外的环境要素
物质与理念环境	认知-行为主义学派	Tolman(1932)④	一个完整的行动由所处外部环境、个体内部生理状态或中介过程共同构成
	社会学习理论学派	Bandura(1985)⑤	除客观存在的刺激环境外，个体对客观环境的认知也是情境的重要构成因素。个体行为的产生是个体、环境和行为三者交叉互动的结果
		Pepper(1942)⑥	情境是个体、个体心理活动与个体所处客观环境等三者间相互作用所形成的一个动态系统
		Muuss(1996)⑦和 Lerner(2002)⑧	情境是一种人与系统性因素之间相互循环作用的模式，突破了过去仅强调两者间单向或双向作用的传统模式
理念环境	格式塔学派	Koffka(1935)⑨	情境是一个人认知和知觉的心理环境
		谷传华和张文新(2003)⑩	情境是个体行为活动的即时条件，包括个体当时的认知、情绪等主体条件及进入个体意识范围的环境

① 华生．华生氏行为主义[M]．陈德荣，译．北京：商务印书馆，1933.

② CAPPELLI P, SHERER P D. The missing role of context in OB-the need for a meso-level approach[J]. Research in Organizational Behavior, 1991, 13(1): 55-110.

③ MOWDAY R T, SUTTON R I. Organizational behavior: Linking individuals and groups to organizational contexts[J]. Annual Review of Psychology, 1993, 44(1): 195-229.

④ TOLMAN E C. Purposive behavior in animals and men[M]. New York: Appleton-Century-Crofts, 1932.

⑤ BANDURA A. Social Foundations of thought and action: A social cognitive theory[M]. Englewood Cliffs: Prentice Hall, 1985.

⑥ PEPPER S C. Word hypotheses[M]. Berkeley: University of California Press, 1942.

⑦ MUUSS R E. Theories of adolescence[M]. 6th ed. New York: The McGraw-Hill Companies, 1996.

⑧ LERNER R M. Concepts and theories of human development[M]. 3rd ed. London: Lawrence Erlbaum Associates, 2002.

⑨ KOFFKA K. Principle of gestalt psychology[M]. New York: Harcourt, Brace & Company, 1935.

⑩ 谷传华，张文新．情境的心理学内涵探微[J]．山东师范大学学报(人文社会科学版)，2003，48(5)：99-102.

由表 2-3 可以发现，情境概念的发展经历了由“纯”物质化的客观环境到个体本身与物质共生的主客观环境再到“纯”理念化的主观环境的演进过程。苏敬勤和张琳琳(2016)指出这一情境概念的发展过程能让情境对个体或组织行为的解释更加清晰明了，认为基于主观认知形成的理念情境不仅能促进或制约个体的具体行为活动，还能推动情境概念的测量和行为相关共同情境要素的识别。此外，为了防止相关研究将与研究主体相关的所有内外部因素均纳入情境的范畴，出现泛情境化和混淆“情境”与“环境”内涵的问题，他们还对“情境”与“环境”的概念进行了区分，指出环境是独立存在于研究主体之外的客观条件，通常仅会对研究主体行为产生间接影响；情境则是与研究主体具体行为直接相关的主客观条件，通常与具体行为相对存在，且会对研究主体具体行为有激发或抑制作用。只有当环境因素被研究主体所认知或进入研究主体的行为层面时，环境才能被称为情境。①

在市场营销学领域，消费行为的生成同样也会受到除消费者个体特质以外的外部情境要素的影响。在心理学者关于情境概念研究的基础上，营销学者也对消费情境的概念进行了界定。Belk(1975)首先提出了消费情境理论，认为消费情境是存在于某一特定时间或地点上与当前消费行为相关的外在因素，且这些因素的影响并不是由于个体或刺激物长期特性的改变而形成的。② Lutz 和 Kakkar(1975)指出消费情境是消费者在特定时间及地点上，对可被证明的一切与其心理过程及外显行为相关之因素的内在反应或解释，且消费情境是独立于消费者和消费对象之外并不被两者影响的一种暂时状态。③ Antonides 和 Raajj(1998)将消费情境定义为存在于消费者个体特质和产品特征之外的时空中的一点。④ Mowen 和 Minor(2001)认为消费情境是与消费活动相关并对消费活动有影响的短期具体背景性因素，且这些因素包括了消费活动进行的时间、地点、原因等内容。⑤ 李华敏和崔瑜琴(2010)将消费情境定义为消费者进行消费或购买活动时所面对的短暂环境因素，如当时的天气情况、购物卖场的拥挤情况和消费者的情绪等。⑥

基于学者们对消费情境概念的研究，陈江涛(2005)对消费情境概念界定的思路进行了分析，认为目前消费情境存在“客观存在观点”和“主观认知观点”两种观点。其中，客观存在观点强调情境的确定性和可观察性；主观认知观点则突出情境是消费者对外界刺激的知觉反映，认为环境中能引起消费者内在心理状态变化且被消费者认知和诠释的要素才

① 苏敬勤，张琳琳．情境内涵、分类与情境化研究现状[J]．管理学报，2016，13(4)：491-497.

② BELK R W. Situational variables and consumer behavior[J]. Journal of Consumer Research, 1975, 2(3): 157-164.

③ LUTZ R J, KAKKAR P. The psychological situation as a determinant of consumer behavior[J]. Advances in Consumer Research, 1975, 2: 439-454.

④ ANTONIDES G, RAAJJ F W. Consumer behavior. A European perspective[M]. Chichester: Wiley, 1988.

⑤ MOWEN J C, MINOR M. Consumer behavior: A framework[M]. Englewood Cliffs, NJ: Prentice Hall, 2001.

⑥ 李华敏，崔瑜琴．基于情境理论的消费者行为影响因素研究[J]．商业研究，2010 (3)：163-166.

可归为情境。① Assael(1995)发现虽然以往多数消费情境概念均认同消费情境并非由消费者个体及产品内在属性所致，但同时也忽视了消费者、产品与消费情境三者间的交互作用，提出了能体现三者互动的情境模型，如图 2-7 所示。② 由于目前绿色品牌内在属性并不突出且识别度较低，存在着不易量化和难以控制等问题，因此绿色品牌产品属性并未被单独纳入所构建的研究框架。此外，鉴于本书的研究属于消费者行为学范畴，为了便于消费情境相关分析的开展，在借鉴理念情境概念界定方式的基础上，笔者主要由主观认知的视角对消费情境的概念进行界定。本书认为消费情境是在特定时间和地点，能被消费者认知和诠释的外界即时环境，且这些环境因素是与消费者具体行为相对存在的，可对具体行为进行预测和解释。

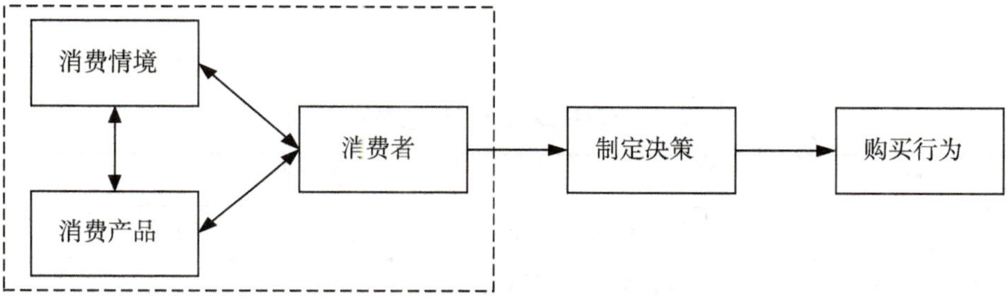

图 2-7　Assael 的消费情境模型

2.3.2　消费情境的分类

在消费情境概念界定基础上，学者们继续对消费情境分类进行了探究，以明确消费情境的构成和识别标准，进而为消费情境测量做准备。Child(2009)指出对情境分类的研究能促进情境概念的具象化，让研究者能方便迅捷地发现和识别关键情境构成，是情境构成要素相互比较和相关指标体系建立的重要基础。③ 针对消费情境的分类，学者们提出了多种划分方法。本书对已有消费情境的分类研究成果进行了总结，如表 2-4 所示。

由众多消费情境的分类方式可以发现，消费情境分类主要存在两种思路：一是以消费者对情境本身的认知为基础，如 Belk(1975)和王财玉(2013)；一是以消费者对情境选择和认知的过程为基础，如 Engel 等(1995)。本书主要对以上三者具有代表性的消费情境分类进行介绍。Belk(1975)认为消费情境可分为社会环境(social surroundings)、物质环境(physical surroundings)、任务定义(task definition)、时间(time)和先前状态(antecedent

① 陈江涛．论情境因素对消费者购房决策的影响[J]．消费经济，2005，21(1)：86-89.

② ASSAEL H. Consumer behavior and marketing action[M]. 5rd ed. Cincinnati, OH: South-Western College Publishing, 1995.

③ CHILD J. Context, comparison, and methodology in Chinese management research[J]. Management and Organization Review, 2009, 5(1): 57-73.

states）五类。其中，社会环境是指与消费者有社会交往活动的其他人，如消费者在消费过程中是否有人陪同、同伴的个性特征、同伴所扮演的角色、消费者与同伴是否有互动等；物质环境是指消费者消费活动所面临的物理与空间环境，如购物场所的地理位置、装修、氛围、灯光、声音以及商品的包装与陈列等；任务定义是指消费者购买某种商品或服务的原因，如消费的目的、商品选择的标准、计划购买与非计划购买等；时间是指对消费行为有影响并可用时间概念来描述和确定的影响因素，如消费的季节、月份、周次或具体某一天及某一时刻等；先前状态是指消费者带入到消费活动中的即时生理和心理状况，如是否高兴、是否满意、是否有较高情绪或是否带足了消费所需的钱等。① 目前，多数关于消费情境的研究是对 Belk（1975）成果的再探索和再发展，该消费情境分类已成为相关消费行为学研究的重要理论依据和消费情境因素选取的主要参照标准，受到了营销学界的广泛认可。②

表 2-4　　**消费情境分类的汇总表**

作者	消费情境的分类
Belk（1975）③	社会环境、物质环境、任务定义、时间和先前状态
Hansen 和 Deutscher（1977）④	暴露情境、慎思情境和反应情境
Engel 等（1995）⑤	沟通情境、购买情境和使用情境
吴晓义（2005）⑥	物理情境、社会情境和心理情境
Hawkins 等（2007）⑦	传播情境、购买情境、使用情境和处置情境
李华敏和崔瑜琴（2010）⑧	心理因子、环境因子、营销因子、时间因子、物质因子和互动因子

① BELK R W. Situational variables and consumer behavior[J]. Journal of Consumer Research, 1975, 2(3): 157-164.

② 庄贵军，周南，李福安．情境因素对于顾客购买决策的影响（一个初步的研究）[J]. 数理统计与管理，2004，23(4)：7-13.

③ BELK R W. Situational variables and consumer behavior[J]. Journal of Consumer Research, 1975, 2(3): 157-164.

④ HANSEN R A, DEUTSCHER T. An empirical investigation of attribute importance in retail store selection[J]. Journal of Retailing, 1977, 53(4): 59-73.

⑤ ENGEL J F, BLACKWELL R D, MINIARD P W. Consumer behavior[M]. 8th ed. Chicago: The Dryden Press, 1995.

⑥ 吴晓义．影响消费者购买决策的情境因素研究[J]. 商场现代化，2005 (11)：8-9.

⑦ HAWKINS D I, MOTHERSBAUGH D L, BEST R J. Consumer behaviour: Building marketing strategy[M]. 10th ed. New York: McGraw-Hill Higher Education, 2007.

⑧ 李华敏，崔瑜琴．基于情境理论的消费者行为影响因素研究[J]. 商业研究，2010 (3)：163-166.

续表

作者	消费情境的分类
王财玉(2013)①	物理因素、市场因素、人际因素和群体因素
崔楠等(2013)②	产品相关情境因素和市场相关情境因素

资料来源：本研究整理

王财玉(2013)在Belk消费情境分类的基础上继续对影响消费决策的主要情境因素进行了识别和重新归类，认为消费情境可分为物理因素、市场因素、人际因素和群体因素四种。其中，物理因素主要指消费的商店环境，包括了视觉物理刺激(如装修、布局、商品摆设)、听觉物理刺激(如轻松、动听的音乐)和味觉物理刺激(如购物环境怡人的香气、商品自身的香气)；市场因素主要指营销者采取的各种促销方式，包括了降低成本型促销(如降价、打折)和附加价值型促销(如免费赠品、抽奖)、即时获得型促销(如即时折扣)和延缓获得型促销(如积分优惠)等市场因素细分；人际因素主要指人与人之间的口碑传播，包括了被动口碑传播管理(如信息自然传播)和主动口碑传播管理(如推荐奖励计划)；群体因素则主要指对消费者态度、价值和行为有直接影响的参照群体，包括了成员群体(如使用符合成员身份的商品)、渴望群体(如购买提升自我的商品)和规避群体(如拒绝厌恶群体使用的商品)。这种消费情境分类将消费者对情境本身的认知更加细化，使得研究者和管理者能更方便地把握和识别各构成要素下的关键低层次变量，从而突破高层次情境构念的概化限制，加深对特定情境下管理现象的理解和探究。但与此同时，该消费情境划分方式也还存在着一定局限，如并未将时间、任务定义和先前状态等情境要素考虑在内等。③

Engel等(1995)按照消费者对情境选择和认知的过程将消费情境分为沟通情境(communication situation)、购买情境(purchase situation)和使用情境(usage situation)三类。其中，沟通情境主要指消费者在与他人(如服务人员、亲朋好友)或物件(如书刊、广告、海报或传单)接触和沟通时所面对的状况；购买情境主要指消费者在购买商品时所面对的状况，由信息环境(如信息的可利用度、信息的形式等)、零售环境(如商店布置、产品摆设等)和时间影响(如购物的淡旺季、节假日)等组成；使用情境主要指消费者使用商品的时机或面对的状况。对于购买情境与使用情境而言，有时候两者也会出现相同的情况，如当消费者在酒店用餐时。为了区分购买情境和使用情境，通常认为商品被购买后直到需要

① 王财玉．消费决策的特质论、情境论及应用[J]．广东工业大学学报(社会科学版)，2013，13(3)：74-79.

② 崔楠，崔庆安，汪涛．在线零售情境因素对顾客惠顾意愿的影响研究[J]．管理科学学报，2013，16(1)：42-58.

③ 王财玉．消费决策的特质论、情境论及应用[J]．广东工业大学学报(社会科学版)，2013，13(3)：74-79.

时才会被使用。① 虽然此消费情境分类是按照消费者的商品购买过程和情境认知过程进行划分的，有利于研究者和管理者“按图索骥”地识别和发现影响消费行为的情境要素，但目前该消费情境分类还属于对高层次情境构念的理论研究阶段，且还存在低层次情境变量可能同时属于某两类高层次情境构念的问题，并不利于具体特定情境问题的挖掘及相关测量量表的设定。本书关于绿色品牌消费情境的研究主要借鉴常用的 Belk(1975)消费情境分类方式，在聚焦研究主体的基础上对绿色品牌消费情境构成进行划分。

2.3.3 消费情境与消费者响应

虽然由消费情境概念及其分类可知消费情境与消费者行为之间是相对存在的，但消费情境与消费者心理及行为响应间的具体关系并不明确。本书利用环境心理学的相关理论对消费情境可能导致的消费者响应进行分析，以强化对消费情境作用的认识和理解，明确消费者在面对消费情境时可能表现出的响应方式。Proshansky(1990)指出，环境心理学是一门专门研究人与他们所处环境之间相互关系和相互作用的学科。② 俞国良(2000)将环境心理学定义为一门从心理学角度探究个体行为与所处环境间相互关系和相互影响的学科，认为通过环境心理学研究能发现和揭示不同环境条件下个体心理与行为的响应及发展规律。③ 目前，环境心理学的相关研究主要分为认知心理学倾向的环境心理学和生态心理学倾向的环境心理学两种。其中，认知心理学倾向的环境心理学将认知心理学和现象学研究方法作为研究的理论基础，认为人的经验及认知方式是其与环境间关系状态的决定因素；生态心理学倾向的环境心理学则将学习理论及生态心理学作为研究的理论依据，认为对行为有影响的环境才是人与环境间关系状态的决定因素。④ 本书关于消费情境概念的界定主要以消费者对情境的主观认知为基础，因此消费情境与消费者响应间关系的把握和解释主要基于认知心理学倾向的环境心理学理论。认知心理学倾向的环境心理学理论主要包括应激理论、唤醒构建理论与环境超负荷理论三种。

(1)基于应激理论的消费情境与消费者响应

应激理论认为个体会针对环境中的应激源做出相应的应激反应。其中，应激源主要指对个体健康安全构成威胁的外部不利环境，如噪音、拥挤、工作压力、自然灾害及婚姻破裂等；而个体应激反应既可以作为中介变量，也可以被视为调节变量，体现为个体因应激

---

① ENGEL J F, BLACKWELL R D, MINIARD P W. Consumer behavior[M]. 8th ed. Chicago: The Dryden Press, 1995.

② PROSHANSKY H M. The pursuit of understanding: An intellectual history[M]//ALTMAN I, CHRISTENSEN K. Environment and Behavior Studies: Emergence of Intellectual Traditions. New York: Plenum Press, 1990: 9-30.

③ 俞国良，王青兰，杨治良．环境心理学[M]．北京：人民教育出版社，2000.

④ 陈红，李海峰．环境心理学内涵的演变：从人与环境相互作用到生态保护可持续发展[J]．南京林业大学学报(人文社会科学版)，2014，14(2)：22-29.

源做出的生理反应、情绪反应和行为反应。Selye(1956)研究指出个体因应激源所引发的反应具体包括：激动、气愤、心烦意乱甚至攻击性行为；萎靡、悲观、颓废甚至自杀性行为。① 由于生理反应通常对应着生理应激，而情绪反应和行为反应通常共同对应着心理应激，因此环境心理学家将生理应激和心理应激合并后的应激模型统称为环境应激模型。② 应激源与个体环境应激间存在着相互作用的关系，环境应激源不仅可以作用于个体反应，个体反应同样也能对环境应激源产生影响。目前，应激理论主要应用于对环境应激源的整体研究，以探究和解释当环境应激源的刺激超过个体的环境适应能力承载度时可能引发的健康问题。③

在消费者所面对的外部环境中同样存在着对个体生理和心理构成威胁的应激源，导致消费者负面应激反应的出现。由相关营销学者的研究成果，可以窥见一斑。张圣亮和钱路(2010)研究发现银行服务失误会导致消费者负面情绪的生成，且负面情绪会进而推动消费者抱怨行为和转换行为的产生。④ 李东进等(2011)探究了错过购买情境下消费者后悔与购买意愿间的关系，发现错过购买所引发的后悔能显著提升消费者未来购买的意愿。⑤ 汪兴东等(2013)对产品伤害情境下消费者的情绪反应和行为反应进行了分析，通过实验研究发现产品伤害的外部归因会导致忠诚消费者表现出更强的愤怒情绪，且还会通过报复或负面口碑传播的方式对企业进行惩罚；非忠诚消费者则会表现出更强的后悔情绪，且还会采取转换或沉默的方式来减少对企业的负面情绪。⑥ Kim 和 Park(2016)研究了航空服务延迟情境下消费者的情绪反应和行为反应，发现航空服务延迟会导致消费者对航空公司产生愤怒和认为其不可靠的消极情绪，并会导致消费者采取拒绝重复购买和负面口碑传播等负面行为方式。⑦ 由以上研究可以发现，作为应激源的消费情境，如错过购买、产品伤害、服务失误或延迟等，都会导致消费者做出相应的应激反应，如愤怒、抱怨、后悔甚至负面口碑传播等，但同时也应注意并非所有消费情境中的应激源都会导致负面的应激行为反

---

① SELYE H. The stress of life[M]. New York: Mc Graw-Hill, 1956.

② BAUM A, SINGER J E, BAUM C S. Stress and the environment[J]. Journal of Social Issues, 1981, 37(1): 4-35.

LAZARUS R S, FOLKMAN S. Stress, appraisal and coping[M]. New York: Guilford, 1984.

EVANS G W, COHEN S. Environmental stress [M]//STOKOLS D, ALTMAN I. Handbook of Environmental Psychology. New York: John Wiley & Sons, 1987: 571-601.

③ 姜少凯，梁进龙．环境心理学的学科发展与研究现状[J]．心理技术与应用，2014(1)：7-10.

④ 张圣亮，钱路．银行服务失误对消费者情绪和行为的影响[J]．北京理工大学学报(社会科学版)，2010，12(2)：31-36.

⑤ 李东进，马云飞，杜立婷．错过购买情境下消费者后悔对购买意向的影响研究[J]．南开管理评论，2011，14(5)：141-152.

⑥ 汪兴东，景奉杰，涂铭．产品伤害中不同忠诚度顾客情绪反应及行为意向的差异性研究[J]．管理评论，2013，25(1)：73-81.

⑦ KIM N Y, PARK J W. A study on the impact of airline service delays on emotional reactions and customer behavior[J]. Journal of Air Transport Management, 2016, 57: 19-25.

应，如错过购买情境下的未来购买意愿等。

(2)基于唤醒构建理论的消费情境与消费者响应

唤醒构建理论认为个体各种不同形式及内容的行为和经验与其生理活动如何被唤醒存在着相关性。由于唤醒可被视为应激的一种必然反应，因此唤醒构建理论与应激理论间存在着一定的相似性。两者间的不同之处在于唤醒构建理论中的唤醒指的是个体大脑活动和身体自主反应的增加，且其可由不导致应激的其他环境引起。可见，日常环境中的悲伤或高兴等都能引起唤醒的产生。因此可以利用唤醒的这一特性分析唤醒及其产生的外部环境，以达到研究外部环境与个体心理间关系的目的，如探究温度、噪音及拥挤对个体行为的影响等。唤醒常被作为影响行为的中介变量或干预变量，如不论高兴与否都能提升个体的唤醒水平，而唤醒的水平则还会继续影响个体的行为表现。人们往往偏向于中等水平的唤醒水平，以获得最佳唤醒状态和行为表现，而过高或过低的唤醒水平则对个体行为表现都有不利的影响。①

消费情境作为一种外在刺激，也能以某种方式唤起消费者的自主情绪及认知反应，且这种内在的心理反应还会继续对消费者接近或规避的消费行为产生影响。侯旻(2011)利用唤醒构建理论研究了百货人员服务、消费情感与消费者惠顾意向三者间的关系，证实了唤醒是消费者情感中独立于愉快与不愉快之外的中立情感，发现百货人员服务的保证性和移情性既可能使消费者愉快也可能令消费者不愉快，百货人员服务的反应性则能促进消费者产生愉悦并避免了不愉悦的发生。② 魏守波和程岩(2012)研究了电子商务虚拟氛围要素对在线消费者冲动购买意愿的影响，发现虚拟氛围要素中的导航易用性、信息新、社会性及娱乐性均对在线消费者的沉浸状态要素(愉悦感、行为控制感及关注度)有显著影响，且沉浸状态要素继而会促进冲动购买意愿的形成。③ 周菲和李小鹿(2015)对社会临场感与网络团购消费者再购意向的关系进行了分析，发现消费者愉悦度在社会临场感对网络再团购意向的影响中具有中介作用，而消费者唤醒度的中介作用并不显著。④ Romani 等(2016)探索了企业履行社会责任的积极性对消费者绿色产品购买意愿的影响，发现企业积极履行社会责任的外在动机会导致消费者怀疑情绪的提升，降低消费者绿色产品购买意愿；内在动机则会减少消费者的怀疑情绪并提升对企业的崇拜，在强化消费者购买该企业绿色产品意愿的同时还会促进消费者购买同一品类的其他绿色产品。⑤ 由以上研究可知，

---

① 彭聃龄．普通心理学[M]．第四版．北京：北京师范大学出版社，2012.

② 侯旻．百货店人员服务、消费情感与消费者惠顾意向关系研究[D]．长春：吉林大学，2011.

③ 魏守波，程岩．虚拟氛围对在线消费者冲动购买意向影响的实证研究[J]．系统管理学报，2012，21(4)：531-539.

④ 周菲，李小鹿．社会临场感对网络团购消费者再购意向影响研究[J]．辽宁大学学报(哲学社会科学版)，2015，43(4)：113-121.

⑤ ROMANI S, GRAPPI S, BAGOZZI R P. Corporate socially responsible initiatives and their effects on consumption of green products[J]. Journal of Business Ethics, 2016, 135(2): 253-264.

消费情境中的各种外在刺激(不再局限于应激源)都能引起消费者的生理唤醒，并能增加消费者身体的自主反应，促进消费者行为意向的自然产生。此外，唤醒可以作为独立于愉悦及不愉悦等消费者情绪之外的第三种变量，帮助研究者发现和判断导致消费者最佳唤醒状态的消费情境要素，防止消费者的情绪和行为出现失调或失控。

(3)基于环境超负荷理论的消费情境与消费者响应

环境超负荷理论将个体视为人—环境关系中的一个重要变量。当环境所提供的信息量超过了个体对信息的加工处理能力，即个体获得的感觉信息大于其能有效处理信息的能力时，超负荷现象就会出现。与此相反，当个体获得的感觉信息小于其有效处理信息的能力时，则会出现负荷不足的现象。环境超负荷理论主要关注环境刺激对个体注意分配及信息加工处理的过程，认为个体在面对环境刺激时会做出相应的判断和反应，且当超负荷现象出现时，个体会出现注意力减弱和分散的问题，进而对个体行为产生影响。通过环境超负荷理论，研究者能由个体负荷状况推断出环境所提供信息量的相对大小及其对个体的影响。通常，超负荷被用于解释个体所面临的城市生活快节奏、人口高密度、噪声等现象，而这些现象一般还与应激及唤醒存在着相关性；负荷不足则被用于解释个体面临环境刺激不足时产生的孤独、寂寞和单调等问题。①

消费情境的超负荷现象也时常出现，并对消费者心理及行为反应产生影响。王倩倩等(2005)研究了就餐区域音乐节奏及共餐人数对消费者就餐时间的影响，发现快节奏音乐下消费者的就餐时间比慢节奏音乐下的就餐时间少，而单人就餐消费者的就餐时间则要快于多人就餐消费者的就餐时间，这种现象主要应与快节奏音乐及单人就餐时消费者认知系统能有足够的空间处理相关就餐信息有关。② 邢宁宁和汪京强(2012)通过现场试验的方法对餐厅背景音乐与顾客等待时间的关系进行了研究，发现餐厅背景音乐对顾客等待时间有显著影响，处于慢节奏餐厅背景音乐中的顾客能容忍更长的等待时间，且处于快节奏餐厅背景音乐中顾客的等待时间会缩短，究其原因主要在于慢节奏餐厅背景音乐让顾客分配了更多的信息处理空间，更能分散顾客对等待时间的注意力。③ 代祺和张中奎(2016)从认知负荷视角对消费者网购决策的形成机制进行了实证分析，发现购物网站复杂度和认知负荷均能显著降低消费者的网购意愿，且认知负荷在购物网站复杂度对消费者网购意愿的影响中具有部分中介作用。④ Furner 等(2016)研究了电子商务环境下信息过载对消费者信任和购买意愿的影响，发现信息载荷与消费者信任及购买意愿间呈现出倒 U 形的关系，信息

---

① 姜少凯，梁进龙．环境心理学的学科发展与研究现状[J]．心理技术与应用，2014(1)：7-10.

② 王倩倩，张璇，孟蕾，等．音乐节奏和共餐人数对就餐时间的影响[J]．应用心理学，2005，11(3)：271-275.

③ 邢宁宁，汪京强．基于现场实验的背景音乐对顾客等待时间的影响研究——以华侨大学主题实验餐厅为例[J]．北京第二外国语学院学报，2012(1)：49-56.

④ 代祺，张中奎．基于认知负荷角度的消费者网购决策的实证研究[J]．统计与决策，2016(14)：59-62.

过载或信息不足都不利于消费者信任及购买意愿的形成，而当电子商务环境下的信息处于中间适度状态时，消费者信任及购买意愿形成的效果最佳。① 可见消费情境超负荷现象能帮助研究者掌握消费者与消费情境间的互动关系，通过消费者的情绪及行为表现发现消费情境信息载荷与消费者信息处理能力间是否相符，并针对不同消费情境负荷下的消费者采取相应措施，如对于超负荷消费情境下的消费者可采取提升关键性消费情境要素刺激和降低弱关联性消费情境要素噪音等办法。

由以上三种基于环境心理学理论的消费情境与消费者响应互动模式可以发现，由于研究内容及研究角度的差异，各互动模式都仅能反映和解释部分消费情境下的消费者心理及行为响应，但三者之间也同时存在相互的交织与联系，如从心理学角度看，唤醒构建理论和环境超负荷理论都可以被划归到应激理论的体系之中。② 绿色品牌消费情境的研究不仅要密切结合消费情境概念的界定及构成的分类，还应将消费者与消费情境视为一个整体，由消费者与消费情境间的互动关系识别和提炼出对消费者响应具有关键作用的绿色品牌消费情境因子。

2.4　品牌决策行为相关理论

2.4.1　S-O-R 理论

S-O-R 理论即刺激(stimulus)-机体(organism)-反应(response)理论，该理论由新行为主义心理学派学者 Mehrahian 和 Russell(1974)提出，③ 源于传统行为主义学派创始人 Watson 提出的刺激(stimulus)-反应(response)的行为研究范式。Watson(1913)在其论文《一个行为主义学者所认为的心理学》中对 S-R 理论进行了阐述，指出由于人的内在思维等心理活动是一个非常复杂且不可见的黑箱，因此行为主义研究应由人的可被观察与可被测量的外显行为入手。其认为行为是人在外部环境刺激下做出的相关适应性活动，能通过单向线性的行为研究路径即 S-R 理论对人的行为产生机理进行探究，如图 2-8 所示。其中，刺激是导致人行为产生的外部环境；反应是人在外部环境刺激下所产生的行为及其变化。④ 可见，在 S-R 理论中，外部环境刺激与人的反应是直接联结的，完全忽视了人心理活动的作用，且没有考虑人机体反应的中介作用。

---

① FURNER C P, ZINKO R, et al. Electronic word-of-mouth and information overload in an experiential service industry[J]. Journal of Service Theory and Practice, 2016, 26(6): 788-810.

② 孙时进．心理学概论[M]．上海：复旦大学出版社，2012.

③ MEHRABIAN A, RUSSELL J A. An approach to environmental psychology[M]. Cambridge: MIT Press, 1974.

④ WATSON J B. Psychology as the behaviorist views it[J]. Psychological Review, 1913, 20(2): 158-177.

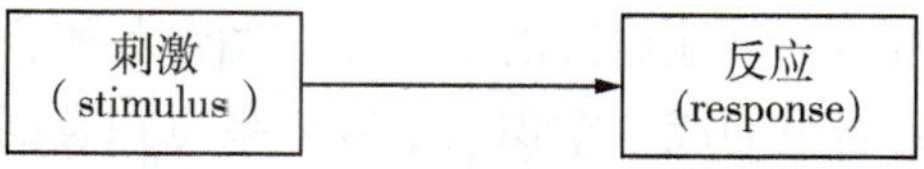

图 2-8 刺激-反应(S-R)理论模型

S-R 理论仅将外部环境刺激作为人行为反应产生原因的简单做法引起了学者们的注意。Tolman(1932)指出存在于外部环境刺激与行为反应之间的人机体内的心理过程同样会对行为反应有影响作用，提出将人的认知、期望及嗜好等作为中介变量用以解释外部人机体内的心理过程。Tolman(1932)的研究弥补了 S-R 理论无法解释相同外部环境刺激下个体行为反应差异的问题，有助于通过人的内在心理过程说明个体间的行为反应差异产生的原因。① Mehrabian 和 Russell(1974)进一步对 Tolman(1932)的研究成果进行了补充和完善，提出了著名的 S-O-R 理论，认为在外部环境、内在机体及反应三者间的作用关系中外部环境刺激应作为前因变量、机体作为中介变量、反应作为结果变量，外部环境刺激会通过影响人机体的内部心理状态推动人作出差异化的情绪或行为反应，如图 2-9 所示。② 营销学者们将 S-O-R 理论应用到消费者决策模式的研究中，发现消费者购买决策同样是一个刺激-机体-反应的过程。在消费过程中，消费者的购买决策会受到包括消费者内在心理因素及外部环境因素的刺激。面对这些刺激所传递的信息，消费者会通过机体内在化的处理以形成相应心理状态，并最终在心理状态驱使下做出有关情感及行为反应。③

图 2-9 刺激-机体-反应(S-O-R)理论模型

2.4.2 ABC 理论

ABC 理论即态度行为情境理论，认为个体行为(behavior，B)是在内在态度(attitude，A)及外在条件(external conditions，C)共同作用下产生的。ABC 理论的研究最早源于 Stern 和 Oskamp(1987)对环境行为模型的研究，他们发现个体环境行为会受到一系列具有相互作用内部要素(如环境态度、信念及意向等)和外部要素(如社会制度、经济环境及社会结构等)的共同影响。④ Guagnano 等(1995)通过对美国弗吉尼亚州费尔法克斯县居民的生活

① TOLMAN E C. Purposive behavior in animals and men[M]. New York: Appleton-Century-Crofts, 1932.

② MEHRABIAN A, RUSSELL J A. An approach to environmental psychology[M]. Cambridge: MIT Press, 1974.

③ KOTLER P T, KELLER K L. Marketing management[M]. 15th ed. Upper Saddle River, NJ: Pearson Education, 2015.

④ STERN P C, OSKAMP S. Managing scarce environmental resources[M]//STOKOLS D, ALTMAN I. Handbook of Environmental Psychology. New York: John Wiley & Sons, 1987: 1044-1088.

垃圾循环利用行为的研究指出，当地居民的生活垃圾循环利用行为不仅会受到有无垃圾箱等外部环境影响，还会受到居民的成本意识、回收后果意识及回收责任归因等内在认知的作用，并最终在 Stern 和 Oskamp(1987)所提环境行为模型的基础上提出了著名的 ABC 理论。Guagnano 等(1995)认为生活垃圾循环利用行为(B)是个体对生活垃圾循环利用所持态度变量(A)和外部条件(C)共同作用产生的，但两者对行为的影响效果并非源于它们自身的价值而是依赖于彼此间价值的比较，如图 2-10 所示。①

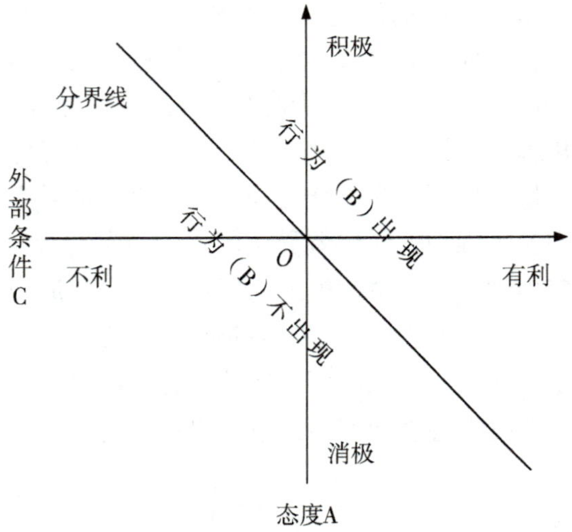

图 2-10　态度行为情境(ABC)理论模型

在图 2-10 中，位于第二象限和第四象限中的对角线为判断行为是否会出现的边界线，当 A、C 之和等于零时，即两者之和正好位于边界线，表示行为不会出现；当 A、C 之和大于零时，即两者之和位于边界线上方，表现行为会出现；当 A、C 之和小于零时，即两者之和位于边界线下方，表示行为不会出现。当 A、C 都为正值，即 A 和 C 都对行为有利时，两者之和必将位于第一象限，则行为必定会出现；当 A、C 都为负值，即 A 和 C 都对行为不利时，两者之和必将位于第三象限，则行为必定不会出现。此外，当 A、C 之和的绝对值较大时，适当调整 A 或 C 的值都不会导致对行为影响效果的转变；而当 A、C 之和十分接近 0 值时，则任何 A 或 C 值的变化都将导致对行为影响效果的转变。②

由 ABC 理论可见，外部条件因素在影响个体行为中具有突出作用。当外部条件因素的作用比较中性或趋近于零时，则态度对个体行为的预测与解释能力最强；当外部条件因素较为有利或不利时，则会促进或阻碍个体行为的出现，而此时的个体态度将无法显著地

① GUAGNANO G A, STERN P C, DIETZ T. Influences on attitude-behavior relationships a natural experiment with curbside recycling[J]. Environment and Behavior, 1995, 27(5): 699-718.

② GUAGNANO G A, STERN P C, DIETZ T. Influences on attitude-behavior relationships a natural experiment with curbside recycling[J]. Environment and Behavior, 1995, 27(5): 699-718.

对行为产生影响。该理论对态度、情境与行为间的关系进行了重新界定，强调了情境和态度对个体行为的共同作用，突出了两者在影响个体行为效果形成中的价值相对性，与 S-O-R 理论相互补充，为全面了解和掌握消费者行为决策过程及内在机理提供了完善且充分的理论基础。

2.4.3 价值-信念-规范理论

价值-信念-规范理论由 Stern(2000)提出，该理论融合了心理学领域的价值理论、规范激活理论及环境社会学的新环境范式理论，探索了导致个体环境行为的主要因素及内在机理。① 其中，心理学领域的价值理论指出价值观是合乎个体需求的超越情境的目标，在个体的生活及其他社会存在中都具有指导作用；② 规范激活理论认为个人规范被激活是个体采取亲社会行为或利他行为的重要基础，个人规范指个体因自我责任意识自觉采取某种非强制性行为的价值取向；③ 新环境范式理论则指环保行为的形成主要源自个体对人类与环境和谐共处关系的一般信念。④ 价值-信念-规范理论认为个体环境行为是在价值观、信念及个体规范三个变量的相互作用下形成的。其中，生态价值观、利他价值观和利己价值观共同构成了个体价值观，而个体价值观又进一步与信念、个体规范及行为等组成了一个因果关系的作用链，如图 2-11 所示。

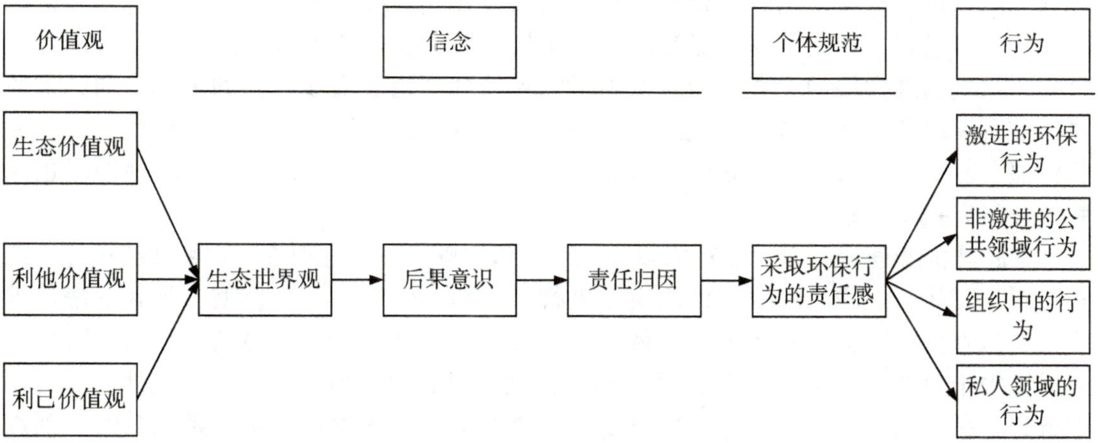

图 2-11　价值-信念-规范理论模型

① STERN P C. New environmental theories: Toward a coherent theory of environmentally significant behavior[J]. Journal of Social Issues, 2000, 56(3): 407-424.

② SCHWARTZ S H. Universals in the content and structure of values: Theoretical advances and empirical tests in 20 countries[J]. Advances in Experimental Social Psychology, 1992, 25: 1-65.

③ SCHWARTZ S H. Normative explanations of helping behavior: A critique, proposal, and empirical test [J]. Journal of Experimental Social Psychology, 1973, 9(4): 349-364.

④ LIERE K D, DUNLAP R E. Moral norms and environmental behavior: An application of Schwartz's norm-activation model to yard burning[J]. Journal of Applied Social Psychology, 1978, 8(2): 174-188.

由图 2-11 可知，个体所具备的价值观对其关于环境问题的信念产生影响，而信念包括生态世界观、后果意识及责任归属等；接下来，信念会进一步影响个体规范，使个体产生采取亲环境或亲社会行为的责任感和义务感；最后，个体规范促使亲环境或亲社会行为意向的产生，个体将行为落到实处，形成积极的环境行为。由于个体的价值观存在差异，导致经信念、个体规范所导致的个体环境行为也会出现较大差异，具体的环境行为包括：激进的环保行为(如激进的环保抗议活动)、非激进的公共领域行为(如对公共政策的支持)、组织中的行为(如绿色环保产品的设计)和私人领域的行为(如购买绿色产品)等。本书关于消费者绿色品牌决策行为的研究主要聚焦于消费者私人领域的行为。

2.5　本章小结

本章根据研究现状的评述及需要研究的主要内容，对绿色品牌理论、品牌依恋理论、消费情境理论和消费者品牌决策行为相关理论进行了梳理、介绍和界定，理清了消费者-绿色品牌依恋关系研究的理论脉络，为接下来的深入研究提供了重要的理论支撑。

在绿色品牌理论方面，首先对绿色品牌的概念进行了界定，并由消费者-绿色品牌关系和绿色品牌价值两方面对绿色品牌内涵进行了介绍，明确了消费者-绿色品牌关系和绿色品牌价值在绿色品牌构建与发展中的重要作用；接着对目前我国绿色品牌消费存在的困境进行了归纳，提出绿色品牌真实性问题、感知效用低和消费不作为惰性等是阻碍绿色品牌发展的主要障碍，明晰了绿色品牌理论及实践研究的主体方向；最后对目前我国绿色品牌消费的特点进行了提炼，发现绿色品牌消费主要以环境压力、品牌价值和外部线索为基础和导向，为克服绿色品牌消费困境和展开有针对性的绿色品牌管理研究提供理论依据。

在品牌依恋理论方面，除对依恋及品牌依恋的概念发展过程进行归纳和梳理外，还重点对具有代表性的品牌依恋作用模型进行了介绍，包括 A-R-C 模型、品牌依恋前因模型、品牌依恋综合模型及由品牌依恋综合模型发展而来的品牌依恋-厌恶关系模型，为后续关于消费者-绿色品牌依恋关系作用模型的研究提供借鉴和参考。此外，还对品牌依恋与品牌态度、品牌满意、品牌爱及品牌承诺等四个类似品牌关系概念的区别进行了阐述，让消费者-绿色品牌依恋关系研究能更准确地聚焦和挖掘其内在理论价值与实践价值。

在消费情境理论方面，首先对已有情境和消费情境的概念进行了梳理，明确了由主观认知的视角对消费情境的概念进行界定的理论依据，并由此对消费情境的概念进行了界定；接着对学者们关于消费情境构成研究的成果进行了归纳和总结，掌握了消费情境的主要划分方式及构成要素的识别标准，对绿色品牌消费情境构成的分析及测量具有重要的借鉴作用；最后采用环境心理学的观点，由应激理论、唤醒构建理论与环境超负荷理论等方面探究了消费情境与消费者响应的关系，进一步确定了消费情境在消费者行为学研究中的作用和地位。

在品牌决策行为相关理论方面，对与消费者-绿色品牌关系研究相关的品牌决策行为理论进行了介绍，主要包括S-O-R理论、ABC理论和价值-信念-规范理论三种。通过利用这些品牌决策行为理论，不仅能将消费者-绿色品牌依恋关系建立与发展视为一个系统且综合的过程，还能为消费者-绿色品牌依恋关系前因后效研究作用模型的构建提供理论支持。

第3章　消费者-绿色品牌依恋关系的结构及量表开发

虽然品牌依恋理论已得到普遍认同，但由于学者们对其内在结构及测量量表并没有形成统一且成熟的认识，以致相关研究结果千差万别。此外，由于我国绿色品牌还不成熟，公众对其的认知和理解也不尽相同，甚至还存在怀疑和偏见，因此直接借鉴或沿用已有品牌依恋的相似结构量表无法真实且全面地反映消费者-绿色品牌依恋关系的内在构成。此外，消费者-绿色品牌依恋关系的建立和维系主要以两者间的情感为纽带，情感所涉及的丰富心理体验必然会导致消费者-绿色品牌依恋关系内容的多样性和复杂性。基于简单理论归纳所设计的结构化测量量表将很难通过大样本的量化研究达到对消费者-绿色品牌依恋关系结构内容挖掘的预期效果。在这样的背景下，定性研究特别是其中的扎根理论研究方法为消费者-绿色品牌依恋关系结构及测量量表的探究提供了可靠的途径。扎根理论是一种由调研资料到理论构建的自下而上的实证研究方法，强调原始资料收集和个人归纳分析在理论研究中的重要作用，认为只有通过对原始资料进行深入挖掘所形成的理论才是实事求是的。可见，扎根理论方法适用于对消费者-绿色品牌依恋关系理论的探索性研究，能更有效地发现消费者-绿色品牌依恋关系理论的内在构成，并能实现对相关测量量表的开发。

3.1　基于扎根理论的消费者-绿色品牌依恋关系构成分析

3.1.1　扎根理论方法

扎根理论作为一种规范的定性研究方法，最早由 Glaser 和 Strauss 于 1967 年提出。①该方法强调持续的比较分析和系统的归纳，指出应对深入访谈、实际观察或档案文本等方式采集的原始定性资料进行逐步的概括和总结，提取出能够说明和代表研究问题或现象的概念和范畴，并最终在对这些概念和范畴间联系和作用关系进行梳理和界定的基础上形成相关理论。② 扎根理论方法运用的重点在于通过对所收集原始资料的编码，提升研究者对

① GLASER B G，STRAUSS A L. The discovery of grounded theory：Strategies for qualitative research [M]. New York：Aldine，1967.

② 卡麦兹 K. 建构扎根理论：质性研究实践指南[M]. 边国英，译. 重庆：重庆大学出版社，2009.

原始资料分析、整理和归纳的效率。编码主要包括开放性编码、主轴性编码和选择性编码三个阶段。其中，开放性编码是指通过对原始资料的分析，识别和提炼出大量具有代表性和相关性的初始概念；主轴性编码是指按照某种逻辑关系对开放式编码所提炼的相关初始概念进行聚类和整合并剔除其他无关初始概念；选择性编码则是指在对研究问题和提取概念对比分析的基础上结合所建立的逻辑关系，构建最终的概念模型。① 目前，扎根理论方法已得到了学者们的广泛认可，并在经济学、管理学、社会学及教育学等社会学科的相关研究中得到深入运用，其研究过程的可行性和研究结果的可信性也已被反复验证。

在运用扎根理论对消费者-绿色品牌依恋关系的内在构成要素进行探索前需明确所要研究的问题。绿色品牌消费不仅能协助消费者应对和改善环境问题，还能彰显消费者的社会责任担当，理应成为一种主流消费模式，但消费者的绿色品牌实际消费水平并不高。这除了与绿色品牌犯错(如漂绿、伪绿)等自身问题有关外，还与消费者-绿色品牌关系脆弱不无关系。姜岩和董大海(2008)指出品牌依恋是企业品牌建设的顶点和品牌资产形成的重要基础②在消费者-品牌依恋关系下，消费者不仅愿意与品牌建立高强度的稳定情感联结，还会表现出品牌重购、溢价支付和差错宽恕等特定行为。可见，建立消费者-绿色品牌依恋关系是克服绿色品牌发展瓶颈和促进绿色品牌健康快速发展的重要手段，对消费者-绿色品牌依恋关系的理论研究很有必要。通过对品牌依恋及绿色品牌国内外相关文献梳理和分析可以发现，目前对消费者-绿色品牌依恋关系的专门研究还属空白。虽然已有品牌依恋的相关理论成果可为本书借鉴和参考，但绿色品牌的利他、环保等独特属性也预示着这些成果已无法全面解释和体现消费者-绿色品牌依恋关系的内涵及构成。本书利用扎根理论方法专门针对消费者-绿色品牌依恋关系理论进行研究，试图探寻消费者-绿色品牌依恋关系的内涵及构成维度，在帮助企业明确品牌依恋关系管理方向和重点的同时为下文的相关研究提供理论支持。

3.1.2 资料收集

深度访谈作为一种非结构化的定性调查形式，能帮助研究者在与受访对象的深入交谈中揭示受访对象心中潜藏的、对某一问题的看法、态度及情感，是目前扎根理论研究中最常用的资料收集方法。本书采用深度访谈法中的问题聚焦访谈法收集扎根理论研究所需的原始资料。问题聚焦访谈法可以让研究者通过参与性对话，引导受访对象围绕访谈主题并依据自身情况进行思考和交流，促进访谈对象更深入地阐释对绿色品牌依恋的认识和理解，提升所收集资料的有效性和完整性。依据理论抽样的方法，在进行资料收集、编码和分析的同时结合消费者-绿色品牌依恋关系理论的发展状况选取具体的访谈对象。③ 此外，由于所研究的内容较为专业和深入，为了达到扎根理论研究的目的，本书还对访谈对象设

---

① 陈晓萍，徐淑英，樊景立．组织与管理研究的实证方法[M]．北京：北京大学出版社，2012.

② 姜岩，董大海．品牌依恋的概念架构及其理论发展[J]．心理科学进展，2008，16(4)：606-617.

③ 费小冬．扎根理论研究方法论：要素、研究程序和评判标准[J]．公共行政评论，2008，1(3)：23-43.

置了其他方面的要求。首先，对受访对象的学历及年龄等人口统计变量进行控制。王建明和贺爱忠(2011)指出低学历者对低碳消费的认知较低，高学历者及中青年城市消费者逻辑思维能力强并对新生事物具有较高接受度，更适合于对低碳消费行为的质性研究。① 本书将受访对象控制为专科及以上学历且在 20~40 岁的中青年城市消费者。其次，对受访对象的多样性和专业性进行控制。通过社会关系最终选择了 20 个访谈对象，访谈对象的基本资料如表 3-1 所示。

表 3-1　　访谈对象基本资料统计

统计内容	内容分类	人数	百分比
性别	男	8	40
	女	12	60
年龄	20~25 岁	3	15
	26~30 岁	7	35
	31~35 岁	6	30
	36~40 岁	4	20
学历	专科	3	15
	本科	7	35
	研究生及以上	10	50
职业	在校学生	5	25
	教育研究人员	5	25
	企事业单位人员	6	30
	商业服务人员	4	20

在进行深入访谈之前，先完成了对访谈提纲的设计。消费者-绿色品牌依恋关系的访谈提纲在借鉴 George 等(1985)《成人依恋访谈》提纲的基础上，② 结合对绿色品牌及品牌依恋的认识和理解制定而成(详见附录 B)。为了让访谈对象能在访谈前对访谈主题有一个初步的了解和准备，我们在预约受访对象的同时以电子邮件或手机短信的方式提前将访谈的大致内容告知了访谈对象。正式访谈选择在较为轻松的环境下进行，以便访谈对象能够没有顾虑，对所访谈的内容直抒己见，真实全面地表达自己对绿色品牌及绿色品牌依恋的看法。在正式访谈开始前，访谈者首先对绿色品牌及品牌依恋的内涵进行了阐述，帮助

① 王建明，贺爱忠．消费者低碳消费行为的心理归因和政策干预路径：一个基于扎根理论的探索性研究[J]. 南开管理评论，2011，14(4)：80-89.

② GEORGE C, KAPLAN N, MAIN M. The adult attachment interview[Z]. Unpublished Manuscript, University of California at Berkeley, 1985.

访谈对象建立对绿色品牌及品牌依恋的正确认知。

3.1.3 资料分析与编码

在所收集资料数据的基础上，笔者依据扎根理论方法对资料数据按照开放性编码、主轴性编码和选择性编码三个步骤进行研究，以生成消费者-绿色品牌依恋关系的相关理论。

(1)开放性编码分析

开放性编码是资料分析的首要步骤。为了防止研究者因偏见、定向等心态影响开放性编码的结果，除了对收集的资料进行打散处理外，笔者还在概念的挖掘中尽量采用访谈对象的原话作为标签。本书主要通过手工编码的方式对所收集的资料进行逐句分析，并结合绿色品牌、品牌依恋等理论及相关文献的研究，在对相关语句进行仔细深入考量的基础上将有关资料进行概念化和范畴化。通过对资料语句的斟酌和判断，在剔除与消费者-绿色品牌依恋关系结构及内容无关的语句后，基于对所保留原始语句的反复分析、对比提取出了205个概念，并最终归纳出18个范畴。表3-2体现了本书对资料进行概念化和范畴化的过程，范畴仅罗列了3个具有代表性的相应概念和语句，而范畴化的结果即为消费者-绿色品牌依恋关系的相关构成要素。

表3-2 **开放性编码过程**

开放性编码中代表性原始资料	概念化	范畴化
我一般会先看产品标志，上面标有环保标志的我才会购买	环保标志	A1 绿色品牌识别
我经常看到vivo手机的广告，它的广告比较吸引我	广告吸引	
我每次都是在京东上买好奇，而且京东自营的都应该是真的	渠道判断	
苹果电脑的待机时间长，很节能	待机时间长	A2 绿色功能属性
海尔的冰箱，它一天一夜只用一度电，就是特别省电	省电	
我买醋，都非常注意，看它是天然酿造的食醋还是勾兑出来的	天然酿造	
不要把隐私东西往苹果手机里面放，icloud有隐私泄露的历史	隐私泄露	A3 安全性
如果草打了农药和杀虫剂，被牛吃后产出的奶就受到了污染，伊利就不是绿色品牌了	原材料污染	
三星手机出现爆炸事故后，我是不会再考虑它了，确实挺可怕	爆炸事故	
我在京东买，武汉属于一线城市吧，非常快，今天买，明天到	送货快	A4 购买便利
海尔这个牌子它在商场中一年四季都会有供货	全年供货	
我只在家呆三四天，不可能网上买，我当天就去母婴店买好奇	渠道多样	
海尔洗衣机节约了人力成本，节约劳动时间	节约时间	A5 感知效用
vivo在大学生中很受欢迎，因为它价位很合理，设计很时尚	广受欢迎	
华为使用起来很方便，性价比比较高	性价比高	

续表

开放性编码中代表性原始资料	概念化	范畴化
海尔洗衣机用了十几年了，可能会生锈，但很多功能还是好的	经久耐用	A6 产品质量
三只松鼠的口感和干果的品质确实要比一般的品牌稍好一点	口感好	
我以前用的一款惠普电脑，因为散热很差，主板烧坏过	性能差	
喜宝奶粉是非常软的纸筒，可能一盒奶粉没喝完，盒子都烂了	包装差	A7 使用便利
它简单啊，苹果手机的操作系统是所有操作系统中的傻瓜机	操作简单	
我买 IBM 电脑是因为使用得比较早，比较顺手、方便	顺手方便	
我觉得华为是一个良心企业吧	良心企业	A8 绿色品牌好感
那个时候我就觉得海尔冰箱一定很好	觉得很好	
三星可以插双卡，用起来还觉得挺好的，而且速度很快，反正用起来感觉挺好的	感觉挺好	
我觉得华为手机很不错，之前用苹果手机不方便，耗电量很大	比较优势	A9 绿色品牌认同
海尔没有任何一件让我感觉不愉快的事情发生	非常愉悦	
云南白药具有 100 多年历史，它的知名度本身就比较高	知名度高	
虽然三星出现了如 Note 7 这样的问题，但我还是比较信任它的，还是比较喜欢的	继续信任	A10 绿色品牌信心
如果华为手机不能保证是安全的话，其他品牌，我估计也会出现同样的问题	问题普遍	
格力收购的一个牌子出了问题，但那是它的一个非主营业务，对主营业务像空调的影响并不大	区别对待	A10 绿色品牌信心
我之前买一个给婴儿煲粥的，就专门挑格力的	专门挑选	A11 绿色品牌专一
你让我选，我还是会先选它，因为我就认可它	优先选择	
如果买家电，我首先考虑海尔，我家空调、洗衣机都是海尔的	首先考虑	
格力就已经在我的头脑里形成了一种忠诚	深度亲密	A12 绿色品牌依赖
我比较钟情格力，包括买股票，都是格力的	完全钟情	
我们家不适应其他纸尿裤，然后继续用好奇，以后没有换过了	排斥其他	
海尔是享誉整个中国的	享誉中国	A13 绿色品牌自豪
我觉得苹果手机已经是最好的，我可能不会尝试其他牌子的了	自认最好	
我会主动说，就像我喜欢一只股票一样，我会主动介绍格力	主动介绍	
怎么会没有我需要的那款三只松鼠的产品呢？就是这种感觉	感觉失望	A14 绿色品牌分离失落
我会担心我购买一个替代品后，它的质量会不会不及海尔	替代品质量	
会感觉有一点失落，着急，想办法去买	着急购买	

续表

开放性编码中代表性原始资料	概念化	范畴化
三只松鼠应全国统一，无论在哪里买，口味全部一样	均质化	A15 绿色品牌愿景
格力空调不再用电，好像是利用太阳能，多余的电还可以输送到家庭电路上	太阳能	
海尔能越做越大，覆盖的面越来越广，但不能因为面太广而把某一个环节落下	大、广、强	
就是选国产，就像格力跟华为都是国产中的佼佼者	就选国产	A16 国家情怀
在国产手机里，华为算是第一了	国产第一	
茅台和五粮液是我国的名酒，并且生产过程比较绿色	我国名牌	
董明珠和任正非都非常有人格魅力，就是基于他们的人格，我才认可他们的品牌	人格魅力	A17 企业家崇拜
我对格力空调喜爱度高可能是因为董明珠吧	喜爱企业家	
张瑞敏为了整顿海尔把不好的冰箱都拉出来砸了，很震撼人心	企业家事迹	
因为我买格力电暖扇是给老人用的，我爷爷奶奶和姥爷用的	老人使用	A18 家庭导向
云南白药——我老公十分喜欢这个牌子，我买牙膏一般会选择它	家人喜欢	
我家人用不惯苹果系统，非要用安卓系统，所以我给家人买的手机都是华为的	家人习惯	

在开放性编码过程中，还对访谈对象所列举的绿色品牌进行了归纳，主要包括了华为、海尔、格力、联想、IBM、vivo、苹果、惠普、三星、云南白药、三只松鼠、茅台、五粮液、好奇、牛栏等20余种，结合北京大学中国品牌研究中心发布的《2012年中国绿色品牌百强排行榜》、Interbrand公司发布的《2014全球最佳绿色品牌排行榜》以及所查询的相关品牌新闻材料基本可以确定这些品牌属于绿色品牌范畴。可见，调查访谈的内容是真实可信的，保证了消费者-绿色品牌依恋关系结构及量表所研究资料数据的可靠性。

(2) 主轴性编码分析

主轴性编码分析主要通过发现和建立资料间的潜在联系，提炼出更为抽象的范畴，主要包括副范畴和主范畴两类，是资料分析的第二个步骤。通过将开放性编码分析所得的205个概念和18个范畴放入到消费者与绿色品牌互动交往的情景中，考虑消费者与绿色品牌依恋关系由浅入深的变化过程，抽取出了消费者-绿色品牌依恋关系概念的5个副范畴和2个主范畴。主轴性编码分析的具体过程如表3-3所示。

表 3-3 **主轴性编码过程**

<table>
<tr><th>开放性编码抽取的范畴</th><th>副范畴</th><th>主范畴</th></tr>
<tr><td>A1 绿色品牌识别</td><td rowspan="2">B1 绿色功能价值</td><td rowspan="7">C1 计算性绿色品牌依恋</td></tr>
<tr><td>A2 绿色功能属性</td></tr>
<tr><td>A3 安全性</td><td rowspan="5">B2 一般功能价值</td></tr>
<tr><td>A4 购买便利</td></tr>
<tr><td>A5 感知效用</td></tr>
<tr><td>A6 产品质量</td></tr>
<tr><td>A7 使用便利</td></tr>
<tr><td>A8 绿色品牌好感</td><td rowspan="3">B3 初始直接情感联结</td><td rowspan="11">C2 情感性绿色品牌依恋</td></tr>
<tr><td>A9 绿色品牌认同</td></tr>
<tr><td>A10 绿色品牌信心</td></tr>
<tr><td>A11 绿色品牌专一</td><td rowspan="5">B4 热切直接情感联结</td></tr>
<tr><td>A12 绿色品牌依赖</td></tr>
<tr><td>A13 绿色品牌自豪</td></tr>
<tr><td>A14 绿色分离失落</td></tr>
<tr><td>A15 绿色品牌愿景</td></tr>
<tr><td>A16 国家情怀</td><td rowspan="3">B5 间接情感联结</td></tr>
<tr><td>A17 企业家崇拜</td></tr>
<tr><td>A18 家庭导向</td></tr>
</table>

与传统品牌消费相比，绿色品牌消费的重要目标是从绿色品牌中获取应对环境问题的能力。绿色品牌产品的提供主要基于突破性创新和渐进性创新两种路径，突破性创新的绿色品牌产品完全颠覆了以往技术和知识的局限，为消费者提供全新且不连续的绿色价值和绿色消费感受；渐进性创新的绿色品牌产品则是在对现有传统品牌产品改造和完善的基础上，通过聚合新绿色技术和创新理念，帮消费者逐步获得绿色消费利益。由访谈对象所提供的绿色品牌群可以发现，目前绿色品牌一般采取的是渐进性创新路径，即在原传统品牌基础上进行的绿色化改造和创新。在这种情况下，消费者对绿色品牌的功能价值需求通常会包括传统一般功能价值和绿色功能价值两部分。由开放性编码分析的结果可以发现，绿色元素通常会提升消费者对品牌的情感，而这些绿色元素不仅包括了消费者能直接感知的环保标示等外部线索，还包括了绿色品牌内在的节能、天然等特性。因此，A1 绿色品牌识别和 A2 绿色功能属性两个初级范畴共同形成了副范畴 B1 绿色功能价值，这两个初级范畴反映了消费者基于功能价值的认知可能影响其对绿色品牌依恋的程度。除绿色功能价值外，传统一般功能价值成为消费者绿色品牌情感建立的重要保健要素，即如果传统一般

功能价值无法得到保障，消费者绿色品牌情感也必将断然无存。由开放性编码分析可知，绿色品牌产品的安全性、便利性、感知效用等一般功能特性也能体现消费者愿意与绿色品牌建立依恋关系的程度。因此，A3 安全性、A4 购买便利、A5 感知效用、A6 产品质量、A7 使用便利等初级范畴共同形成了副范畴 B2 一般功能价值。

消费者在与绿色品牌互动过程中，除了会由绿色品牌的绿色功能价值和一般功能价值表征自己与绿色品牌间的依恋关系外，还会产生一系列能反映依恋关系发展过程的内在情感。在与绿色品牌建立关系的初期，消费者已有的对绿色品牌企业的高度认可、对绿色品牌先入为主的积极评价以及对绿色品牌产品初步使用的良好感觉等都会提升其对绿色品牌的好感；且随着与绿色品牌互动的深入，绿色品牌产品的突出性能、互动过程的愉悦性以及消费者对绿色品牌的全面了解都能进一步强化消费者对绿色品牌的认同；最后，消费者会通过对绿色品牌负面信息的回避、为绿色品牌问题或差错的辩解以及将不同差错进行区别对待等方式展现对绿色品牌的信心。可见，A8 绿色品牌好感、A9 绿色品牌认同和 A10 绿色品牌信心等初级范畴共同形成了副范畴 B3 初始直接情感联结。当消费者与绿色品牌关系进入到热切阶段，消费者开始将对绿色品牌的初始情感转换为对绿色品牌的优先考虑、优先选择和专门选择等意向；接着会将绿色品牌印在自己的脑海里并开始排斥其他同品类品牌；其次还会完全认同绿色品牌的声誉并主动向他人介绍；然后还会因为买不到绿色品牌而产生失落感；最后会积极参与绿色品牌的建设，对绿色品牌未来的发展献言献策。因此，A11 绿色品牌专一、A12 绿色品牌依赖、A13 绿色品牌自豪、A14 分离失落和 A15 绿色品牌愿景等初级范畴共同形成了副范畴 B4 热切直接情感联结。

此外，由开放性编码分析的结果还可以发现，除初始直接情感联结和热切直接情感联结外，还存在着一种基于间接情感联结的消费者-绿色品牌依恋关系构成。消费者可能并不是为了满足自己的绿色消费需求而与绿色品牌互动建立情感联结，而可能是因为一种国家情怀而对本国或其他认可国家的绿色品牌产生间接情感，或者可能是因为对某位企业家的崇拜而将这份感情转移到其所管理的绿色品牌上，再或者可能是因为绿色品牌很好地履行了照顾家人和满足家人需求的责任，虽然自身不需要，但却因家庭与绿色品牌形成了情感联结。可见，A16 国家情怀、A17 企业家崇拜和 A18 家庭导向等初级范畴共同形成了副范畴 B5 间接情感联结。

本书通过对所提出副范畴的进一步比较和分析，提出了 2 个主范畴。其中，副范畴 B1 绿色功能价值和 B2 一般功能价值被整合为主范畴 C1 计算性绿色品牌依恋，主要指消费者在与绿色品牌互动过程中基于对所获得绿色品牌功能价值的理性计算而与绿色品牌形成的心理联系；副范畴 B3 初始直接情感联结、B4 热切直接情感联结和 B5 间接情感联结则被整合为主范畴 C2 情感性绿色品牌依恋，主要指消费者在与绿色品牌互动过程中与绿色品牌间建立的一种总体性情感联结。

(3)选择性编码分析

选择性编码分析是指由所整合提取的主范畴中挖掘出核心范畴，系统地建立起核心范畴与其他范畴之间的关系。本书主要采用“故事线”的方式解释核心范畴和描绘核心范畴与其他范畴的关系，所形成“故事线”的实质就是发展出新的理论框架，形成一个完整的理论。通过对主范畴及其他范畴与绿色品牌依恋之间的关系进行反复对比分析，确定了“消费者-绿色品牌依恋关系的构成及内容”这一核心范畴，该核心范畴能够将主范畴、副范畴和概念聚合为一个有机联系的整体。围绕该核心范畴的“故事线”主要为：消费者与绿色品牌互动过程中，绿色品牌的绿色功能属性和一般功能属性会影响到消费者对绿色品牌功能价值的判断，这种基于绿色品牌功能价值的计算性依恋构成了消费者-绿色品牌依恋关系的重要内容；接着消费者开始对绿色品牌自发的产生如绿色品牌好感、绿色品牌认同等初始直接情感，并在与绿色品牌的持续互动中升华为如绿色品牌专一、绿色品牌依赖等热情直接情感，这些直接情感联结会让消费者与绿色品牌间的依恋关系更为强烈；此外，消费者与绿色品牌间依恋关系还可能是因消费者对企业家的崇拜、国家的情怀以及家庭的重视等需要而形成的间接情感联结。以此“故事线”为基础，本书结合前文提炼的初始范畴、副范畴和主要范畴提出了消费者-绿色品牌依恋关系的内在结构框架，如图 3-1 所示。消费者-绿色品牌依恋关系被定义为消费者与绿色品牌间由功能价值认知和情感联结形成的心理纽带。

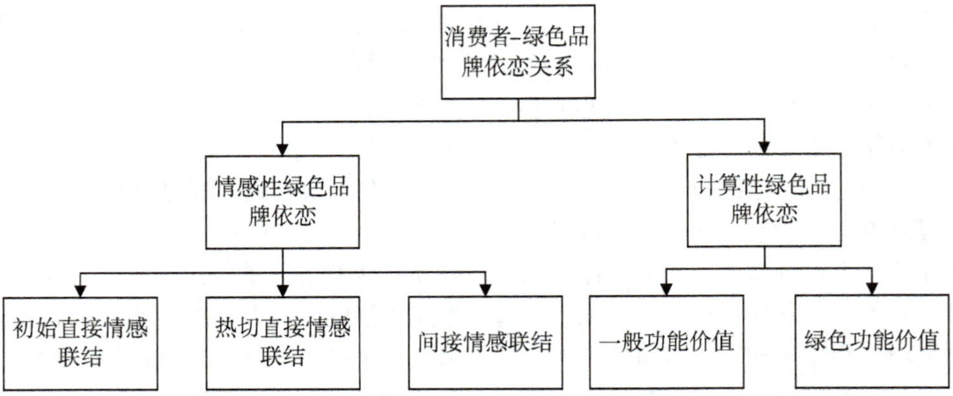

图 3-1　消费者-绿色品牌依恋关系内在结构模型

(4)理论饱和度检验

本书利用预留的 1/3 访谈资料数据进行理论饱和度检验。通过反复对比分析发现，所构建的消费者-绿色品牌依恋关系内在结构模型中所包含的范畴已发展得足够丰富，对于消费者-绿色品牌依恋关系的 2 个主范畴(计算性绿色品牌依恋和情感性绿色品牌依恋)，均没有发现新的范畴和关系，且这些主范畴内部也没有再发现新的构成因子。因此，经理论饱和度检验可知，由扎根理论方法所得到的消费者-绿色品牌依恋关系内在结构模型在理论上是饱和的。

3.1.4　扎根理论研究的发现

通过扎根理论研究方法，本书对消费者-绿色品牌依恋关系的内在构成进行了分析和提炼。在严格执行扎根理论研究的规范和要求的基础上，所得到的副范畴和主范畴是可信和真实的。其中，在主范畴"情感性绿色品牌依恋"下包含了"绿色功能价值"和"一般功能价值"两个副范畴；在主范畴"情感性绿色品牌依恋"下包含了"初始直接情感联结""热切直接情感联结"和"间接情感联结"三个副范畴。这些范畴之间存在着系统的联系，并最终构成了消费者-绿色品牌依恋关系的内在结构模型。由此可见，"计算性绿色品牌依恋"和"情感性绿色品牌依恋"构成了消费者-绿色品牌依恋关系的两个重要内容。

本书所得到的消费者-绿色品牌依恋关系构成维度虽然更符合绿色品牌消费情境下的依恋理论研究，但通过与已有依恋理论模型对比可以发现，该构成维度并没有与已有传统依恋理论维度脱离，特别是能同我国学者姜岩(2013)所提出的"认知、情感、意向"三因子依恋理论构成相互呼应。① 从前文关于消费者-绿色品牌依恋关系两维度的阐述和分析可以发现，计算性绿色品牌依恋可对应于其中的认知成分，而情感性绿色品牌依恋则可同时对应于其中的情感和意向成分。因此，本书所提出的消费者-绿色品牌依恋关系构成维度是具有一定理论代表性和适用性的。

3.2 探索性因子分析

3.2.1 测量量表的编制

在上述所提出消费者-绿色品牌依恋关系构成维度的基础上，对消费者-绿色品牌依恋关系的测量量表进行编制。本书关于消费者-绿色品牌依恋关系测量量表的编制主要采取借鉴国内外已有成熟量表和由访谈资料提取自编相结合的方式。在所借鉴的国外已有成熟量表方面，本书主要参考了 Aldlaigan 和 Buttle(2005)的银行依恋量表、姜岩(2013)的网站依恋量表等。② 为了让被调查对象能够更好地理解所编制的消费者-绿色品牌依恋关系测量量表，除了结合绿色品牌消费特点和情感特性对测量项目进行反复的斟酌和修改外，两位管理学方向的博士生还受邀对测量项目进行了更为深入的润色和完善，保证了测量项目的可读性和通俗性。消费者-绿色品牌依恋关系初始测量量表共包括 38 个项目，如表3-4所示。其中，计算性绿色品牌依恋下的 BV1 到 BV6 对应的是绿色功能价值的测量题项；BV7 到 BV16 对应的是一般功能价值的测量题项。情感性绿色品牌依恋下的 EC1 到 EC6 对应的是初始直接情感联结的测量题项；EC7 到 EC16 对应的是热切直接情感联结的测量题项；EC17 到 EC22 对应的是间接情感联结的测量题项。

---

① 姜岩．消费者购物网站依恋机理研究[D]．大连：大连理工大学，2013.

② ALDLAIGAN A, BUTTLE F. Beyond satisfaction: Customer attachment to retail banks[J]. International Journal of Bank Marketing, 2005, 23(4): 349-359.

姜岩．消费者购物网站依恋机理研究[D]．大连：大连理工大学，2013.

表 3-4　**消费者-绿色品牌依恋关系初始测量量表**

编号	测 量 项 目
BV1	该绿色品牌的节能标示，让我觉得其绿色功能是可靠的
BV2	该绿色品牌的广告宣传，让我觉得其是值得信赖的
BV3	该绿色品牌的购买渠道，让我对其绿色真实性很有信心
BV4	该绿色品牌的环保、节能、低碳属性是吸引我的地方
BV5	相比其他同品类品牌，该绿色品牌融入了更多的绿色元素
BV6	该绿色品牌应对环境问题的能力是令人满意的
BV7	我对消费该绿色品牌可能涉及的隐私问题是放心的
BV8	我坚信该绿色品牌不会对我的生命安全造成不良影响
BV9	购买该绿色品牌的便捷性让我很舒心
BV10	该绿色品牌的产品多种多样，能很好地满足我的消费需求
BV11	用高于同品类品牌的价格购买该绿色品牌是值当的
BV12	该绿色品牌的品质对我来说，是不容挑剔的
BV13	该绿色品牌采用的制造材料是可追溯的
BV14	该绿色品牌在提升质量方面的努力是值得尊敬的
BV15	通过使用该绿色品牌，我节省了时间和人力
BV16	该绿色品牌让我的生活更加方便和容易
EC1	使用该绿色品牌，我感觉很舒服
EC2	我喜欢该绿色品牌
EC3	我认同该绿色品牌所代表的价值观
EC4	该绿色品牌的特性符合我的消费观念
EC5	该绿色品牌不会出现其他同品类品牌的差错
EC6	如果该绿色品牌出现问题，其他同品类品牌也同样会出现
EC7	在有消费需求时，我会最先想到该绿色品牌
EC8	除该绿色品牌外，其他品牌均不在我的考虑范围内
EC9	该绿色品牌是我的挚爱
EC10	我的生活和工作已经离不开该绿色品牌
EC11	我觉得该绿色品牌是成功的

续表

编号	测 量 项 目
EC12	购买和使用该绿色品牌让我很有成就感
EC13	如果缺少该绿色品牌，我会感觉好像失去了什么似的
EC14	我害怕购买不到该绿色品牌
EC15	如果该绿色品牌能在绿色创新方面加大投入，我会更喜欢它
EC16	如果该绿色品牌的价格能优惠一些，我会感到更满足
EC17	我信赖该绿色品牌是因为它是国产的
EC18	我与该绿色品牌建立亲密关系是因为它是民族品牌
EC19	对该绿色品牌管理者的崇拜，让我喜欢上了它
EC20	企业家事迹是我对该绿色品牌热情形成的主要原因
EC21	父母的看法左右着我对该绿色品牌的情感
EC22	该绿色品牌对父母的帮助让我感到了它的友善

3.2.2 预调研与测量题项净化

由于所提出的消费者-绿色品牌依恋关系初始量表还需要修订和完善，因此有必要先通过预调研采集的数据对量表的信度和效度进行检验和评价，并结合相关研究方法对初始量表进行必要的修正，剔除不合适的测量项目，提升测量量表在体现消费者-绿色品牌依恋关系中的科学性和准确性。鉴于所编制的消费者-绿色品牌依恋关系初始测量量表所包括的题项数目较多，本书对初始调研的问卷进行了一定程度地简化。预调研问卷首先列出的是一系列从访谈所得绿色品牌群中选出的绿色品牌，包括海尔、华为、海信、格力、茅台、青岛啤酒、三只松鼠、云南白药等，被调查对象需由其中选出的经常购买且认同的绿色品牌作为完成测量题项的参照；接着是对消费者-绿色品牌依恋关系测量的 38 个题项；最后是对人口统计变量的测量，仅象征性地对性别进行了调查(详见附录 C)。预调研主要以武汉地区在校本科生为问卷发送对象，共发送问卷 200 份，收回问卷 187 份，去掉不合格问卷后保留了 143 份有效问卷，有效率达到 76.47%。

本书主要采用校正的项总计相关性(corrected-item total correlation，CITC)对测量题项进行净化，利用 Cronbach's α 系数对测量题项的信度进行检验。具体的分析步骤和标准为：首先通过 CITC 值分析，剔除那些 CITC 值小于 0.3 的无效测量题项，提升测量量表的内部一致性；然后对净化后的测量题项进行 Cronbach's α 系数计算，当 Cronbach's α 系数得到提升且大于 0.6 时，说明测量量表的信度通过检验。本书对消费者-绿色品牌依恋关系测量题项的 CITC 值和 Cronbach's α 系数进行了计算，结果如表 3-5 和表 3-6 所示。

表 3-5　　**计算性绿色品牌依恋的 CITC 值和信度(N=143)**

编号	CITC 值	删除该项后的 Cronbach's α 系数	Cronbach's α 系数
BV1	0. 648	0. 827	初始 α 系数=0. 853 最终 α 系数=0. 853
BV2	0. 640	0. 828	
BV3	0. 587	0. 840	
BV4	0. 674	0. 822	
BV5	0. 619	0. 832	
BV6	0. 675	0. 821	
BV7	0. 562	0. 885	初始 α 系数=0. 891 最终 α 系数=0. 891
BV8	0. 660	0. 878	
BV9	0. 672	0. 877	
BV10	0. 718	0. 873	
BV11	0. 719	0. 873	
BV12	0. 647	0. 879	
BV13	0. 509	0. 888	
BV14	0. 577	0. 884	
BV15	0. 522	0. 887	
BV16	0. 701	0. 875	

由表 3-5 可以发现，计算性绿色品牌依恋下绿色功能价值和一般功能价值的 CITC 值和 Cronbach's α 系数均达到了判断标准。其中，绿色功能价值 6 个测量题项的 CITC 值均大于 0. 3；该变量整体的 Cronbach's α 系数为 0. 853，大于 0. 6，说明绿色功能价值的测量题项均得到了保留；一般功能价值 10 个测量题项的 CITC 值均大于 0. 3；该变量整体的 Cronbach's α 系数为 0. 891，大于 0. 6，说明一般功能价值的测量题项均得到了保留。总体而言，计算性绿色品牌依恋的初始测量量表均通过了净化分析，并都得到了保留。

表 3-6　　**情感性绿色品牌依恋的 CITC 值和信度(N=143)**

编号	CITC 值	删除该项后的 Cronbach's α 系数	Cronbach's α 系数
EC1	0. 523	0. 788	初始 α 系数=0. 808 最终 α 系数=0. 808
EC2	0. 633	0. 764	
EC3	0. 579	0. 776	
EC4	0. 537	0. 786	
EC5	0. 537	0. 786	
EC6	0. 609	0. 772	

续表

编号	CITC 值	删除该项后的 Cronbach's α 系数	Cronbach's α 系数
EC7	0.611	0.854	初始 α 系数=0.869 最终 α 系数=0.869
EC8	0.512	0.861	
EC9	0.679	0.849	
EC10	0.651	0.850	
EC11	0.624	0.853	
EC12	0.646	0.851	
EC13	0.610	0.854	
EC14	0.429	0.871	
EC15	0.525	0.861	
EC16	0.602	0.855	
EC17	0.290	0.744	初始 α 系数=0.733 最终 α 系数=0.821
EC18	0.554	0.671	
EC19	0.557	0.669	
EC20	0.286	0.743	
EC21	0.578	0.662	
EC22	0.553	0.671	

由表 3-6 可以发现，情感性绿色品牌依恋下除间接情感联结外，初始直接情感联结和热切直接情感联结的 CITC 值和 Cronbach's α 系数均达到了判断标准。其中，初始直接情感联结 6 个测量题项的 CITC 值均大于 0.3；该变量整体的 Cronbach's α 系数为 0.808，大于 0.6，说明初始直接情感联结的测量题项均得到了保留；热切直接情感联结 10 个测量题项的 CITC 值均大于 0.3；该变量整体的 Cronbach's α 系数为 0.869，大于 0.6，说明热切直接情感联结的测量题项均得到了保留；间接直接情感联结 6 个测量题项中编号为 EC17 和 EC20 的题项 CITC 值小于 0.3，变量整体初始 Cronbach's α 系数为 0.733；剔除这些题项后，Cronbach's α 系数提升为 0.821，因此可以删除这两个题项。总体而言，情感性绿色品牌依恋的初始测量量表均通过净化分析，除 EC17 和 EC20 题项被剔除外，其余题项都得到了保留。

3.2.3　正式测量量表生成

对初始量表的净化后测量题项还可能存在信息重叠的问题，因此有必要利用探索性因子分析对测量题项进行单维度检验，以形成正式测量量表。探索性因子分析前需进行 KMO 抽样适当性检验和 Bartlett 球形检验，当 KMO 值高于 0.7，且 Bartlett 球形检验 Sig.

的值低于 0. 05，表示支持因子分析。利用最大方差旋转法进行探索性因子分析，将相同维度下的因子载荷大于 0. 6 为标准，对因子载荷小于 0. 6 的题项予以剔除。本书对消费者-绿色品牌依恋关系的维度进行了探索性因子分析，如表 3-7 和表 3-8 所示。

表 3-7　**计算性绿色品牌依恋的因子分析结果(N=143)**

编号	计算性绿色品牌依恋因子载荷	
	1	2
BV1	0. 648	
BV2	0. 649	
BV3	0. 461	
BV4	0. 709	
BV5	0. 847	
BV6	0. 645	
BV7		0. 449
BV8		0. 681
BV9		0. 667
BV10		0. 705
BV11		0. 728
BV12		0. 632
BV13		0. 519
BV14		0. 711
BV15		0. 308
BV16		0. 755

表 3-8　**情感性绿色品牌依恋的因子分析结果(N=143)**

编号	情感性绿色品牌依恋因子载荷		
	1	2	3
EC1	0. 536		
EC2	0. 718		
EC3	0. 699		
EC4	0. 751		
EC5	0. 498		

续表

编号	情感性绿色品牌依恋因子载荷		
	1	2	3
EC6	0.678		
EC7		0.740	
EC8		0.164	
EC9		0.716	
EC10		0.705	
EC11		0.571	
EC12		0.719	
EC13		0.603	
EC14		0.036	
EC15		0.353	
EC16		0.521	
EC18			0.624
EC19			0.676
EC21			0.657
EC22			0.638

计算性绿色品牌依恋有效样本数据的 KMO 值为 0.901，高于 0.7，Bartlett 球形值为 1209.728，Sig. 值为 0.000，低于 0.05，表明样本数据可用于因子分析。计算性绿色品牌依恋的因子分析结果如表 3-7 所示。可以发现，计算性绿色品牌依恋测量题项共提取出了 2 个因子，2 个因子下的测量题项除编号为 BV3、BV7、BV13 和 BV15 的因子载荷均小于 0.6 被剔除外，其余因子载荷均大于 0.6，且各测量题项均对应于其所属维度，说明还需要对净化后计算性绿色品牌依恋测量题项中的 BV3、BV7、BV13 和 BV15 进行删除。

情感性绿色品牌依恋有效样本数据的 KMO 值为 0.905，高于 0.7，Bartlett 球形值为 1385.493，Sig. 值为 0.000，低于 0.05，表明样本数据可用于因子分析。情感性绿色品牌依恋的因子分析结果如表 3-8 所示。可以发现，情感性绿色品牌依恋测量题项共提取出了 3 个因子，3 个因子下的测量题项除编号为 EC1、EC5、EC8、EC11、EC14、EC15 和 EC16 的因子载荷均小于 0.6 被剔除外，其余因子载荷均大于 0.6，且各测量题项均对应于其所属维度，说明还需要对净化后情感性绿色品牌依恋测量题项中的 EC1、EC5、EC8、EC11、EC14、EC15 和 EC16 进行删除。

通过由预调研所得有效样本数据对消费者-绿色品牌依恋关系初始测量量表进行优化，最初的 38 个测量题项中编号为 BV3、BV7、BV13、BV15、EC1、EC5、EC8、EC11、

EC14、EC15、EC16、EC17 和 EC20 的题项被剔除，最后保留了 25 个测量题项，其中计算性绿色品牌依恋维度的测量题项为 12 个，情感性绿色品牌依恋的测量体系为 13 个，形成了正式的测量量表。

3.3 验证性因子分析

3.3.1 正式调研与样本概况

在由探索性因子分析所得正式测量量表基础上，本书制定了用于消费者-绿色品牌依恋关系结构验证性因子分析的正式调查问卷。正式调查问卷除了延续预调查问卷的布局外，强化了对被调查对象年龄、学历、月收入和性别等人口统计变量的调查(详见附录 D)。由于受时间和成本的限制，本次正式调研主要通过在线问卷调查的途径实行，问卷的制定、分发与收回整理都通过问卷星在线调查平台操作。调查问卷分发前，首先对调查对象的网络 IP 地址和单一 IP 地址可填次数进行设定，确保问卷来源的可信性和真实性；其次在问卷结尾设置了抽奖环节，问卷填写完后可随机抽取一份微信红包作为奖励，以提高被调查对象的填写积极性。本书将在线调查收集的最大问卷数设定为 300 份，即当所收集的问卷数达到 300 份时自动停止。

在对所收集的问卷答案进行反复检视和分析后，剔除了其中的无效问卷，如选项结果呈现明显规律的答卷、选项结果成片同一排列的答卷等，有效问卷为 224 份，问卷有效率为 74.67%。有效样本的人口统计变量统计信息如表 3-9 所示。其中，女性为 125 人，占有效样本数的 55.8%；40 岁及以下为 213 人，占有效样本数的 95.09%；本科及以上学历为 119 人，占有效样本数的 53.13%；月收入 3000 元以上为 81 人，占有效样本数的 36.16%。可见，线上调查涵盖了不同类型的消费者，且除 60 岁以上样本外，有效样本在不同类型的消费者中均有分布，这说明本次正式调查充分兼顾了不同消费群体的特征，满足了样本来源的广泛性和随机性，保证了所搜集调研数据的科学性和合理性。

表 3-9　**正式调研有效样本人口统计变量统计情况(N=224)**

统计内容	内容分类	人数	百分比
性别	男	99	44.20
	女	125	55.80
年龄	20 岁及以下	53	23.66
	21~30 岁	144	64.29
	31~40 岁	16	7.14
	41~50 岁	10	4.46
	51~60 岁	1	0.45

续表

统计内容	内容分类	人数	百分比
受教育水平	高中及以下	59	26.33
	专科	46	20.54
	本科	99	44.20
	硕士	15	6.70
	博士	5	2.23
月收入水平	1000 元及以下	72	32.14
	1001~3000 元	71	31.70
	3001~5000 元	57	25.45
	5001 元及以上	24	10.71

由被调查对象所选绿色品牌分布可知，三只松鼠占比达 22.73%，华为占比达 16.67%，云南白药占比为 13.93%，青岛啤酒占比为 12.73%，这四个绿色品牌被选率达到了 66.06%，如图 3-2 所示。不难发现，除三只松鼠外，华为、云南白药和青岛啤酒均为我国享誉中外的知名民族品牌，这些品牌在绿色环保、低碳节能方面所做的贡献有目共睹，因此消费者对它们的认知和情感也会更高一些。

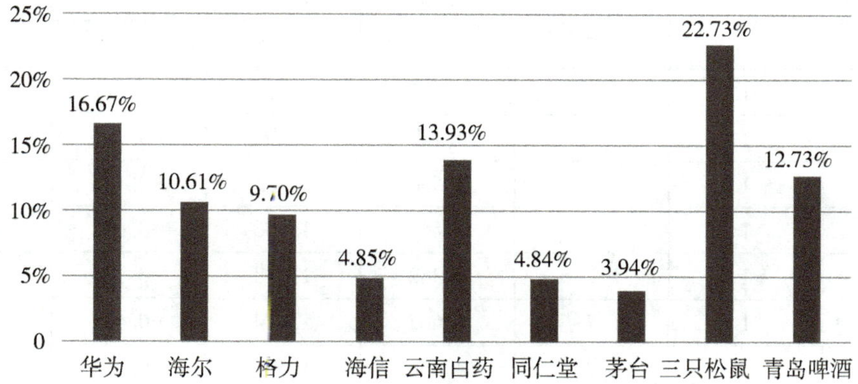

图 3-2　正式调研中所选绿色品牌分布情况

3.3.2　结构方程模型检验

(1) 描述性统计分析

在进行结构方程模型检验前，首先结合正式调研所收集的有效样本数据对各测量项进行描述性统计分析。本书描述性统计分析主要包括统计各变量测量的最小值、最大值、平均值、标准差、偏度和峰度等。描述性统计分析的结果如表 3-10 所示。

表 3-10　　**测量题项的描述性统计分析结果(N=224)**

题项	最小值	最大值	均值	标准差	偏度	峰度
BV1	1	7	5.000	1.372	-0.588	0.029
BV2	1	7	4.951	1.299	-0.428	-0.450
BV4	1	7	4.969	1.320	-0.308	-0.466
BV5	1	7	4.839	1.389	-0.540	-0.046
BV6	1	7	4.763	1.350	-0.433	-0.147
BV8	1	7	4.915	1.321	-0.360	-0.430
BV9	2	7	4.902	1.281	-0.202	-0.621
BV10	1	7	5.076	1.171	-0.521	0.176
BV11	2	7	5.040	1.214	-0.260	-0.482
BV12	2	7	4.862	1.110	-0.279	-0.610
BV14	2	7	4.982	1.112	-0.379	-0.179
BV16	2	7	5.085	1.053	-0.496	0.170
EC2	1	7	5.058	1.402	-0.607	-0.178
EC3	1	7	4.924	1.270	-0.413	0.110
EC4	1	7	4.906	1.215	-0.379	-0.084
EC6	1	7	4.679	1.236	-0.129	-0.397
EC7	1	7	4.902	1.253	-0.517	-0.272
EC9	1	7	4.799	1.298	-0.291	-0.336
EC10	1	7	4.536	1.375	-0.185	-0.438
EC12	1	7	4.647	1.406	-0.632	0.162
EC13	1	7	4.362	1.488	-0.326	-0.294
EC18	1	7	4.607	1.410	-0.429	-0.254
EC19	1	7	4.348	1.508	-0.284	-0.457
EC21	1	7	4.335	1.494	-0.303	-0.475
EC22	1	7	4.326	1.301	-0.217	-0.536

由表 3-10 可以发现，25 个题项的最小值为 1 或 2，最大值都为 7，这说明被调查对象对消费者-绿色品牌依恋关系测量题项的回答具备一定差异性。每个测量题项的均值都处于 4.326 到 5.085 之间，这表明被调查对象对于消费者-绿色品牌依恋关系测量题项的回答表现出较为正面积极的倾向。每个测量题项的标准差均处在 1.053 到 1.508 之间，说明

样本数据的分布具有一定的合理性，被调查对象对测量题项所打分值的波动幅度不大。此外，由于本书主要采用极大似然估计法进行结构方程模型的研究，需要对样本数据的正态性进行检验。如样本不满足正态分布，则可能会导致结构方程模型拟合指数等相关检验统计值出现偏差，影响结构方程模型检验的结果。Kline 等(1908)提出可通过样本数据的偏度和峰度对正态性进行判断，当偏度的绝对值小于 3 且峰度的绝对值小于 10 时，证明样本数据符合正态分布的要求。① 每个测量题项偏度的绝对值均处在 0.129 到 0.632 之间，且峰度的绝对值均处在 0.029 到 0.621 之间，说明正式调研所获样本数据服从正态分布，该数据可被用于后续的分析。

(2)验证性因子分析

在正式调研有效样本数据基础上首先利用验证性因子分析对各变量的信度和效度进行检验，其中计算性绿色品牌依恋和情感性绿色品牌依恋的检验结果分别如表 3-11 和表 3-12所示。

表 3-11　**计算性绿色品牌依恋的信度检验与验证性因子分析(N=224)**

维度	测量项	因子载荷	Cronbach's α 系数	AVE 值	CR 值	拟合指标
绿色功能价值(GBV)	BV1	0.762	0.873	0.580	0.873	CMIN/DF=1.771 GFI=0.937 AGFI=0.907 RMSEA=0.059 CFI=0.970 NFI=0.934 PNFI=0.750 RFI=0.918 IFI=0.970
	BV2	0.775				
	BV4	0.765				
	BV5	0.750				
	BV6	0.755				
一般功能价值(CBV)	BV8	0.755	0.887	0.530	0.888	
	BV9	0.763				
	BV10	0.744				
	BV11	0.716				
	BV12	0.720				
	BV14	0.715				
	BV16	0.682				

由表 3-11 可知，计算性绿色品牌依恋的两个维度绿色功能价值和一般功能价值的 Cronbach's α 系数分别为 0.873 和 0.887，均大于 0.6，说明各维度测量项具有较高的信度；平均变异抽取值(AVE)分别为 0.580 和 0.530，组合信度(CR)分别为 0.873 和

① KLINE R B. Software programs for structural equation modeling: Amos, EQS, and LISREL[J]. Journal of Psychoeducational Assessment, 1998, 16(4): 343-364.

0.888，且各维度测量题项因子载荷的范围分别为 0.750~0.775 和 0.682~0.763，均达到各变量对应题项因子载荷高于 0.5，AVE 值高于 0.5，CR 值高于 0.7 的要求。此外，各拟合指标均达到或非常接近相应判断标准，综合表明绿色功能价值的测量量表具有较好的收敛效度。

表 3-12　　**情感性绿色品牌依恋的信度检验与验证性因子分析（N=224）**

维度	测量项	因子载荷	Cronbach's α 系数	AVE 值	CR 值	拟合指标
初始直接情感联结（BEC）	EC2	0.784	0.797	0.571	0.799	CMIN/DF=2.460 GFI=0.937 AGFI=0.892 RMSEA=0.081 CFI=0.952 NFI=0.923 PNFI=0.657 RFI=0.892 IFI=0.953
	EC3	0.766				
	EC4	0.715				
热切直接情感联结（WEC）	EC9	0.584	0.836	0.570	0.839	
	EC10	0.759				
	EC12	0.824				
	EC13	0.826				
间接情感联结（IEC）	EC18	0.707	0.777	0.544	0.780	
	EC19	0.809				
	EC21	0.690				

由表 3-12 可知，情感性绿色品牌依恋的三个维度初始直接情感联结、热切直接情感联结和间接情感联结的 Cronbach's α 系数分别为 0.797、0.836 和 0.777，相关系数都高于 0.6，表明各维度测量项具有较高的信度；平均变异抽取值（AVE）分别为 0.571、0.570 和 0.544，组合信度（CR）分别为 0.799、0.839 和 0.780，且除 EC6、EC7 和 EC22 的因子载荷因小于 0.5 被剔除外，各维度测量题项因子载荷的范围分别为 0.715~0.784、0.584~0.826 和 0.690~0.809，均达到各变量对应题项因子载荷高于 0.5，AVE 值高于 0.5，CR 值高于 0.7 的要求。此外，各拟合指标均达到或非常接近相应判断标准，综合表明情感性绿色品牌依恋的测量量表具有较好的收敛效度。

除分别对计算性绿色品牌依恋和情感性绿色品牌依恋测量量表的信度和效度进行检验外，还需进一步对计算性绿色品牌依恋和情感性绿色品牌依恋测量题项在整体体现与反映消费者-绿色品牌依恋关系中的信度和效度进行检验，采用二阶验证性因子分析进行处理，检验结果如表 3-13 所示。绿色功能价值、一般功能价值、初始直接情感联结、热切直接情感联结和间接情感联结的 Cronbach's α 系数分别为 0.873、0.887、0.797、0.836 和 0.777，说明各维度测量项具有较高的信度；平均变异抽取值（AVE）分别为 0.580、0.530、0.571、0.571 和 0.536，组合信度（CR）分别为 0.874、0.888、0.799、0.840 和 0.775，且各维度测量题项因子载荷的范围分别为 0.753~0.770、0.693~0.754、0.718~0.784、0.610~0.828 和 0.665~0.786，均达到各变量对应题项因子载荷高于 0.5，AVE

值高于 0.5，CR 值高于 0.7 的要求。此外，各拟合指标均达到或接近相应判断标准，综合表明消费者-绿色品牌依恋关系的整体测量量表具有较好的收敛效度。

表 3-13　　**消费者-绿色品牌依恋关系的信度检验与验证性因子分析(N=224)**

维度	测量项	因子载荷	Cronbach's α 系数	AVE 值	CR 值	拟合指标
绿色功能价值(GBV)	BV1	0.762	0.873	0.580	0.874	CMIN/DF=2.180 GFI=0.835 AGFI=0.795 RMSEA=0.073 CFI=0.908 NFI=0.844 PNFI=0.741 RFI=0.822 IFI=0.909
	BV2	0.770				
	BV4	0.765				
	BV5	0.753				
	BV6	0.759				
一般功能价值(CBV)	BV8	0.754	0.887	0.530	0.888	
	BV9	0.752				
	BV10	0.744				
	BV11	0.717				
	BV12	0.726				
	BV14	0.710				
	BV16	0.693				
初始直接情感联结(BEC)	EC2	0.784	0.797	0.571	0.799	
	EC3	0.763				
	EC4	0.718				
热切直接情感联结(WEC)	EC9	0.610	0.836	0.571	0.840	
	EC10	0.760				
	EC12	0.828				
	EC13	0.806				
间接情感联结(IEC)	EC18	0.740	0.777	0.536	0.775	
	EC19	0.786				
	EC21	0.665				

在对测量量表的信度和收敛效度进行检验后，本书进一步对测量量表的区别效度进行了检验，如表 3-14 所示。由绿色功能价值、一般功能价值、初始直接情感联结、热切直接情感联结和间接情感联结的相关系数和 AVE 值可以发现，各 AVE 值的平方根均大于该维度与其他维度的相关系数，说明消费者-绿色品牌依恋关系的整体测量量表具有较高的区别效度。

表 3-14　**相关系数及区别效度分析(N=224)**

	GBV	CBV	BEC	WEC	IEC
GBV	(0.762)				
CBV	0.678	(0.728)			
BEC	0.576	0.623	(0.756)		
WEC	0.471	0.528	0.380	(0.756)	
IEC	0.420	0.503	0.352	0.707	(0.732)

注：对角线数值为各维度 AVE 值的平方根。

(3)竞争模型检验

本书虽然通过前文的因子分析研究了模型的可信性和有效性，但由于消费者-绿色品牌依恋关系的结构模型由扎根理论发展而来，且借鉴了其他学者的已有研究成果，那么或许会形成和该模型呈现竞争关系的其他模型。笔者通过比较研究所构建模型和其他可能的模型，希望证明前者存在的优势。

由于已由二阶验证性因子分析方法验证了所构建研究概念模型结构的合理性，为了保证竞争模型检验判断标准的一致性和结果的差异性，本书主要采用一阶验证性因子分析方法进行竞争模型检验，结果如表 3-15 所示。单因子模型由 22 个测量项共同组成；二因子模型中，绿色功能价值和一般功能价值为一个因子，初始直接情感联结、热切直接情感联结和间接情感联结合并为一个因子；三因子模型中，绿色功能价值与一般功能价值为首个因子，初始直接情感联结和热切直接情感联结为第二个因子，间接情感联结为第三个因子；四因子模型中，绿色功能价值和一般功能价值为一个因子，初始直接情感联结、热切直接情感联结和间接情感联结分别为其他三个因子；五因子模型即为五个维度。由表 3-15 可知，相较于其他四个竞争模型，五因子模型具备最佳的拟合结果。结合前文二阶验证性因子分析的研究发现，足以表明本书所构建的消费者-绿色品牌依恋关系结构模型为最优模型，较好地支持了扎根理论研究所提出的理论构想。

表 3-15　**各竞争模型拟合指数(N=224)**

	CMIN/DF	GFI	AGFI	RMSEA	CFI	NFI	PNFI	RFI	IFI
单因子模型	4.367	0.651	0.577	0.123	0.729	0.678	0.613	0.644	0.732
二因子模型	3.498	0.721	0.661	0.106	0.800	0.743	0.669	0.714	0.802
三因子模型	2.931	0.763	0.709	0.093	0.847	0.787	0.701	0.761	0.848
四因子模型	2.626	0.803	0.755	0.085	0.874	0.813	0.714	0.787	0.875
五因子模型	1.852	0.867	0.831	0.062	0.935	0.870	0.749	0.849	0.936

3.4　本章小结

本章围绕消费者-绿色品牌依恋关系结构及量表开发这一研究主题，采用扎根理论方法对由访谈所获得的相关资料数据进行定性研究，通过开放性编码、主轴性编码和选择性编码分析，共发现了"计算性绿色品牌依恋"和"情感性绿色品牌依恋"两个主范畴以及"绿色功能价值""一般功能价值""初始直接情感联结""热切直接情感联结"和"间接情感联结"五个副范畴，并自然形成了一个消费者-绿色品牌依恋关系内容结构研究的二阶双因子模型。其中，计算性绿色品牌依恋因子包括绿色功能价值和一般功能价值两个维度；情感性绿色品牌依恋因子包括初始直接情感联结、热切直接情感联结和间接情感联结三个维度。

采取借鉴国内外已有成熟量表和由访谈资料提取自编相结合的方式，笔者制定了消费者-绿色品牌依恋关系测量的相关题项。采用探索性因子分析的方法对测量题项进行了优化，形成了正式的测量量表，共包括 25 个测量题项。接着采用验证性因子分析的方法对所构建模型的可行性和最优性进行了研究，在剔除了三个因子载荷小于 0.5 的测量题项后，通过结构方程模型检验发现消费者-绿色品牌依恋关系内容模型的测量量表具有较高的信度和效度，且该模型为最优。将消费者-绿色品牌依恋关系的最终测量题项确定为 22 个。消费者-绿色品牌依恋关系结构及量表的开发明确了认知和情感在消费者-绿色品牌依恋关系建立中的作用，这与传统依恋关系的研究成果是一致的。

第4章　消费者-绿色品牌依恋关系前因后效的研究模型构建

本书通过对品牌情感、消费者-绿色品牌关系与绿色品牌消费行为等国内外文献的研究与评述以及对绿色品牌、品牌依恋和消费情境等相关理论的梳理和总结，筛选出消费者-绿色品牌依恋关系前因和后效研究的关键性变量。其中，消费者-绿色品牌依恋关系前因研究的相关变量主要包括自我一致性、绿色品牌消费情境和消费者-绿色品牌关系真实性等；消费者-绿色品牌依恋关系后效研究的相关变量主要包括绿色品牌承诺、行为意向和认知风格等。在分别对前因和后效变量进行界定的基础上结合相关消费者行为理论，建立消费者-绿色品牌依恋关系形成和效果产生的行为路径，构建消费者-绿色品牌依恋关系研究的前因、后效作用模型，并最终就相关变量间的关系提出相应研究假设。

4.1　消费者-绿色品牌依恋关系前因研究模型

4.1.1　消费者-绿色品牌依恋关系前因研究的变量选取

(1)自我一致性

品牌拟人化赋予了品牌个性与形象，认为品牌也能像消费者一样主动彰显个性和展示形象。消费者-绿色品牌依恋关系是消费者与绿色品牌在双向互动中建立的强烈心理联结，反映了消费者自我与绿色品牌在共同环保和利他个性或形象下形成的认知联系和价值融合程度。在消费者与品牌互动关系层面能体现消费者与品牌情感性联结过程的自我一致性构成了消费者品牌依恋研究的重要理论基础。① 自我一致性即自我概念一致性，认为消费者偏向于选择那些个性或形象与自我概念相似的品牌。自我概念是个体关于自身属性看法与评估的总和，不仅包括个体评价自己的方式，还包括个体关于自己是什么样的、希望自己是什么样的及他人觉得自己是什么样的认识。基于自我概念所蕴含的个人属性和社会属性，Sirgy 等(2000)认为自我概念包括四个维度：真实自我、理想自我、社会自我与理想

---

① 熊元斌，吕丹．品牌依恋的形成机制与营销效应：一个整合性分析框架[J]．华东经济管理，2015，29(10)：139-145.

社会自我。[①] 其中，真实自我反映了个体关于实际自己的认知；理想自我反映了个人憧憬变作的自己；社会自我反映了个人展现给他人的自己；理想社会自我反映了个人憧憬展露给别人的自己。随着该理论在解释消费者行为研究中的运用，自我概念被发现还与消费对象具有一种投射关系，个体通常会将自我投射到消费对象上，且当消费者自我与消费对象实现匹配时，消费者便会将消费对象视作自我的一种延伸，实现自我概念与消费对象的高度融合和一致性。[②] Sirgy(1982)指出消费者对品牌形象的认可度越高，其所感知到的自我一致性越强，对品牌的态度和购买意愿也越高。[③] 可见，通过消费某种与自我概念相一致的品牌，消费者能在契合自我概念与品牌形象的基础上实现自我一致性。

自我概念的多维性要求在对自我一致性与品牌消费相关性的研究中关注不同自我概念维度可能导致的品牌消费行为差异。Hosany 和 Martin(2012)提出自我一致性应为真实的、理想的、社会的及理想社会的等自我与品牌形象或品牌个性分别形成的一致性。[④] 按照 Sirgy 等(2000)对自我概念的四维度划分方式，自我一致性同样可划分为以下四个维度：真实自我一致性、理想自我一致性、社会自我一致性和理想社会自我一致性。其中，真实自我一致性是指消费者真实自我与品牌形象或个性的交融，即品牌体现了现实中的自我且品牌形象或个性与真实自我相符；理想自我一致性是指消费者理想自我与品牌形象或个性的交融，即品牌体现了期望中的自我且品牌形象或个性与理想自我相符；社会自我一致性是指消费者社会自我与品牌形象或个性的交融，即品牌体现了消费者展示给他人的自我且品牌形象或个性与社会自我相符；理想社会自我一致性是指消费者理想社会自我与品牌形象或个性的交融，即品牌体现了消费者期望展现给他人的自我且品牌形象或个性与理想社会自我相符。目前已有学者研究了不同自我一致性对品牌消费结果的差异化影响。应爱玲和朱金福(2007)研究发现理想自我一致性对消费者高端教育产品品牌偏好的影响要高于对消费者真实自我一致性的影响。[⑤] 张初兵和侯如静(2013)研究指出在真实自我一致性和理想自我一致性中仅理想自我一致性和品牌认同及品牌承诺间存在正相关关系。[⑥]

自我一致性对品牌依恋的影响也受到了学者们的关注。Malär 等(2011)研究发现真实自我一致性对消费者品牌情感依恋的影响要高于理想自我一致性，此外，产品涉入度、自

① SIRGY M J, GREWAL D, MANGLEBURG T. Retail environment, self-congruity, and retail patronage: An integrative model and a research agenda[J]. Journal of Business Research, 2000, 49(2): 127-138.

② MALHOTRA N K. Self-concept and product choice: An integrated perspective[J]. Journal of Economic Psychology, 1988, 9(1): 1-28.

③ SIRGY M J. Self-concept in consumer behavior: A critical review[J]. Journal of Consumer Research, 1982, 9(3): 287-300.

④ HOSANY S, MARTIN D. Self-image congruence in consumer behavior[J]. Journal of Business Research, 2012, 65(5): 685-691.

⑤ 应爱玲，朱金福．消费者真实/理想自我概念与品牌个性一致性对品牌偏好的影响研究——以高端教育产品为例[J]．数理统计与管理，2007，26(6)：971-976.

⑥ 张初兵，侯如靖．自我概念一致性对网商品牌忠诚影响的实证研究——品牌认同及承诺的中介作用[J]．软科学，2013，27(4)：136-140.

尊和公众自我意识等调节变量还会进一步提升真实自我一致性对消费者品牌情感依恋的作用并削弱理想自我一致性的影响。① 臧志谊和王聪(2014)研究指出真实自我一致性和理想自我一致性均与消费者品牌情感依恋间存在正相关关系，且真实自我一致性的影响效果略强，而真实-理想自我差异在增加真实自我一致性对消费者品牌情感依恋正向影响的同时还会降低理想自我一致性对品牌情感依恋的正向作用。② 由以上研究可知，目前关于自我一致性对品牌依恋作用机理的探索多集中于真实自我一致性和理想自我一致性两个维度，社会自我一致性和理想社会自我一致性等并没有被纳入相关研究。吴波等(2014)研究指出影响消费者绿色产品偏好形成的相关要素主要可分为个人和社会两类，且两者均能通过自我担当对绿色产品偏好产生正向影响。③ 消费者绿色品牌消费意愿与行为不一致的根源在于消费者由绿色品牌所感知的真实自我与希望通过绿色品牌展现社会自我和塑造理想自我的差距，具体表现为绿色品牌真实性、漂绿等问题降低了消费者的真实自我感知，导致消费者由绿色品牌向他人展现自我身份、地位和社会责任意识等社会自我与强化自我形象和自我价值等理想自我的消费需求得不到满足。可见，社会因素是消费者-绿色品牌依恋关系研究不能忽视的重要内容。本书将自我一致性作为消费者-绿色品牌依恋关系形成的重要前因变量，并从真实自我一致性、理想自我一致性、社会自我一致性和理想社会自我一致性等四个维度进行研究。

(2)绿色品牌消费情境因素

除自我一致性等内部条件外，绿色品牌消费情境因素等外部条件同样构成了消费者-绿色品牌依恋关系建立的重要前因变量。按照特质论的观点，消费者在自我概念等人格特质条件下形成的自我一致性提升了消费者-绿色品牌依恋关系形成过程的稳定性、可控性和预见性。但绿色品牌消费情境在导致消费者-绿色品牌关系形成过程不确定性和不稳定性中的作用同样不容忽视。Sandell(1968)研究指出情境因素解释了消费行为中40%的变异量，而个体要素对消费行为变异的解释力仅为28%。④ 王财玉(2013)认为消费决策是在消费者个体特质和情境因素的交互和动态作用下的结果，且两者在对消费决策影响作用中的权重会存在一定差别。⑤ 虽然目前还无法找到消费情境与消费者-绿色品牌依恋关系建立相关性研究的直接文献，但已有学者注意到情境在塑造个体环境行为中的作用。Guagnano 等(1995)提出的著名态度-情境-行为(ABC)理论就指出个体的环境行为是在内

① MALÄR L, KROHMER H, HOYER W D, et al. Emotional brand attachment and brand personality: The relative importance of the actual and the ideal self[J]. Journal of Marketing, 2011, 75(4): 35-52.

② 臧志谊，王聪．消费者自我一致性和品牌情感依恋：现实—理想自我差异的调节作用[J]．消费经济，2014，30(3)：49-54.

③ 吴波，李东进，谢宗晓．消费者绿色产品偏好的影响因素研究[J]．软科学，2014，28(12)：89-94.

④ SANDELL R G. Effects of attitudinal and situational factors on reported choice behavior[J]. Journal of Marketing Research, 1968, 5(4): 405-408.

⑤ 王财玉．消费决策的特质论、情境论及应用[J]．广东工业大学学报(社会科学版)，2013，13(3)：74-79.

在态度要素和外在情境因素的交互作用下产生的，当情境因素处于中性时，态度与环境行为的相关性最高；当情境因素较正面或负面时，则会提升或拉低个体环境行为水平，且态度对个体环境行为的影响最小。① Grimmer 等(2016)指出情境因素是导致消费者环保消费意向与实际消费行为差距的原因，并专门研究了购买情境对消费者环保消费行为的影响，发现购买情境在消费者环保消费意向与实际消费行为关系中有调节作用。② 可见，绿色品牌消费情境是消费者-绿色品牌依恋关系研究的重要前因变量，能在揭示消费者-绿色品牌矛盾关系形成原因的同时发现导致消费者-绿色品牌依恋关系不稳定性的扰动项，帮助企业通过利用消费情境的正面效应，促进消费者-绿色品牌依恋关系形成。

由于情境的构成非常复杂，包括了与研究主体相关的众多内部要素和外部要素，且研究的视角也存在"主观"与"客观"之分，因此目前尚无法对情境因素的选取达成一致。但学者们关于情境的研究也存在着普遍共识，认为即使对情境会存在不同的"主观"理念，但通常会存在共同的"客观"理念情境与关系，且识别出这些共同情境因素是解决情境研究复杂性的关键。此外，情境还有缩小情境化和泛化情境两种研究方式，其中缩小情境化将研究主体置于理想环境中，虽然可能忽略与研究主体有显著关系的情境因素，但却能识别出对研究主体有特殊影响的重要情境因素，使情境研究更简化和便利。③ 目前，缩小情境化的研究方式已成为学者们情境研究的主要选择，如通过理论分析、案例研究或质性研究等方法对情境因素的提取。相关学者基于对情境因素的深入研究，提出了一些情境分类的方法。如苏敬勤和刘畅(2016)基于企业宏观环境分析的 PEST 模型，将企业外部情境分为了政治、经济、社会和技术四类。④ Belk(1975)对消费情境进行了划分，认为消费情境可主要分为物质环境、社会环境、时间、任务及先行状态等五类。⑤ 王财玉(2013)在 Belk 的研究基础上进一步将影响消费者决策的情境因素划分为物理因素、市场因素、人际因素及群体因素等四类。⑥ 可见，情境因素的划分方式多种多样，而导致这种现象的主要原因在于研究者所选择研究主体和研究背景的差异。

由于绿色品牌消费情境及绿色消费情境因素的相关研究已较全面和深入，本书在对国内外重点文献进行归纳总结的基础上，本着"求同存异"的原则，采用缩小情境化的方式结合绿色品牌消费及品牌依恋的相关特点对绿色品牌消费情境的构成要素进行识别、提取和划分。在查阅国内外以绿色品牌、绿色(低碳、生态、道德)消费等为研究主体的相关

---

① GUAGNANO G A, STERN P C, DIETZ T. Influences on attitude-behavior relationships a natural experiment with curbside recycling[J]. Environment and Behavior, 1995, 27(5): 699-718.

② GRIMMER M, KILBURN A P, MILES M P. The effect of purchase situation on realized pro-environmental consumer behavior[J]. Journal of Business Research, 2016, 69(5): 1582-1586.

③ 苏敬勤，张琳琳．情境内涵、分类与情境化研究现状[J]. 管理学报，2016，13(4)：491-497.

④ 苏敬勤，刘畅．中国企业外部情境架构构建与研究述评[J]. 外国经济与管理，2016，38(3)：3-18.

⑤ BELK R W. Situational variables and consumer behavior[J]. Journal of Consumer Research, 1975, 2(3): 157-164.

⑥ 王财玉．消费决策的特质论、情境论及应用[J]. 广东工业大学学报(社会科学版)，2013，13(3)：74-79.

文献基础上，对涉及情境因素的部分文献进行了归纳，如表4-1所示。通过对这些文献研究发现，国外文献中消费情境因素构成的分析基本上以Belk(1975)的消费情境划分方式为基础，且国内相关研究成果亦可以按这种方式进行归纳和聚类，如芈凌云(2011)所提出的低碳消费情境因素中经济成本和技术成熟度可归为物质环境，社会规范、政策法规及宣传教育可归为社会环境，目标与信息反馈可归为任务等观点。由于Belk(1975)的划分方式在消费情境研究中具有指导性作用，因此本书关于消费者-绿色品牌依恋关系形成的情境因素构成分析也以物质环境、社会环境、时间、任务、先行状态的划分方式为基础。

表4-1 **部分绿色品牌及绿色消费相关情境因素研究总结**

作者	筛选方法	研究主体	情境因素构成
杜伟强和曹花蕊(2013)①	文献调查	绿色消费	解释水平、关系规范、权力启动、限制/时尚
芈凌云(2011)②	文献调查及访谈	低碳消费	经济成本、社会规范、政策法规、宣传教育、技术成熟度、目标与信息反馈
孙剑等(2015)③	扎根理论	绿色消费	配套设施不完善、有效绿色信息匮乏、即时消费情境、时间限制
王大海等(2015)④	文献调查	生态产品	参照群体
王建明(2012)⑤	质性研究	低碳消费	个体实施成本、社会参照规范
仇立(2012)⑥	文献调查	绿色品牌	绿色认证、绿色产品质量、可得性
刘呈庆(2010)⑦	文献调查	绿色品牌	绿色认证、消费习惯、产品质量、参照群体、角色群体压力、可得性
Carrington等(2010)⑧	文献调查	道德购买	物质环境、社会环境、时间、任务、先行状态

① 杜伟强，曹花蕊．基于自身短期与社会长远利益两难选择的绿色消费机制[J]．心理科学进展，2013，21(5)：775-784.

② 芈凌云．城市居民低碳化能源消费行为及政策引导研究[D]．徐州：中国矿业大学，2011.

③ 孙剑，李锦锦，杨晓茹．消费者为何言行不一：绿色消费行为阻碍因素探究[J]．华中农业大学学报(社会科学版)，2015 (5)：72-81.

④ 王大海，姚唐，姚飞．买还是不买——矛盾态度视角下的生态产品购买意向研究[J]．南开管理评论，2015，18(2)：136-146.

⑤ 王建明．公众低碳消费行为影响机制和干预路径整合模型[M]．北京：中国社会科学出版社，2012.

⑥ 仇立．基于绿色品牌的消费者行为研究[D]．天津：天津大学，2012.

⑦ 刘呈庆．绿色品牌发展机制实证研究[D]．济南：山东大学，2010.

⑧ CARRINGTON M J, NEVILLE B A, WHITWELL G J. Why ethical consumers don't walk their talk: Towards a framework for understanding the gap between the ethical purchase intentions and actual buying behaviour of ethically minded consumers[J]. Journal of Business Ethics, 2010, 97(1): 139-158.

续表

作者	筛选方法	研究主体	情境因素构成
Biswas 和 Roy (2015)①	文献调查	绿色消费	绿色产品价格、财政激励、同伴影响、绿色产品有效性
Ertz 等(2016)②	文献调查	环保消费	忙碌、财富、权力

资料来源：本研究整理

①消费者-绿色品牌依恋关系形成的物质环境。由所归纳的情境因素构成可以发现，绿色品牌及绿色消费相关的物质环境主要包括经济成本、技术成熟度、产品质量、有效性、配套设施、绿色信息、绿色认证等。总体而言，这些物质环境要素均与绿色品牌或产品的功能价值相关，代表着绿色品牌所能发挥的环境效益。郭锐等(2015)将绿色品牌能在基于一些规范、价值、定义和信念所形成的社会建构系统中恰当、合适和合理体现环境绩效的特性定义为绿色品牌合理性，指出绿色品牌合理性不仅包括了实用和道德合理性，还将包括认知合理性。③ 可见，绿色品牌合理性能由“主观”的角度综合全面地反映影响消费者-绿色品牌依恋关系形成的外在物质环境要素。因此，本书将绿色品牌合理性作为消费者-绿色品牌依恋形成情境研究的物质环境要素。

②消费者-绿色品牌依恋关系形成的社会环境。绿色品牌及绿色消费相关的社会环境要素主要包括了关系规范、社会规范、参照群体、角色群体压力、同伴影响等。虽然以上社会环境要素的表述存在一定差异，但也可以发现部分要素的内涵是一致的，即与消费者相关个体或人群对决策的影响。王大海(2015)认为导致消费者生态消费态度矛盾的主要原因在于消费者将自己视为社会群体成员时因个体利益与群体利益冲突而造成的社会化决策困境，而参照群体则是导致这种矛盾的主要外部因素。④ 参照群体即消费者作出消费决策时视作参照和比较对象的个体或群体。Park(2008)研究指出品牌所提供的享乐性资源、象征性资源和功能性资源是消费者-品牌依恋关系建立的重要基础，其中象征性资源可以帮助消费者将“我是谁”和“我想成为谁”的概念传递给他人。⑤ 当品牌所传递的概念与参照群体环保形象或个性相符时，消费者会对绿色品牌表现出强烈的情感依恋；而当与参照

① BISWAS A, ROY M. Leveraging factors for sustained green consumption behavior based on consumption value perceptions: Testing the structural model[J]. Journal of Cleaner Production, 2015, 95: 332-340.

② ERTZ M, KARAKAS F, SARIGÖLLÜ E. Exploring pro-environmental behaviors of consumers: An analysis of contextual factors, attitude, and behaviors[J]. Journal of Business Research, 2016, 69(10): 3971-3980.

③ 郭锐，李伟，严良. 漂绿后绿色品牌信任重建战略研究：基于 CBBE 模型和合理性视角[J]. 中国地质大学学报(社会科学版), 2015, 15(3): 28-38.

④ 望海军. 品牌信任和品牌情感：究竟谁导致了品牌忠诚？——一个动态研究[J]. 心理学报, 2012, 44(6): 830-840.

⑤ PARK C W, MACINNIS D J, PRIESTER J. Brand attachment: Constructs, consequences and causes[M]. Boston: Now Publishers Inc, 2008.

群体环保形象或个性不一致时，则会出现绿色品牌依恋弱化或品牌隔离。因此，本书将参照群体作为消费者-绿色品牌依恋形成情境研究的社会环境要素。

③消费者-绿色品牌依恋关系形成的时间要素。所归纳的情境要素中能代表时间概念的有时间限制、可得性、忙碌等。这些词语无不在强调绿色品牌消费的渠道不畅、便捷度低等问题。Park 等(2010)指出消费者-品牌联结和品牌突出性是构成品牌依恋的两个重要维度，其中品牌突出性是指消费者能十分容易且流畅地回忆起自己对品牌相关的感受和想法。① 品牌突出性反映了消费者基于认知和情感而与品牌建立联系的显著度。这种显著度是消费者与品牌在不断接触和互动中形成的。目前，我国绿色品牌发展存在绿色品牌产品质量差、购买渠道少及绿色功能识别度低等一系列问题，在消费者绿色品牌知识水平普遍较低且消费投入有限的情况下，这些问题无疑会增加消费者绿色品牌消费的时间成本和辨识成本，削弱消费者绿色品牌消费的意愿和热情。提升绿色品牌产品的可得性，不仅能压缩消费者接触、认知和选购绿色品牌产品的时间成本，还能让消费者在与绿色品牌充分的互动中建立起对绿色品牌的独特认知和情感，强化绿色品牌在消费者脑海中的印象和记忆，形成绿色品牌突出性。因此，本书将可得性作为消费者-绿色品牌依恋形成情境研究的时间要素。

④消费者-绿色品牌依恋关系形成的任务要素。在所归纳的情境要素中，可归于任务要素的有权力启动、限制/时尚、目标与信息反馈、权力等。随着消费者与绿色品牌互动的增强，消费者开始表现出主动参与绿色品牌建设的意愿，并试图通过品牌转换和品牌隔离等主动行为向品牌漂绿等不良行为说不，以提升自我在与绿色品牌关系中的地位。由控制理论可知，消费者在与绿色品牌关系中地位的变化也同时意味着两者权力的转换。权力被视为一种关系概念，反映了个体由其所控制的有价值内容所具备的影响他人或不受他人影响的能力。② 吴波等(2013)通过实证研究证明高权力消费者倾向于选择利己诉求的产品，而低权力消费者因更关注他人而倾向于选择利他诉求的产品。③ 戚海峰等(2016)认为消费者满意或忠诚于特定品牌的原因在于该品牌能比其他品牌更好地满足消费者的消费预期和目的，而权力作为消费者品牌消费的目的之一，其中的社会权力能弥补消费者因资源缺失而降低的安全感，使得消费者易采取权威导向的品牌选择策略；而个体权力因能帮助消费者由个体控制找回自由感，使得消费者易采取自我导向的品牌选择策略。④ 无论何种权力的研究方式，都阐述了权力在影响消费者绿色消费行为和塑造消费者-绿色品牌关系

① PARK C W, MACINNIS D J, PRIESTER J, et al. Brand attachment and brand attitude strength: Conceptual and empirical differentiation of two critical brand equity drivers[J]. Journal of Marketing, 2010, 74(6): 1-17.

② FISKE S T. Controlling other people: The impact of power on stereotyping[J]. American Psychologist, 1993, 48(6): 621-628.

③ 吴波，李东进，秦勇．个体权力状态对利他诉求产品偏好影响研究[J]．营销科学学报，2013，9(4)：75-89.

④ 戚海峰，吴少华，费鸿萍．消费者品牌选择行为的新视角：社会/个体权力[J]．华东理工大学学报(社会科学版)，2016，31(4)：50-57.

中的作用。此外，按照杜伟强和曹花蕊(2013)的分析逻辑，限制/时尚等其他任务要素反映了消费者对绿色品牌功能属性的差异化偏好和追求，体现了消费者希望通过绿色品牌消费优先获得选择不同生活方式的权力。劳可夫(2013)研究指出消费者比其他人更早采用新产品的程度对消费者绿色消费行为具有显著的正向影响作用。① 可见，权力可被作为促成消费者与绿色品牌间依恋关系建立的主要因素。

⑤消费者-绿色品牌依恋关系形成的先前状态。由所归纳的情境因素可以发现，先前状态并没有被考虑在绿色品牌及绿色消费等情境构成的相关研究范围内。由于先前状态反映的是消费者带入消费活动中的暂时心理状态或情绪，相关研究未将先前状态纳入情境因素的实证研究或许与其不易观察或测量有关。但 Schultz 等(1989)研究指出消费者依恋的形成与消费经历间存在着相关性，消费经历对消费者个性自我和公众自我的塑造有着基础性作用。② 低消费经历的消费者由于缺乏对绿色品牌的基本认知和消费体验，无法与绿色品牌建立情感联系；而高消费经历的消费者由于已对绿色品牌有了丰富的消费认知，能基于绿色品牌所提供的品牌价值对绿色品牌产生喜好(厌恶)感或正面(负面)情绪，进而影响绿色品牌依恋的形成。耿黎辉和贾建民(2014)研究了不同消费经历中消费情绪对消费者品牌忠诚的影响机制，发现消费经历在消费情绪对品牌忠诚的不同影响路径中存在差异化的调节作用。③ 同时，因消费经历可按照消费者过去参与消费的频次进行判断和衡量，④ 也为消费经历相关实证研究创造了便利条件。因此，消费经历可被作为消费者-绿色品牌依恋关系形成的主要先前状态。基于以上分析，本书将情境作为消费者-绿色品牌依恋形成的重要前因变量，并从绿色品牌合理性、参照群体、可得性、权力和消费经历等五个维度进行研究。

(3)消费者-绿色品牌关系真实性

"真实性""解放"和"关系"等被认为是当代西方营销学理论研究的三大中心课题，其中"真实性"凸显了后现代社会消费群体的怀旧心理及对消费主动权和参与权的向往。⑤ 随着真实性问题在营销学领域研究的深入，品牌真实性也受到了学者们的关注。由前文关于

---

① 劳可夫．消费者创新性对绿色消费行为的影响机制研究[J]．南开管理评论，2013，16(4)：106-113.

② SCHULTZ S E, KLEINE R E, KERNAN J B. These are a few of my favorite things: Toward an explication of attachment as a consumer behavior construct[J]. Advances in Consumer Research, 1989, 16(1): 359-366.

③ 耿黎辉，贾建民．在不同消费经历中消费情绪对品牌忠诚的影响机制分析[J]．营销科学学报，2014，10(1)：35-51.

④ TEICHMANN K. Expertise, experience and self-confidence in consumers' travel information search[J]. International Journal of Culture, Tourism and Hospitality Research, 2011, 5(2): 184-194.

赵宝春．直接经验、伦理判断与非伦理消费行为再犯[J]．管理学报，2016，13(4)：483-490.

⑤ 周亚庆，吴茂英，周永广，等．旅游研究中的"真实性"理论及其比较[J]．旅游学刊，2007，22(6)：42-47.

品牌真实性内涵的阐述可以发现，相关品牌真实性概念的界定均是以客体绝对真实(客观真实性)或主体体验真实(构建真实性、存在真实性)为基础的。然而，由于客体绝对真实与主体存在真实分别属于主客体真实性的两个极端，这些品牌真实性构念仅能表达出基于主体或客体的单向真实，导致品牌真实性通常被作为一种刺激消费者品牌消费意向和行为产生的线索看待。①

由品牌拟人化发展而来的消费者-品牌关系理论强调消费者与品牌的双向互动，基于品牌产品原始、地道和传统等客观属性或消费体验而形成的品牌单向真实已然无法全面解释和说明消费者与品牌关系间存在的互动真实。相关旅游管理学者首先注意到了单向真实性存在的理论局限，王宁(2008)研究认为真实性应包括单向真实性和互动(或关系)真实性，其中旅游者简单观光发现和被动旅游观察的真实性属于单向真实性，通过与绿色对象及东道主不断接触、互动和交流所创造的真实性则属于互动真实性，互动真实性能更深入有效地揭示参与性旅游及好客旅游的魅力。② 此外，Fletcher(2013)通过文献分析发现已有真实性的相关研究均将真实性视为个体避免从众和肯定自我的重要手段，并没有考虑真实性拥有的道德价值，造成了个体过度自我关注和自我中心的后果，指出关系真实性能在有效塑造和展示自我的同时帮助个体避免过分利己，实现自我与周围环境(人、其他生命及自然等)的和谐共处。③ 可见，关系真实性比单向真实性能更有效地反映不同主体间基于情感和行为互动实现的真实性。在消费者-品牌关系真实性方面，Ilicic 和 Webster (2014)对消费者-品牌关系真实性进行了较深入的调查研究，指出消费者-品牌关系真实性反映了消费者对其与品牌关系真实性和独特性的评价，消费者会根据品牌在与其互动中的表现及展现出的品牌价值判断两者关系是否真实。④ 徐伟等(2016)指出品牌关系真实性要求品牌能关注消费者的内在消费需求，并真心诚意的为消费者认识和建立真实自我提供机会和条件。⑤ France 等(2016)在对消费者-品牌互动的系统研究中指出对于特定的品牌或类别类型而言，将品牌关系真实性作为前因变量能更有利于对消费者-品牌互动的深入研究。⑥ 可见，关系真实性对消费者-品牌关系的建立、维持和发展有一定的促进作用，是

① 王新新，刘伟．试论市场营销中真实性问题研究的缘起、主要内容与未来方向[J]．外国经济与管理，2010 (7)：31-39.

徐伟，王新新，刘伟．老字号真实性的概念、维度及特征感知——基于扎根理论的质性研究[J]．财经论丛，2015 (11)：80-87.

② 王宁．旅游中的互动本真性：好客旅游研究[J]．广西民族大学学报(哲学社会科学版)，2008，29(6)：18-24.

③ FLETCHER N. Ethical selves：A sketch for a theory of relational authenticity[J]. Journal of Philosophy of Life，2013，3(1)：83-96.

④ ILICIC J，WEBSTER C M. Investigating consumer-brand relational authenticity[J]. Journal of Brand Management，2014，21(4)：342-363.

⑤ 徐伟，冯林燕，王新新．品牌真实性研究述评与展望[J]．品牌研究，2016(5)：21-31.

⑥ FRANCE C，MERRILEES B，MILLER D. An integrated model of customer-brand engagement：Drivers and consequences[J]. Journal of Brand Management，2016，23(2)：119-136.

消费者-品牌关系研究的重要前因变量。

根据 Hartmann 等(2005)关于绿色品牌概念的界定，绿色品牌应具备一系列能减少生态环境污染及契合消费者差异化环保诉求的特定品牌属性与品牌特征，并能在为消费者创造绿色消费价值的同时通过传递绿色品牌信息激发潜在消费者的绿色消费热情。① Lacoeuilhe 和 Belaïd(2007)认为品牌依恋是对产品相关属性的一种整体反映，体现了消费者对品牌的情感态度。② 然而，绿色品牌产品过高的价格及因漂绿等造成的伪绿等问题弱化了消费者对绿色品牌产品属性的真实性感知，提升了消费者对绿色品牌的感知风险。Chang 和 Chen(2014)指出降低消费者感知风险的关键在于企业能向消费者传递足够多的信息，让消费者能将目标绿色品牌的产品环保属性与其他品牌产品进行对比。③ 可见，绿色品牌在与消费者互动中是否开诚布公地向消费者真实展现了其核心价值是影响消费者-绿色品牌依恋关系形成的重要原因。除品牌体现的产品属性外，品牌的象征属性也被认为与消费者品牌依恋形成有相关性。④ 绿色品牌为消费者带来的身份、地位和名誉等象征价值，不仅让消费者能向他人展现自我形象，还满足了消费者自我实现和自我提升的消费需求。王宁(2008)认为社会陌生人之间的人际关系存在匿名、浅陋、漠然和掩饰等问题，导致人与人之间的关系成为一种“秀”，关系真实性已很难获得。⑤ 过度突出绿色品牌的象征属性，会让消费者在绿色品牌消费过程中过分追求基于彰显自我环保形象和身份的利己性，造成消费者关于绿色品牌消费就是“作秀”和“赶时髦”的消极印象。这种消费者与绿色品牌关系的“伪真实”势必会造成消费者品牌依恋的弱化或品牌隔离等问题的出现。基于以上分析，本书将消费者-绿色品牌关系真实性作为消费者-绿色品牌依恋形成的重要前因变量。

(4)人口统计变量

学者们已对消费者性别、年龄、收入水平和受教育程度等人口统计变量在影响消费者绿色消费态度及行为中的作用进行了深入研究，但人口统计变量与绿色消费态度及行为间的相关性是否显著和其对绿色消费态度及行为的作用方向并无定论。贺爱忠等(2011)研究了人口统计变量对城市居民低碳利益关注、低碳态度及低碳消费行为三者间关系的影

---

① HARTMANN P, IBÁÑEZ V A, SAINZ F J F. Green branding effects on attitude: Functional versus emotional positioning strategies[J]. Marketing Intelligence & Planning, 2005, 23(1): 9-29.

② LACOEUILHE J, BELAÏD S. Quelle (s) mesure (s) pour l'attachement à la marque? [J]. Revue Française du Marketing, 2007, 213(7): 7-25.

③ CHANG C H, CHEN Y S. Managing green brand equity: The perspective of perceived risk theory[J]. Quality & Quantity, 2014, 48(3): 1753-1768.

④ PARK C W, MACINNIS D J, PRIESTER J, et al. Brand attachment and brand attitude strength: Conceptual and empirical differentiation of two critical brand equity drivers[J]. Journal of Marketing, 2010, 74(6): 1-17.

⑤ 王宁．旅游中的互动本真性：好客旅游研究[J]．广西民族大学学报(哲学社会科学版)，2008，29(6)：18-24.

响，其中发现男性、已婚、年龄高及文化水平低群体的低碳利益关注对低碳态度有显著正向影响，但在低碳利益关注对低碳消费行为的正向影响中仅女性群体显著。① 王建明和郑冉冉(2011)研究指出性别、年龄、学历及个人月收入等人口统计变量对消费者心理意识与生态文明行为间的关系具有调节作用，且四者的调节作用有强有弱，其中年龄的调节作用最显著。② Akehurst 等(2012)对年龄、收入、文化水平及性别等人口统计变量与生态意识消费者行为间的关系进行了分析，指出这些人口统计变量与生态意识消费者行为间不存在显著相关性。③

目前还没有人口统计变量对消费者-绿色品牌依恋关系形成影响的直接研究，但已有学者注意到相关人口统计变量对消费者品牌或零售商依恋形成的影响。Kleine 和 Baker(2004)认为个体的年龄、性别和所处的不同生命周期阶段都会影响到其对占有物的依恋形成。④ Jahn 等(2012)专门对老年女性的品牌依恋形成路径进行了研究，发现 50~65 岁老年女性品牌依恋的形成主要基于品牌展现的所有特性如何；65 岁以上老年女性则关注品牌在照顾关系伙伴中扮演什么样的角色。⑤ Vlachos 和 Vrechopoulos(2012)研究了消费者-零售商依恋形成的前因变量，发现年龄、性别、收入和文化水平等与消费者-零售商依恋的关系并不显著。⑥ 虽然人口统计变量对消费者-品牌依恋关系影响的效果和方向也还不明确，但姜岩和董大海(2008)指出对于不同年龄、性别及人生阶段消费者品牌依恋的研究能加深对品牌依恋形成和发展的理解。⑦ 基于以上分析，本书将年龄、性别、收入水平和受教育水平等人口统计变量作为消费者-绿色品牌依恋形成的重要前因变量。

4.1.2　消费者-绿色品牌依恋关系前因研究的作用模型构建

随着绿色消费市场的不断发展和绿色品牌的日益成熟，绿色品牌构建已成为企业赢取市场竞争优势和创造绿色品牌价值的重要选择。学者们纷纷将研究主题聚焦于消费者绿色品牌态度及行为意向形成的路径和机理上，希望探知提升消费者绿色品牌购买力的有效方

---

① 贺爱忠，李韬武，盖延涛．城市居民低碳利益关注和低碳责任意识对低碳消费的影响——基于多群组结构方程模型的东、中、西部差异分析[J]．中国软科学，2011 (8)：185-192.

② 王建明，郑冉冉．心理意识因素对消费者生态文明行为的影响机理[J]．管理学报，2011，8(7)：1027-1035.

③ AKEHURST G，AFONSO C，MARTINS GONÇALVES H. Re-examining green purchase behaviour and the green consumer profile：New evidences[J]. Management Decision，2012，50(5)：972-988.

④ KLEINE S S，BAKER S M. An integrative review of material possession attachment[J]. Academy of Marketing Science Review，2004，1：1-35.

⑤ JAHN S，GAUS H，KIESSLING T. Trust，commitment，and older women：Exploring brand attachment differences in the elderly segment[J]. Psychology & Marketing，2012，29(6)：445-457.

⑥ VLACHOS P A，VRECHOPOULOS A P. Consumer-retailer love and attachment：Antecedents and personality moderators[J]. Journal of Retailing and Consumer Services，2012，19(2)：218-228.

⑦ 姜岩，董大海．品牌依恋的概念架构及其理论发展[J]．心理科学进展，2008，16(4)：606-617.

法和途径。① 已有关于消费者绿色品牌消费态度及行为意向形成的前因研究多数以计划行为理论或理性行为理论等消费者行为学相关理论为基础。吉秋月和郝晓彤(2014)利用计划行为理论研究了绿色品牌顾客价值、关系质量及绿色消费知觉控制对消费者绿色品牌重复购买意愿的影响，发现绿色品牌顾客价值对关系质量有显著正向影响，绿色消费知觉控制在关系质量对消费者绿色品牌购买意愿的影响中有正向调节作用。② Suki(2016)基于理性行为理论对消费者绿色产品购买意愿形成的影响因素进行了研究，发现绿色品牌定位、消费者绿色品牌态度、消费者绿色品牌知识均对消费者绿色产品购买意愿有显著正向影响，且绿色品牌知识在绿色品牌定位与绿色产品购买意愿关系间没有调节作用。③

相关学者认为基于计划行为理论和理性行为理论对消费者绿色品牌消费决策进行研究存在着一些不足。Papista 和 Krystallis(2013)指出计划行为理论和理性行为理论并没有将消费情境作为绿色品牌消费意愿形成研究的前因，无法解释消费者在不同购买情境下进行绿色品牌消费决策的动态过程，导致消费者态度-意向-行为模型不能全面反映消费者绿色品牌消费行为形成的机理。他们创造性地提出了由消费者绿色品牌消费价值追求、投入、心理要素、消费者价值、关系质量和绿色品牌忠诚等要素构成的消费者-绿色品牌关系研究概念模型，但并未进行实证研究。④ 此外，由于计划行为理论及理性行为理论中的两个关键变量态度和行为间的关系复杂，且受多因素影响，导致态度无法有效地对行为进行预测，出现了如绿色消费态度-行为不一致等问题。⑤ 姜岩和董大海(2009)认为在态度强度概念及测量量表不清的情况下，有必要通过一个能超越态度的构念对消费者高层次的消费行为进行预测和反映。⑥ Park 等(2006)提出品牌依恋作为一种体现市场交换关系的构念，能比品牌态度更好地说明和解释高层次的消费行为反应。⑦ 从已有研究可以发现，消费者-绿色品牌依恋关系在解释和反映消费者绿色品牌消费决策上的作用已经超越了以往所利用的态度-意向-行为研究模式。目前关于消费者-绿色品牌依恋关系建立的前因研究还处于初步探索阶段，有必要通过整合品牌依恋、消费情境等相关理论，并结合已选消费者-绿色品牌依恋关系前因变量，建立消费者-绿色品牌依恋关系形成的综合作用模型。本书所构建的消费者-绿色品牌依恋关系前因研究作用模型如图 4-1 所示。该模型构建的主

---

① 陈伟军．绿色品牌真实性感知对消费者品牌选择行为的影响研究[D]．武汉：武汉理工大学，2015.

② 吉秋月，郝晓彤．绿色品牌顾客价值、关系质量和重复购买意向的实证研究：以绿色消费知觉控制为调节变量[J]．现代经济信息，2014 (15)：60-61.

③ SUKI N M. Green product purchase intention：Impact of green brands，attitude，and knowledge[J]. British Food Journal，2016，118(12)：2893-2910.

④ PAPISTA E，KRYSTALLIS A. Investigating the types of value and cost of green brands：proposition of a conceptual framework[J]. Journal of Business Ethics，2013，115(1)：75-92.

⑤ 吴波．绿色消费研究评述[J]．经济管理，2014 (11)：178-189.

⑥ 姜岩，董大海．西方消费者依恋理论的研究进展[J]．管理评论，2009，21(1)：77-86.

⑦ PARK C W，MACINNIS D J，PRIESTER J R. Beyond attitudes：Attachment and consumer behavior[J]. Seoul National Journal，2006，12(2)：3-36.

要依据如下：

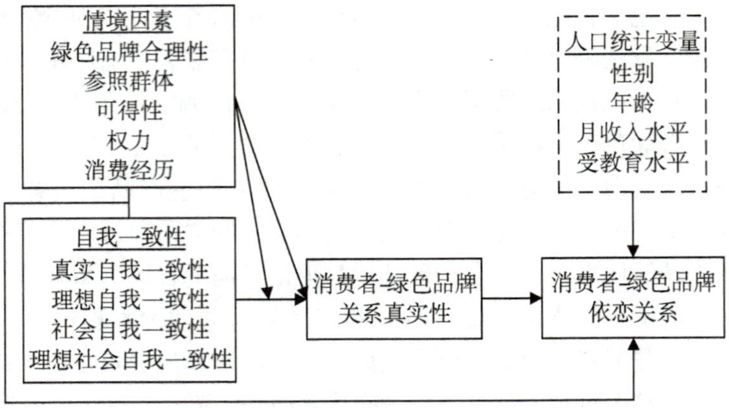

图 4-1　消费者-绿色品牌依恋关系前因研究的概念模型

(1) S-O-R 理论。S-O-R 理论认为，外部刺激是消费者内外在反应产生的主要原因，通过影响消费者的心理状态促使消费者做出相应的反应。绿色品牌消费情境作为绿色品牌消费的重要外部线索，可被视为一种刺激。自我一致性以消费者与绿色品牌互动为基础，代表着消费者将自我形象与绿色品牌形象对比后所感知的自我价值与绿色品牌价值的契合度。王永贵等(2012)指出消费者产品互动除可被视为影响消费者内在情感的一种外部刺激，还可被视为消费者满意或利益获得的一种外部投入。① 因此，除绿色品牌消费情境外，自我一致性也可作为消费者-绿色品牌依恋关系形成的一种外部刺激。依据 S-O-R 理论，自我一致性和绿色品牌消费情境作为外部刺激，会经过消费者对其与绿色品牌关系真实性感知所形成消费者-绿色品牌关系真实性的中介作用，影响消费者对绿色品牌的内在反应，即消费者-绿色品牌依恋关系的形成。

(2) ABC 理论。ABC 理论认为消费者的环保行为(B)是在态度变量(A)和外部环境变量(C)的共同作用下产生的。王建明(2012)利用质性研究方法构建了公众低碳消费意识-情境-行为的整合模型，认为公众低碳消费意识是低碳消费行为产生的前因，且低碳消费意识与低碳消费行为间的关系受到情境因素的调节作用。② 由已有研究可以发现，外部情境、意识(态度)与行为三者间存在两种关系，第一种为外部情境与意识(态度)的组合对行为产生影响；第二种为外部情境对意识(态度)与行为的关系有调节作用。目前多数相关研究均采用第二种研究方式。本书在将绿色品牌消费情境作为调节变量的同时，还通过组合分析的方法研究不同自我一致性与绿色品牌消费情境因素组合下消费者-绿色品牌依

① 王永贵，马双，孙彬．自我决定感在顾客互动与社区满意间的中介作用——基于 SOR 理论和自我决定理论的实证研究[J]．山西财经大学学报，2012，34(8)：99-107.

② 王建明．公众低碳消费行为影响机制和干预路径整合模型[M]．北京：中国社会科学出版社，2012.

恋关系形成的路径，发掘消费者-绿色品牌依恋关系形成的最优自我一致性与绿色品牌消费情境组合。

基于研究依据和所筛选的研究变量，本书在消费者-绿色品牌依恋关系前因研究部分的主要内容包括：真实自我一致性、理想自我一致性、社会自我一致性及理想社会自我一致性等自我一致性变量对消费者-绿色品牌依恋关系的直接影响；绿色品牌合理性、参照群体、可得性、权力和消费经历等绿色品牌消费情境变量对消费者-绿色品牌依恋关系的直接影响；自我一致性变量与绿色品牌消费情境变量组合对消费者-绿色品牌依恋关系的直接影响；消费者-绿色品牌关系真实性在自我一致性变量和绿色品牌消费情境变量对消费者-绿色品牌依恋关系影响中的中介作用；绿色品牌消费情境在自我一致性经过消费者-绿色品牌关系真实性影响消费者-绿色品牌依恋关系的中介关系中的调节作用；不同性别、年龄、月收入水平及受教育水平消费者在与绿色品牌依恋关系上存在的差异。

4.1.3 研究假设的提出

(1)自我一致性与消费者-绿色品牌依恋关系

真实自我一致性和理想自我一致性在促进消费者-品牌依恋关系建立中的作用已得到了学者们的广泛认同。Malär 等(2011)对真实自我一致性和理想自我一致性与品牌依恋间的关系进行了系统研究。他们认为真实自我一致性代表着消费者偏向于选择那些便于验证、证明和支持自我概念的品牌，且随着相关品牌在提升消费者积极自我评价中作用的提升，消费者会在对该品牌不断增强的正面情感基础上形成品牌依恋；理想自我一致性则代表着消费者希望通过品牌消费提升自我价值，且当消费者能从品牌形象中看到自己的愿望和梦想时，消费者会被该品牌吸引住并建立起与品牌的依恋关系。① Chen(2010)将绿色品牌形象定义为存在于消费者心中关于绿色品牌环保承诺和环保关注的一系列感知，认为绿色品牌形象在一定程度上代表着绿色品牌具备的良好环保功能属性及企业在应对环境问题方面的持续投入，可增强消费者的绿色满意度。② 通过绿色品牌消费，消费者能通过绿色品牌形象体现和支持真实的利他性自我概念，在实现真实自我一致性基础上强化自我对绿色品牌的积极情感，并最终形成消费者-绿色品牌依恋关系；当绿色品牌形象能体现消费者环保欲望和可持续性发展期待时，绿色品牌形象会与消费者理想自我相契合，实现理想自我一致性，促进消费者与绿色品牌间的情感联结，进而建立消费者-绿色品牌依恋关系。

虽然目前还没有社会自我一致性和理想社会自我一致性对品牌依恋影响的直接研究，但已有学者研究了社会自我一致性与品牌满意及品牌认同间的关系。张晓路(2013)分析了社会自我一致性对消费者品牌满意的影响，指出当品牌形象与消费者社会自我一致时，

---

① MALÄR L, KROHMER H, HOYER W D, et al. Emotional brand attachment and brand personality: The relative importance of the actual and the ideal self[J]. Journal of Marketing, 2011, 75(4): 35-52.

② CHEN Y S. The Drivers of green brand equity: Green brand image, green satisfaction, and green trust [J]. Journal of Business Ethics, 2010, 93(2): 307-319.

消费者会认为该品牌是专门为自己而设并为自己服务的，可以让自己得到他人的认可和赞许，因此对该品牌的满意度也会得到相应提升。① 胡兵等(2015)认为消费者期望通过品牌消费得到他人的接受和尊重，当品牌形象与消费者社会自我关联时，消费者就实现了通过品牌表达自我社会认同感和归属感的消费目的，对品牌的认同感也会随之增强。② 消费者绿色品牌消费行为不仅会受到自身公众自我意识的影响，还会受到外界参照群体的作用，可见消费者绿色品牌消费同样存在“社会赞同动机”。通过消费能体现社会自我概念的绿色品牌，可以让消费者给他人留下热心环保公益的良好印象或被绿色消费群体认可和接纳，且随着绿色品牌展现和支持社会自我作用的增强，消费者会更愿意与绿色品牌建立高层次的情感联结，建立起与绿色品牌的依恋关系。对于理想社会自我一致性，刘艳和邹泓(2007)指出他人及周边环境不仅能作为自我展示和构建的参考标准，还能推动自我的不断提升。③ 绿色品牌的高溢价及所拥有的绿色品牌价值赋予了绿色品牌消费与生俱来的高层次性，消费者期望通过绿色品牌消费获得他人更高的认可和关注。当绿色品牌形象能展现消费者期望和追求的社会自我时，消费者会将该绿色品牌视为理想社会自我追求的重要驱动力，愿意与其建立持久的互动关系和情感联结。基于以上分析，提出如下假设：

H1：自我一致性对消费者-绿色品牌依恋关系有显著正向影响。

H1a：真实自我一致性对消费者-绿色品牌依恋关系有显著正向影响；

H1b：理想自我一致性对消费者-绿色品牌依恋关系有显著正向影响；

H1c：社会自我一致性对消费者-绿色品牌依恋关系有显著正向影响；

H1d：理想社会自我一致性对消费者-绿色品牌依恋关系有显著正向影响。

(2)绿色品牌消费情境与消费者-绿色品牌依恋关系

绿色品牌合理性、参照群体、可得性、权力和消费经历等构成了本书绿色品牌消费情境研究的主要因素。由于缺少绿色品牌消费情境因素与消费者-绿色品牌依恋关系建立的相关研究，仅能由已有文献找到间接理论依据。绿色品牌合理性主要指绿色品牌是否具备恰当、合适和合理的环境绩效。绿色品牌环保认证、价格等可被视为绿色品牌合理性的最直观体现。杨晓燕和胡晓红(2008)指出绿色认证代表企业对履行绿色价值的承诺，能坚定消费者绿色品牌消费的信念，是消费者绿色品牌信任形成的最直接信息来源。④ 仇立(2012)认为价格因素会抑制消费者绿色品牌消费需求，阻碍消费者进行绿色品牌消费。⑤ Sirgy 等(2000)则指出高价格的产品一般质量较高且通常会被陈列于高档商场的柜台之中，由富人或身份意识强的消费人群购买，通过消费高价格产品不仅能改善消费者形象还能提

① 张晓路．中国城市老龄消费者品牌重购行为的形成机理[D]．长春：吉林大学，2013.

② 胡兵，熊元斌，王红．旅游地品牌的象征性意义与情感性品牌依恋——基于符号互动论视角[J]．经济管理，2015 (3)：120-129.

③ 刘艳，邹泓．自我建构理论的发展与评价[J]．心理科学，2007，30(5)：1272-1275.

④ 杨晓燕，胡晓红．绿色认证对品牌信任和购买意愿的影响研究[J]．国际经贸探索，2008，24 (12)：66-70.

⑤ 仇立．基于绿色品牌的消费者行为研究[D]．天津：天津大学，2012.

升消费者产品认同。① 虽然过高的价格会对消费者绿色品牌消费意愿产生一定的消极影响，但绿色品牌的合理溢价也无可厚非。高溢价在为企业创造绿色品牌价值的同时，还代表企业所提供的绿色品牌产品具备与高价格相应的高创新性和高可靠性，让消费者能拥有更积极的绿色品牌消费体验和价值感知。可见，绿色品牌合理性对消费者-绿色品牌依恋关系形成有正向促进作用。

陈凯和彭茜(2014)通过文献分析法发现参照群体对消费者的信息性影响和价值表现影响会提升消费者绿色消费态度与行为的一致性；而功利性影响则可能导致消费者绿色消费态度与行为的背离。② 王大海等(2015)通过实证研究发现构成参照群体的两个维度中，群体认同对消费者生态产品矛盾态度有负向影响，并对生态产品购买意向有正向影响；对他人合作的期望则仅对生态产品购买意向有正向影响。③ 虽然对参照群体与消费者绿色消费决策相关性的研究角度存在差异，但总体而言，参照群体有利于增强消费者的绿色品牌认同，促使消费者与绿色品牌建立依恋关系。Srinivasan 等(2005)指出可得性是滞后消费者品牌感知和消费行为的主要外部因素，高可得性能提升消费者选择品牌的可能性和频率。④ 贺冬锦和孙洪庆(2014)检验了权力感对消费者品牌态度的影响，发现高权力感消费者因更依赖品牌正面信息而具有较高的品牌态度；低权力感则因更依赖品牌负面信息而对品牌的态度较差。⑤ 张蓓和林家宝(2015)指出可用购买频率来表示的购买经历不仅可以增强消费者购买行为的适应感和满足感，还能强化消费者的认知可追溯性，减少消费者风险感知，提升消费者购买动机。⑥ 可见，高可得性、高权力和高消费经历都能提升消费者与绿色品牌的互动水平，利于消费者与绿色品牌建立心理联结，并最终建立起与绿色品牌的依恋关系。基于以上分析，提出如下假设：

H2：情境因素对消费者-绿色品牌依恋关系有显著正向影响。

H2a：绿色品牌合理性对消费者-绿色品牌依恋关系有显著正向影响；

H2b：参照群体对消费者-绿色品牌依恋关系有显著正向影响；

H2c：可得性对消费者-绿色品牌依恋关系有显著正向影响；

H2d：权力对消费者-绿色品牌依恋关系有显著正向影响；

---

① SIRGY M J, GREWAL D, MANGLEBURG T. Retail environment, self-congruity, and retail patronage: An integrative model and a research agenda[J]. Journal of Business Research, 2000, 49(2): 127-138.

② 陈凯，彭茜．参照群体对绿色消费态度-行为差距的影响分析[J]．中国人口·资源与环境，2014(S2)：458-461.

③ 王大海，姚唐，姚飞．买还是不买——矛盾态度视角下的生态产品购买意向研究[J]．南开管理评论，2015，18(2)：136-146.

④ SRINIVASAN V, PARK C S, CHANG D R. An approach to the measurement, analysis, and prediction of brand equity and its sources[J]. Management Science, 2005, 51(9): 1433-1448.

⑤ 贺冬锦，孙洪庆．权力产生美吗？权力感、信息依赖倾向及品牌态度的关系研究[C]// 第二届中国市场营销国际学术年会论文集．香港：亚洲商业协会，2014：407-418.

⑥ 张蓓，林家宝．质量安全背景下可追溯亚热带水果消费行为范式：购买经历的调节作用[J]．管理评论，2015，27(8)：176-189.

H2e：消费经历对消费者-绿色品牌依恋关系有显著正向影响。

(3)自我一致性和情境因素的组合与消费者-绿色品牌依恋关系

由以上分析可知，自我一致性和情境因素均会对消费者-绿色品牌依恋关系产生影响。然而，消费者-绿色品牌依恋关系的形成也可能是在两者共同作用下形成的。Stern(2000)通过理论分析认为消费者绿色消费行为是在自我态度与情境因素的共同作用下产生的，且两者在共同对绿色消费行为的影响中存在交互效应，即当态度(情境)作用强时，情境(态度)的作用会变弱。① 因此，在分别研究自我一致性和情境因素对消费者-绿色品牌依恋关系的影响后，还有必要探究自我一致性与情境因素组合对消费者-绿色品牌依恋关系的影响。通过这种形式的研究不仅能探知是否可以由一个自我一致性因素与多个情境因素的组合方式，或者多个自我一致性因素与一个情境因素的组合方式，抑或多个自我一致性因素与多个情境因的组合方式推动消费者-绿色品牌依恋关系形成，还能挖掘这些组合方式中的最优项。基于以上分析，提出如下假设：

H3：自我一致性和情境因素的组合对消费者-绿色品牌依恋关系有显著正向影响。

(4)消费者-绿色品牌关系真实性与消费者-绿色品牌依恋关系

在 Armsden 和 Greenberg(1997)关于依恋的安全型依恋、焦虑-矛盾型依恋和逃避型依恋等三种划分方式中，安全型依恋通常被归为安全依恋；焦虑-矛盾型依恋和逃避依恋则通常被归为不安全依恋。② 前者属于积极、高质量的依恋，后者则属于消极、低质量的依恋。③ 本书关于消费者-绿色品牌依恋关系的研究目标就在于建立消费者与绿色品牌间的安全依恋。有心理学学者注意到了关系真实性对不同类型依恋关系的影响。Lopez 和 Rice(2006)通过实证研究发现关系真实性与焦虑型依恋和回避型依恋等不安全依恋呈显著负相关关系，并与个体对欺骗的不接受程度和对关系的满意度呈显著正相关关系。④ Gillath 等(2010)研究指出人际关系的真实性和诚实性是安全依恋形成的重要基础，非真实性和不诚实的人际关系与焦虑型依恋和回避性依恋等不安全依恋存在正相关关系，且不安全依恋个体会有歪曲事实和欺骗他人的行为倾向。⑤ 与关系真实性与不安全依恋间的关系相

---

① STERN P C. New environmental theories: Toward a coherent theory of environmentally significant behavior[J]. Journal of Social Issues, 2000, 56(3): 407-424.

② ARMSDEN G C, GREENBERG M T. The inventory of parent and peer attachment: Individual differences and their relationship to psychological well-being in adolescence [J]. Journal of Youth and Adolescence, 1987, 16(5): 427-454.

③ 王振宇. 学前儿童发展心理学[M]. 北京：人民教育出版社，2004：206-214.

④ LOPEZ F G, RICE K G. Preliminary development and validation of a measure of relationship authenticity[J]. Journal of Counseling Psychology, 2006, 53(3): 362-371.

⑤ GILLATH O, SESKO A K, SHAVER P R, et al. Attachment, authenticity, and honesty: Dispositional and experimentally induced security can reduce self-and other-deception[J]. Journal of Personality and Social Psychology, 2010, 98(5): 841-855.

反，关系真实性与安全依恋间存在正相关关系。

已有营销学学者研究了焦虑型品牌依恋和逃避型品牌依恋的成因及两者对消费者品牌选择行为的影响，以探求不安全依恋消费者积极品牌消费决策的形成机制。温飞(2011)研究了焦虑型依恋和逃避型依恋消费者的品牌选择行为，指出高依恋焦虑型消费者由于缺少自尊，会通过品牌弥补自我价值，建立与品牌的紧密关系；而高依恋逃避型消费者由于缺少自信，在品牌消费中通常会采取重复购买的策略。① 相较于高依恋焦虑型和高依恋逃避型消费者，高依恋安全型消费者则并不需要品牌去弥补或增加自我形象，但是会更注意品牌是否能提供真实、诚实及真诚的消费体验，且希望通过这样的品牌体现理想的自我概念。② 如果企业能真心实意地向消费者提供绿色品牌产品功能属性信息，并向消费者说明该绿色品牌相较于其他品牌在应对环境问题方面的优势，减少品牌漂绿等问题的出现，消费者同样会在感知其与绿色品牌关系真实性的基础上建立起与绿色品牌的依恋关系。基于以上分析，提出如下假设：

H4：消费者-绿色品牌关系真实性对消费者-绿色品牌依恋关系有显著正向影响。

(5)消费者-绿色品牌关系真实性的中介作用

基于S-O-R理论，消费者-绿色品牌关系真实性被视为自我一致性和绿色品牌消费情境对消费者-绿色品牌依恋关系影响的中介变量。自我一致性能通过消费者-绿色品牌关系真实性对消费者-绿色品牌依恋关系产生影响。Quester等(2000)指出消费者购买功能性产品时，会在对比产品形象与真实自我的基础上形成购买意愿；购买象征性产品或与社会地位相关的产品时，则会将产品形象与理想自我进行对比。③ 对于绿色品牌的功能属性而言，消费者能通过感知绿色品牌应对环境问题原始真实性与真实自我的一致性，明确绿色品牌功能价值在反映和构建真实自我中的作用，强化消费者-绿色品牌关系的真实性。赵卫宏(2009)认为品牌消费本身还可被视为一种消费者提升自我的途径，品牌的象征意义能让消费者更接近理想自我。④ 对于绿色品牌的象征属性而言，消费者不仅能体会到绿色品牌在提升自我中的作用，还能将绿色品牌视为自我构建与提升的一个参照标准，让理想自我更为真实，加深消费者对其与绿色品牌关系真实性的感知。此外，Markus和Kitayama(1991)认为依存型自我构建是东方集体主义文化背景下最典型的自我构建方式，个体对自我的构建和展示通常基于自我与他人的关系以及自我在社会中的地位和身份。⑤ 他人的

① 温飞．消费者情感依恋的形成机理及杠杆作用[D]．广州：华南理工大学，2011.

② SWAMINATHAN V, STILLEY K M, AHLUWALIA R. When brand personality matters: The moderating role of attachment styles[J]. Journal of Consumer Research, 2009, 35(6): 985-1002.

③ QUESTER P G, KARUNARATNA A, KEE GOH L. Self-congruity and product evaluation: A cross-cultural study[J]. Journal of Consumer Marketing, 2000, 17(6): 525-535.

④ 赵卫宏．消费者自我概念结构维度对品牌个性的相对影响力研究[J]．商业经济与管理，2009(1)：84-90.

⑤ MARKUS H R, KITAYAMA S. Culture and the self: Implications for cognition, emotion, and motivation[J]. Psychological Review, 1991, 98(2): 224.

看法和观点会影响消费者对绿色品牌形象的感知，消费者通常会选择与他人或群体形象一致的绿色品牌。这种一致性程度越强，消费者在与绿色品牌互动过程中越能领会绿色品牌在维护和展现社会自我方面的开放与坦诚，所感知的关系真实性也会越高。同时，消费者并不满足于现有社会身份和地位，当绿色品牌能帮助消费者塑造和构建其所渴望和梦想的社会自我时，消费者会将绿色品牌视为偶像和寄托，两者间的关系也会更真实。可见，自我一致性对消费者-绿色品牌关系真实性有促进作用。结合前文关于消费者-绿色品牌关系真实性正向影响消费者-绿色品牌依恋关系的分析和 S-O-R 理论可知，消费者-绿色品牌关系真实性在自我一致性与消费者-绿色品牌依恋关系间有中介作用，即消费者通过契合绿色品牌形象与自我形象而形成的自我一致性，会强化消费者对其与绿色品牌关系真实性的感知，进而实现与绿色品牌间依恋关系的建立。基于以上分析，提出如下假设：

H5：消费者-绿色品牌关系真实性在自我一致性与消费者-绿色品牌依恋关系间有显著的中介作用。

H5a：消费者-绿色品牌关系真实性在真实自我一致性与消费者-绿色品牌依恋关系间有显著的中介作用；

H5b：消费者-绿色品牌关系真实性在理想自我一致性与消费者-绿色品牌依恋关系间有显著的中介作用；

H5c：消费者-绿色品牌关系真实性在社会自我一致性与消费者-绿色品牌依恋关系间有显著的中介作用；

H5d：消费者-绿色品牌关系真实性在理想社会自我一致性与消费者-绿色品牌依恋关系间有显著的中介作用。

情境因素能通过消费者-绿色品牌关系真实性对消费者-绿色品牌依恋关系产生影响。郭锐等(2015)研究指出绿色品牌定价、第三方认证及来源国等构成了消费者感知绿色品牌合理性的重要基础，绿色品牌合理性对消费者绿色品牌信任有显著正向影响。① 绿色品牌定价、第三方认证和来源国等都作为消费者认知绿色品牌的外部线索，是消费者判断绿色品牌能否开诚布公地向其提供绿色品牌价值的重要依据。绿色品牌越合理，其在与消费者互动中就越会不隐瞒、不遮掩地向消费者展现绿色品牌信息，两者间的关系也更真实和亲密。除绿色品牌外部线索外，参照群体也被认为是消费者认识绿色品牌的重要途径。仇立(2012)指出参照群体除具备示范效应外还能唤起他人的仿效潜能，可最大限度地激发消费者的从众行为，推进消费者进行绿色品牌消费。② 参照群体能降低消费者对绿色品牌消费的疑虑和误解，让消费者在与绿色品牌互动过程中最大限度地感受绿色品牌在应对环境问题方面的务实和真诚，建立起与绿色品牌公平和值得信赖的亲密关系。万松钱和鞠芳辉(2012)研究认为可得性是消费者绿色消费行为限制的主要体现，拥有较高绿色消费动

---

① 郭锐，李伟，严良．漂绿后绿色品牌信任重建战略研究：基于 CBBE 模型和合理性视角[J]．中国地质大学学报：社会科学版，2015，15(3)：28-38.

② 仇立．基于绿色品牌的消费者行为研究[D]．天津：天津大学，2012.

机的消费者通常由于绿色产品缺少可得性而选择放弃绿色消费。① 消费者对绿色品牌的不信任和怀疑很大程度上是因为消费者与绿色品牌间信息不对称导致的，高可得性不仅能增加消费者接触绿色品牌的渠道和频率，还能让绿色品牌在消费者面前卸下"神秘面纱"，提升绿色品牌形象的透明度，促使消费者毫无顾虑地与绿色品牌进行亲密互动。王春晓和刘润刚(2016)通过实证研究发现高权力消费者具备更高的独特性消费需求并拥有更高的独特性消费行为。② 消费者绿色品牌的消费目的在于获得其他品牌所无法提供的环保价值，独特的绿色消费需求让高权力消费者能更关注于绿色品牌环保属性的正面信息，提升了消费者在与绿色品牌互动中感知关系真实性的几率。王鹏等(2011)对品牌原产地困惑、购买经历及品牌形象间的关系进行了研究，发现购买经历能显著提升消费者对品牌形象的感知及对品牌的偏好。③ 购买经历能帮助消费者通过学习效应强化对绿色品牌知识的积累并形成对绿色品牌的客观真实评价，最终在切实感知绿色品牌所提供品牌价值的基础上建立起与绿色品牌的亲密关系。可见，情境因素对消费者-绿色品牌关系真实性有促进作用。结合前文关于消费者-绿色品牌关系真实性正向影响消费者-绿色品牌依恋关系的分析和S-O-R理论可知，消费者-绿色品牌关系真实性在情境因素与消费者-绿色品牌依恋关系间有中介作用，即消费者绿色品牌消费相关外部情境的刺激会强化消费者对其与绿色品牌关系真实性的感知，进而实现与绿色品牌间依恋关系的建立。基于以上分析，提出如下假设：

H6：消费者-绿色品牌关系真实性在情境因素与消费者-绿色品牌依恋关系间有显著的中介作用。

H6a：消费者-绿色品牌关系真实性在绿色品牌合理性与消费者-绿色品牌依恋关系间有显著的中介作用；

H6b：消费者-绿色品牌关系真实性在参照群体与消费者-绿色品牌依恋关系间有显著的中介作用；

H6c：消费者-绿色品牌关系真实性在可得性与消费者-绿色品牌依恋关系间有显著的中介作用；

H6d：消费者-绿色品牌关系真实性在权力与消费者-绿色品牌依恋关系间有显著的中介作用；

H6e：消费者-绿色品牌关系真实性在消费经历与消费者-绿色品牌依恋关系间有显著的中介作用。

(6)绿色品牌消费情境因素的调节中介作用

情境因素会在自我一致性经消费者-绿色品牌关系真实性对消费者-绿色品牌依恋关系

① 万松钱，鞠芳辉．绿色消费中的"态度—行为意向"差距及其政策含义[J]．东北大学学报（社会科学版），2012，14(3)：212-217.

② 王春晓，刘润刚．权力感对独特性消费行为的影响及机制研究[J]．品牌研究，2016（3）：51-58.

③ 王鹏，庄贵军，董维维．品牌原产地困惑和购买经历对品牌形象的影响[J]．预测，2011，30(4)：8-13.

影响的中介效应中发挥调节作用。在不同的绿色品牌消费情境下，消费者-绿色品牌依恋关系的形成效果会存在一定差异。虽然目前还无法找到情境因素调节中介作用的相关文献，但由前文分析可知，绿色品牌合理性、参照群体、可得性、权力和消费经历等绿色品牌消费情境变量均与消费者绿色品牌知识和产品涉入度有关。Malär 等(2011)研究认为高产品涉入度会提升消费者通过品牌自我证实和自我验证的能力，推动品牌与自我概念的融合，进而建立起与品牌间的强烈情感依恋关系；但高产品涉入度同时还会提升消费者通过品牌自我增强的能力，这会增加消费者所憧憬理想自我与品牌形象间的距离，削弱品牌与消费者理想自我间的情感联系。① 高键等(2016)研究发现环境知识在消费者创新性通过社会价值影响消费者绿色产品购买意向的中介效应中有负向调节作用，认为虽然环境知识能提升消费者对绿色品牌社会价值的认知，但高社会价值与高产品溢价的冲突却弱化了社会价值向绿色产品购买意愿的转化。② 消费者由绿色品牌合理性、参照群体、可得性、权力和消费经历等所取得的高绿色品牌知识让其充分认识到绿色品牌在应对环境问题上的功能价值和在展现环保意识上的象征价值，继而将绿色品牌视为展现和证实真实自我及社会自我的重要合作伙伴。良好的互动氛围提升了消费者与绿色品牌间关系的真实性水平，强化了消费者与绿色品牌间的情感联结，让消费者与绿色品牌间的依恋关系更容易实现。但是高绿色品牌知识还会提升消费者对理想自我与理想社会自我的期待，导致现有绿色品牌的功能价值和象征价值无法满足消费者构建和塑造理想自我和理想社会自我的需要。消费者会开始对高溢价绿色品牌产品的环保投入产生怀疑，使得消费者与绿色品牌间关系的真实性随之降低，两者间的依恋关系也将无法建立。可见，情境因素在真实自我一致性与社会自我一致性分别通过消费者-绿色品牌关系真实性影响消费者-绿色品牌依恋关系的中介效应中具有正向调节作用；情境因素在理想自我一致性与理想社会自我一致性分别通过消费者-绿色品牌关系真实性影响消费者-绿色品牌依恋关系的中介效应中具有负向调节作用。基于以上分析，提出如下假设：

H7：情境因素在自我一致性通过消费者-绿色品牌关系真实性影响消费者-绿色品牌依恋关系的中介关系中有调节作用。

H7a：情境因素在真实自我一致性通过消费者-绿色品牌关系真实性影响消费者-绿色品牌依恋关系的中介关系中有正向调节作用；

H7b：情境因素在理想自我一致性通过消费者-绿色品牌关系真实性影响消费者-绿色品牌依恋关系的中介关系中有负向调节作用；

H7c：情境因素在社会自我一致性通过消费者-绿色品牌关系真实性影响消费者-绿色品牌依恋关系的中介关系中有正向调节作用；

H7d：情境因素在理想社会自我一致性通过消费者-绿色品牌关系真实性影响消费者-

① MALÄR L, KROHMER H, HOYER W D, et al. Emotional brand attachment and brand personality: The relative importance of the actual and the ideal self[J]. Journal of Marketing, 2011, 75(4): 35-52.

② 高键，盛光华，周蕾. 绿色产品购买意向的影响机制：基于消费者创新性视角[J]. 广东财经大学学报，2016，31(2)：33-42.

绿色品牌依恋关系的中介关系中有负向调节作用。

(7) 人口统计变量与消费者-绿色品牌依恋关系

除自我一致性、情境因素及消费者-绿色品牌关系真实性外，消费者的性别、年龄、收入水平和受教育水平等人口统计变量也对消费者-绿色品牌依恋关系形成有影响。国内学者及相关机构基于中国消费者样本研究了人口统计变量与绿色消费的关系。马瑞婧(2011)基于中国城市消费者样本研究了人口统计变量对绿色消费行为影响，发现除年龄、性别、收入和学历等人口统计变量中仅年龄与绿色消费行为正相关，即年龄越大的消费者越易进行绿色消费。① 王建明(2016)研究了消费碳减排政策对中国消费者绿色消费行为的影响，发现女性、年长及低学历者具备更高节能感知价值，且女性及年长者更倾向采取节能型使用行为。② 阿里研究研究和阿里社会公益部公布的《2016年度中国绿色消费者报告》显示，在中国绿色消费者中29~35岁年轻女性的绿色消费水平最高，且在2011年到2015年间23~28岁年轻消费者的绿色消费渗透率提升了16.7%，显著高于全年龄段的平均水平。③ 可见，中国消费者的性别、年龄、月收入水平及受教育水平等人口统计变量是否与消费者-绿色品牌依恋关系形成存在相关性的问题还不明确。即便存在相关性，这些人口统计变量在消费者-绿色品牌依恋关系形成上是否存在差异也还不明晰。基于以上分析，提出如下假设：

H8：人口统计变量与消费者-绿色品牌依恋关系存在显著相关性。

H8a：性别与消费者-绿色品牌依恋关系存在显著相关性；

H8b：年龄与消费者-绿色品牌依恋关系存在显著相关性；

H8c：月收入水平与消费者-绿色品牌依恋关系存在显著相关性；

H8d：受教育水平与消费者-绿色品牌依恋关系存在显著相关性。

4.2 消费者-绿色品牌依恋关系后效研究模型

4.2.1 消费者-绿色品牌依恋关系后效研究的变量选取

(1) 绿色品牌承诺

承诺是描述社会关系状态的核心概念，反映了个体在社会交往中愿意长期与伙伴交往

① 马瑞婧. 中国城市消费者绿色消费行为的影响因素研究[M]. 北京：中国社会科学出版社，2011.

② 王建明. 消费碳减排政策影响实验研究[M]. 北京：科学出版社，2016：146-195.

③ 阿里研究院，阿里社会公益部. 2016年度中国绿色消费者报告[EB/OL]. (2016-08-03). [2016-12-22]. http://www.aliresearch.com/blog/article/detail/id/21025.html.

的欲望，是高层次和有价值关系发展的结果，也是维持这种良好伙伴关系的关键。① 承诺的构念最早由社会心理学家提出，相关研究主要集中在组织承诺等方面。刘小平(1999)对组织承诺进行综述后指出，组织承诺主要包括行为说和态度说两者观点。其中，行为说关注个体如何对特定行为产生认同，这些行为在哪些情境因素下难以被改变，以及态度与行为的一致性是如何形成的；态度说则关注如何培养个体对组织价值观的强烈认同，怎样刺激个体形成基于组织利益的工作意愿，以及如何提升个体坚守岗位且不跳槽的决心。② Mathieu 和 Zajac(1990)分析发现组织承诺对提升员工绩效有重要作用，且能对员工的组织公民行为、组织忠诚和离职倾向等进行有效的预测。③ 姚唐等(2008)从组织承诺角度研究了服务业员工忠诚的形成机制，发现组织承诺对服务业员工的态度忠诚和行为忠诚都有显著正向影响，且员工满意和员工信任会通过组织承诺对员工态度忠诚产生影响，并最终影响员工行为忠诚。④ 承诺在解释个体与组织间持久良性关系塑造和发展方面的有效性受到了营销学者的注意。随着品牌拟人化研究的兴起，由承诺视角探究如何维系消费者与品牌间成功长期关系和如何防止消费者与品牌间关系的断裂与隔离成为品牌关系研究的重要课题。

在消费者与品牌关系中，品牌承诺被认为是消费者愿意与品牌保持持久关系的意愿，体现了消费者对于该品牌的持续性态度和行为倾向，是品牌忠诚的重要驱动要素。⑤ 与组织承诺态度说和行为说研究相似，Dholakia(1997)指出品牌承诺能同时体现消费者态度方面(心理或情感依赖)和行为方面(重复购买)的反应，但品牌忠诚仅能由消费者行为角度说明。⑥ Warrington 和 Shim(2000)认为品牌承诺主要以态度为导向，而品牌忠诚主要以行为为导向，其中重复购买行为可能与消费者无明显消费偏好有关，但并不一定意味着品牌忠诚。⑦ Sung 和 Campbell(2009)指出品牌承诺比品牌忠诚能更好地防止消费者品牌转换

---

① 高翔．消费者品牌依恋对品牌忠诚的影响研究[D]．泉州：华侨大学，2012.

MOORMAN C, ZALTMAN G, DESHPANDE R. Relationships between providers and users of market research: The dynamics of trust within and between organizations[J]. Journal of Marketing Research, 1992, 29(3): 314-328.

② 刘小平．组织承诺研究综述[J]．心理科学进展，1999，17(4)：31-37.

③ MATHIEU J E, ZAJAC D M. A review and meta-analysis of the antecedents, correlates, and consequences of organizational commitment[J]. Psychological Bulletin, 1990, 108(2): 171-194.

④ 姚唐，黄文波，范秀成．基于组织承诺机制的服务业员工忠诚度研究[J]．管理世界，2008 (5)：102-114.

⑤ GUNDLACH G T, ACHROL R S, MENTZER J T. The structure of commitment in exchange[J]. Journal of Marketing, 1995, 59(1): 78-92.

CHAUDHURI A, HOLBROOK M B. Product-class effects on brand commitment and brand outcomes: The role of brand trust and brand affect[J]. Journal of Brand Management, 2002, 10(1): 33-58.

⑥ DHOLAKIA U M. An Investigation of some determinants of brand commitment[J]. Advances in Consumer Research, 1997, 24(1): 381-387.

⑦ WARRINGTON P, SHIM S. An empirical investigation of the relationship between product involvement and brand commitment[J]. Psychology and Marketing, 2000, 17(9): 761-782.

行为的发生，能帮助消费者节约因寻求其他品牌产生的成本和投入。① 吴剑琳等(2012)认为品牌承诺是比品牌忠诚更稳定的消费者心理因素，能更“真实”地说明消费者的品牌忠诚行为。② Hess 和 Story(2005)将品牌承诺视为消费者与品牌间最终的关系安排，包括了消费者对品牌及其与品牌间关系的信任、态度和相关行为。③ 由于品牌依恋突出的是消费者与品牌间的情感联结，属于消费者对品牌的一种心理状态，因此品牌承诺能比品牌忠诚更有效的说明消费者-品牌依恋关系建立后的心理反应。

目前，关于消费者对其与绿色品牌间情感联结心理反应的研究主要集中在绿色品牌信任和绿色品牌满意两方面，对绿色品牌承诺的系统研究还较欠缺。Chen(2010)将绿色品牌形象、绿色品牌信任和绿色品牌满意视为绿色品牌价值形成的重要驱动要素，通过实证研究发现三者均对绿色品牌价值有显著正向影响，且绿色品牌信任和绿色品牌满意在绿色品牌形象对绿色品牌价值影响中有中介作用。其将绿色品牌信任定义为消费者基于其对绿色品牌善意环境绩效的认可和期待，所形成的一种信赖状态；并将绿色品牌满意定义为消费者通过判断绿色品牌满足其环保欲望、可持续性发展期待和绿色功能需求的效果，所形成的一种愉悦状态。④ Chen 和 Chang(2012)研究了绿色品牌感知价值、绿色品牌感知风险和绿色品牌信任对消费者绿色品牌购买意愿的影响，发现绿色品牌感知价值对绿色品牌信任和绿色品牌购买意愿有显著正向影响，绿色品牌信任在绿色品牌感知价值和绿色品牌感知风险对绿色品牌购买意愿的影响中有中介作用。⑤ Chen 和 Chang(2013)研究指出品牌漂绿对消费者绿色品牌信任有显著负向影响，绿色消费困惑和绿色品牌感知风险在品牌漂绿与绿色品牌信任间有中介作用。⑥ 由以上文献可以发现，绿色品牌信任和绿色品牌满意相关研究的关注点在于如何降低品牌漂绿和绿色品牌感知风险对消费者绿色品牌购买意愿的影响，以创造绿色品牌价值，属于消费者-绿色品牌关系建立的初级阶段。消费者-绿色品牌依恋关系强调关系的强度，是消费者与绿色品牌关系建立的最高阶段，更关注关系的持久性，因此绿色品牌信任和绿色品牌满意无法作为消费者-绿色品牌依恋关系研究的结果变量。本书将绿色品牌承诺作为消费者-绿色品牌依恋关系的后效变量。

---

① SUNG Y, CAMPBELL W K. Brand commitment in consumer-brand relationships: An investment model approach[J]. Journal of Brand Management, 2009, 17(2): 97-113.

② 吴剑琳，代祺，古继宝. 产品涉入度、消费者从众与品牌承诺：品牌敏感的中介作用——以轿车消费市场为例[J]. 管理评论，2011，23(9)：68-75.

③ HESS J, STORY J. Trust-based commitment: Multidimensional consumer-brand relationships[J]. Journal of Consumer Marketing, 2005, 22(6): 313-322.

④ CHEN Y S. The Drivers of green brand equity: Green brand image, green satisfaction, and green trust[J]. Journal of Business Ethics, 2010, 93(2): 307-319.

⑤ CHEN Y S, CHANG C H. Enhance green purchase intentions: The roles of green perceived value, green perceived risk, and green trust[J]. Management Decision, 2012, 50(3): 502-520.

⑥ CHEN Y S, CHANG C H. Greenwash and green trust: The mediation effects of green consumer confusion and green perceived risk[J]. Journal of Business Ethics, 2013, 114(3): 489-500.

(2)绿色品牌行为意向

消费者除了能由其与绿色品牌的依恋关系产生相应心理反应外，同样会产生一些相关的行为后果。Park 等(2006)指出消费者愿意为了所依恋的品牌付出个人形象资源和自由可支配资源，其中个人形象资源与他人对自我的评价相关，自由可支配资源则包括金钱和时间等。① 姜岩和董大海(2008)认为消费者不仅会愿意溢价重复购买所依恋的品牌，还会愿意为品牌代言并为品牌差错进行辩护和表示谅解。② 周健明和邓诗鉴(2015)提出消费者对于所依恋的品牌会表现出持续购买的意愿，并最终在重复购买基础上产生对该品牌的消费惯性。③ 熊元斌和吕丹(2015)指出品牌依恋消费者的行为具体包括对品牌负面信息和差错的容忍与谅解、溢价支付、对竞争品牌的抵制、积极的品牌口碑推荐等。④ 潘莉(2016)发现具有强烈品牌依恋的消费者会产生缺货暂缓购买、溢价购买、口碑传播和拒绝其他品牌等特定行为。⑤ 综合以上学者对品牌依恋消费者行为的研究成果，本书认为消费者在其与绿色品牌依恋关系基础上产生的行为意向可能包括重复购买、溢价支付、钱包份额、口碑推荐和差错宽恕等五个方面。

①重复购买。重复购买是消费者对特定品牌产品采取的持续性购买行为。通常，第一次购买行为是消费者对品牌产品的首次尝试，所获得的品牌信息和消费经验能为消费者以后的消费决策提供重要参考。随着购买次数的增加和消费经验的不断积累，消费者开始对该品牌产品形成偏好，且不再需要复杂的消费决策过程即可实现对该品牌产品的重复购买。周云和朱明侠(2015)指出重复购买并不意味着连续不断的持续购买，一段时期内对特定品牌产品的购买次数超过了其他同品类产品购买次数的总和就可称为重复购买。⑥ 重复购买通常被视为消费者品牌行为忠诚的一种表现形式。⑦ 如 Datta(2003)指出在消费者五次购买同类品牌产品过程中有三次选择同一品牌产品是消费者忠诚于该品牌的下限。⑧ 王兴元和孙国翠(2005)基于消费者对品牌的重复购买率建立了消费者品牌忠诚度的测量

---

① PARK C W, MACINNIS D J, PRIESTER J R. Beyond attitudes: Attachment and consumer behavior [J]. Seoul National Journal, 2006, 12(2): 3-36.

② 姜岩，董大海．品牌依恋的概念架构及其理论发展[J]．心理科学进展，2008，16(4)：606-617.

③ 周健明，邓诗鉴．品牌依恋对消费惯性与品牌忠诚的影响研究[J]．管理现代化，2015，35(6)：73-75.

④ 熊元斌，吕丹．品牌依恋的形成机制与营销效应：一个整合性分析框架[J]．华东经济管理，2015，29(10)：139-145.

⑤ 潘莉．依恋研究的多学科视角述评[J]．品牌研究，2016(4)：44-53.

⑥ 周云，朱明侠．品牌忠诚度的测算方法研究[J]．经济问题，2015 (10)：92-98.

⑦ CHUNG N H, LEE K C. The determinants of customer satisfaction and repurchase intention in the Bricks & Clicks bookstore: Trust transfer, switching costs, and personal attitude [J]. Korean Management Review, 2007, 36(1): 183-204.

⑧ DATTA P R. The determinants of brand loyalty[J]. Journal of American Academy of Business, 2003, 3 (1/2): 138.

模型。① 然而，重复购买并非全是品牌忠诚的直接行为结果，还可能与品牌转换成本过高或交通条件约束等因素有关。薛倚明和韩琳(2011)认为重复购买行为源于消费者内心无意识的心理强制作用，由情感角度能更全面地解释消费者对特定品牌产品重复购买意愿产生的机理。② 当消费者与绿色品牌间形成依恋关系时，消费者为了持续利用绿色品牌形象展现和塑造自我概念并维持与绿色品牌间的亲密情感联系，会通过重复购买该绿色品牌以保障这种关系的延续。

②溢价支付。溢价支付是品牌依恋消费者的重要行为表现，反映了消费者为所依恋品牌的货币付出。溢价在为企业创造超额利润的同时还体现了企业所拥有的品牌的较高价值。品牌溢价被视为品牌价值的一种增值，是由消费者创造并能被消费者感知的超出一般品牌功能价值的那部分价值。③ 陈玥等(2016)指出品牌溢价以消费者的感知和行为为基础，由消费者为所认可和喜爱的品牌溢价支付所创造。④ Netemeyer 等(2004)将溢价支付意愿定义为消费者愿意为同类型或同档次品牌中某一特定品牌支付更高价格。⑤ 朱丽叶和袁登华(2013)指出溢价支付意愿反映了消费者在产品功能属性相似的同类品牌中愿意为特定品牌承担更高价格的倾向。⑥ 绿色品牌产品应对环境问题的独特功能属性是消费者-绿色品牌依恋关系形成和绿色品牌价值创造的重要基础，具有环保诉求的消费者会乐意为了获得绿色品牌而支付额外的费用。即便绿色品牌产品溢价被认为是阻碍消费者绿色品牌消费行为的主要障碍，消费者也依然愿意为了维持与所依恋绿色品牌的持久关系而采取投入大量的金钱等拥护品牌的行为。

③钱包份额。在通过溢价支付拥护所依恋绿色品牌的同时，消费者还会对其他竞争品牌进行抵制，减少购买竞争品牌的货币投入。宗计川等(2014)对消费者环保电池和非环保电池的购买意愿进行了研究，发现消费者愿意为了环保电池支付更高的价格，环保电池质量的提升能强化消费者溢价支付意愿并降低消费者对非环保电池的消费支出。⑦ 钱包份额是消费者由某一企业购买产品或服务占其同类产品或服务消费总量的比例。⑧ 宋金柱和楼天阳(2013)指出钱包份额代表了消费者为特定品牌或企业的支出占相关总支出的比重，

① 王兴元，孙国翠．品牌忠诚度测度及策略导向模型[J]. 经济管理，2005(2)：57-63.

② 薛倚明，韩琳．常见牙膏品牌亲和力与重复购买意愿的实证研究[J]. 管理评论，2011，23(2)：93-98.

③ 宗淑英．论品牌溢价及品牌溢价能力的提升[J]. 现代经济信息，2008(1)：82-83.

④ 陈明，温韵雅，蔡志明．智能手机社会体验与品牌溢价：品牌依恋的中介作用[J]. 华南理工大学学报（自然科学版），2016，18(3)：37-44.

⑤ NETEMEYER R G，KRISHNAN B，PULLIG C，et al. Developing and validating measures of facets of customer-based brand equity[J]. Journal of Business Research，2004，57(2)：209-224.

⑥ 朱丽叶，袁登华．品牌象征价值如何影响消费者溢价支付意愿——性别和产品可见性的调节作用[J]. 当代财经，2013 (6)：66-76.

⑦ 宗计川，吕源，唐方方．环境态度、支付意愿与产品环境溢价——实验室研究证据[J]. 南开管理评论，2014，17(2)：153-160.

⑧ JONES T O，SASSER W E. Why satisfied customers defect[J]. Harvard Business Review，1995，73 (6)：88-99.

通过消费者的钱包份额可以了解消费者在本品牌与竞争品牌间的消费支出分配情况。① 石海娇等(2015)认为钱包份额的增加体现了消费者未来消费某一品牌的意愿和倾向，是消费者愿意持续发展品牌关系的行为信号。他们还指出消费者对品牌的情感依赖和心理归属能让消费者与品牌间基于精神利益的关系具有较强的排他性和竞争性，使得消费者更愿意为偏爱的品牌增加钱包份额。② 绿色品牌的外在竞争压力主要来自同品类非绿色品牌，在非绿色品牌与绿色品牌能为消费者创造相同经济利益的情况下，消费者对绿色品牌的重复购买和溢价支付可能并不意味着钱包份额的同步增加。对绿色品牌的情感依恋可以让消费者更愿意通过增加钱包份额发展与绿色品牌的持久关系，由绿色品牌获取独特的精神利益。

④口碑推荐。口碑推荐指消费者积极将自己对品牌的正面看法传播给他人的行为。Zeithaml(1996)提出口碑推荐作为消费者有意识的主动行为，其目的在于通过主动介绍、传播和推荐特定品牌正面信息，促进他人品牌偏好的形成。③ 李东进等(2005)认为口碑推荐的优势主要包括：对周边人的信任能让人们在比较友好的氛围下进行口碑交流；口碑交流的双向性让所交流内容能更容易被理解和接受；口碑推荐人具备的相关消费经验让其能生动且有说服力地与口碑推荐对象进行交流；品牌知识的缺乏让口碑推荐对象更愿意接受推荐人的意见等。④ 通常，口碑推荐被认为是消费者良好品牌消费体验的行为结果。⑤ 有学者注意到正面情感在促进消费者口碑推荐中的作用。张德鹏等(2015)研究了消费者心理感知因素对口碑推荐形成的影响，发现消费者对产品的心理所有权与口碑推荐意愿有显著正相关关系。⑥ 何美贤和罗建河(2016)指出与品牌形成依恋关系的消费者会在心理上获得安慰和寄托，热衷于通过口碑传播和产品推荐等行为支持所依恋的品牌。⑦ 消费者对绿色品牌的依恋越深，其将绿色品牌资源纳入自我概念范畴的意愿越强。通过口碑推荐不仅可以积极向他人展现消费者所依恋绿色品牌的形象，提升社会公众对环保型自我概念的认同，还能强化该绿色品牌的声誉和影响力，让消费者-绿色品牌依恋关系更牢固。

⑤差错宽恕。宽恕是一个社会心理学的概念，是指个体在受到冒犯或不公正的伤害后

---

① 宋金柱，楼天阳．西方钱包份额研究述评[J]．外国经济与管理，2013，35(12)：41-49.

② 石海娇，马宝龙，文思思．忠诚计划利益类型对顾客忠诚及顾客关系行为的影响研究——以航空业常旅客计划为实证对象[J]．营销科学学报，2015 (3)：104-119.

③ ZEITHAML V A. The behavioral consequences of service quality[J]. Journal of Marketing, 1996, 60(2)：31-46.

④ 李东进，金玉华，秦勇．WOM 信息依赖性及其影响因素的实证研究[J]．管理学报，2005，2(1)：90-97.

⑤ 杨强，武一波，张宇．服务补救对消费者正面口碑传播意愿的影响：品牌依恋的调节作用分析[J]．预测，2015，34(4)：21-26.

⑥ 张德鹏，林萌菲，陈晓雁，等．顾客参与创新对口碑推荐意愿的影响研究：心理所有权的中介作用[J]．管理评论，2015，27(12)：131-140.

⑦ 何美贤，罗建河．企业声誉对消费者情感依恋和顾客公民行为的影响机制——基于顾客—企业认同视角[J]．中国流通经济，2016，30(4)：108-114.

不仅不愿意对冒犯者行使愤恨、负面评价和冷漠行为等反击的权利，反而还会对冒犯者展现出同情、大方和爱等行为。① Tsarenko 和 Gabbott(2006)首先由宽恕的角度对商业关系进行了研究，认为消费者会通过自身情绪的调节实现对服务提供者犯错行为的忍耐、理解和原谅，并在释放和转移负面情绪的同时重新与服务提供者建立起密切关系。② 卫海英和魏巍(2011)对消费者危机后的品牌宽恕进行了定义，指出品牌宽恕是消费者在被品牌相关危机事件冒犯或激怒后有意识的放弃对品牌抵制和报复等恶意行为响应，而对品牌施以理解和原谅的行为倾向。③ 孙乃娟(2012)认为在产品危机和服务失误等差错无法完全避免的情况下，宽恕不仅能留住消费者，还能重构消费者的消费意愿，对企业的长期绩效有重要影响。④ 任金中(2013)指出情感因素是导致消费者宽恕的重要决定变量，移情可以帮助消费者通过"换位思考"体会到企业对产品危机的愧疚和焦虑，利于消费者对产品谅解和同情等宽恕行为的形成。⑤ 由于绿色品牌并不成熟，相关绿色创新技术及产品标准还处于探索阶段，发展过程中难免会出现一些如漂绿、产品质量差、环保性能不稳定等问题。对所依恋绿色品牌的热烈情感让消费者能敏锐察觉到这些绿色品牌成长背后的"无奈"与"尴尬"，体会到这些差错可能给绿色品牌带来的困扰和非议，最终在移除负面情绪的基础上愿意对绿色品牌施以更多的理解、宽容和时间，支持绿色品牌的长足发展。

(3)认知风格

虽然消费者-绿色品牌依恋关系可能会导致消费者产生绿色品牌承诺等心理反应和重复购买、溢价支付、钱包份额、口碑推荐及差错宽恕等行为意向，但这些心理和行为意向的效果却还会受到个体内部特质差异的影响。认知风格又被称为认知方式或认知模式，是个体在认识、感知、分析和记忆信息或经验过程中经常表现出的差异化习惯倾向。Riding (1997)认为个体认知风格并不是一个随着时间和情境变化而变化的内容变量，而是一个能在跨时间和跨空间过程中保持一致性和独特性的过程变量。⑥ 沃建中等(2004)指出认知风格虽不能直接体现个体能力大小，但却能对个体的兴趣、偏好和选择进行有效预测，与个体的行为结果密切相关。⑦ 王财玉(2013)从特质论角度提出，每个消费者都拥有属于自己独特且稳定的认知风格，让其能在消费过程中表现出特有的行为方式，并最终影响到消

① ENRIGHT R D, FREEDMAN S, RIQUE J. The psychology of interpersonal forgiveness[M]//Enright R D, North J. Exploring Forgiveness. Madison. WI: University of Wisconsin Press, 1998: 46-62.

② TSARENKO Y, GABBOTT M. Forgiveness: A new insight into business relationships [C]//AMA Educations' Proceedings: Enhancing Knowledge Development in Marketing, Chicago: American Marketing Association, 2006: 30-36.

③ 卫海英，魏巍．消费者宽恕意愿对产品伤害危机的影响[J]．经济管理，2011，33(8)：101-108.

④ 孙乃娟．国外消费者宽恕研究综述及趋势展望[J]．中国流通经济，2012，26(4)：86-90.

⑤ 任金中．产品伤害危机模糊情境下关键前提变量对消费者行为意向影响机制研究[D]．武汉：华中科技大学，2013.

⑥ RIDING R J. On the nature of cognitive style[J]. Educational Psychology, 1997, 17(1-2): 29-49.

⑦ 沃建中，闻莉，周少贤．认知风格理论研究的进展[J]．心理与行为研究，2004，2(4)：597-602.

费决策的产生和消费行为的效果。[①] 可见，认知风格作为消费者独特且稳定的内在属性，不仅能有效反映和预测不同特质消费者在其与绿色品牌依恋关系作用下产生的心理和行为反应是否存在差异，还能说明和解释那些可能差异的形成机理。

认知风格的类型十分繁多，包括场依存-场独立型、冲动-思虑型、聚合-发散型、创新-保守型、推理-自觉型、抽象-具体型等五十多种。[②] 目前在消费者行为学的相关研究中应用最广的为场依存-场独立型认知风格。Witkin 等(1979)提出“场”是个体认知时所面临的外部环境，场依存个体依赖所处环境的刺激来认知和判断事物；场独立个体则依赖于自我内部线索独立对事物进行认知和判断，且不易受到外部环境影响。[③] 张剑渝和杜青龙(2009)指出通过场依存-场独立型认知风格可以探究参照群体对消费者感知风险或品牌态度的影响，有助于发现消费者借由参照群体完成品牌选择时出现锚定偏差、注意力异常等认知偏差问题的原因。[④] 由于参照群体等绿色品牌消费外部情境因素是消费者-绿色品牌依恋关系建立的重要前因变量，且消费者在与绿色品牌形成依恋关系过程中就已将这些外部情境因素作为认知和评价绿色品牌的重要线索，因此继续利用场依存-场独立认知风格探寻和解释消费者-绿色品牌依恋关系作用下的个体差异化心理和行为反应已不合适。盛光华和高键(2016)研究发现消费者固有创新性是消费者生活方式绿色化转型的重要支点，对消费者绿色消费意向的形成有正向影响。[⑤] Midgley 和 Dowling(1978)认为消费者创新性是个体在不与他人沟通和分享经验的背景下进行独立创新性决策的程度，将消费者创新性划分为实际创新性和固有创新性两种。[⑥] 其中，实际创新性是个体比社会中其他人更早采用新产品的状态；固有创新性是个体天生的心理特质，反映了个体内在的创新倾向和认知风格。[⑦] 固有创新性作为消费者求新、求变和求绿的重要内在特质，能有效体现和预测消费者在与绿色品牌依恋关系作用下可能出现的心理反应和行为反应，可以作为消费者绿色品牌认知风格变量选择的依据。

在不同类型的认知风格中与消费者固有创新性关系最密切的是适应-创新型认知风格。

---

① 王财玉．消费决策的特质论、情境论及应用[J]．广东工业大学学报(社会科学版)，2013，13(3)：74-79.

② 杨治良，郭力平．认知风格的研究进展[J]．心理科学，2001，24(3)：326-329.

③ WITKIN H A，GOODENOUGH D R，OLTMAN P K．Psychological differentiation：Current status[J]．Journal of Personality and Social Psychology，1979，37(7)：1127-1145.

④ 张剑渝，杜青龙．参考群体，认知风格与消费者购买决策——一个行为经济学视角的综述[J]．经济学动态，2009 (11)：83-86.

⑤ 盛光华，高键．生活方式绿色化的转化机理研究——以绿色消费为视角[J]．西安交通大学学报(社会科学版)，2016，36(4)：8-16.

⑥ MIDGLEY D F，DOWLING G R．Innovativeness：The concept and its measurement[J]．Journal of Consumer Research，1978，4(4)：229-242.

⑦ BARTELS J，REINDERS M J．Consumer innovativeness and its correlates：A propositional inventory for future research[J]．Journal of Business Research，2011，64(6)：601-609.

张喆，胡冰雁．感知风险对创新产品信息搜寻的影响——消费者创新性的调节作用[J]．管理评论，2014，26(8)：145-157.

Kirton(1976)指出具备适应型认知风格的个体倾向于对已有经验范式的充实和延伸；具备创新型认知风格的个体则倾向于对已有认知和行为范式的突破，喜欢接受新的事物和挑战。① Foxall(1993)发现适应型认知风格的消费者在消费过程中不能忍受改变、革新和突破，固执和教条的特质使得他们拒绝尝试和采用具有创新性的产品或品牌，而对于新产品或品牌消费经验的缺失则会进一步削弱他们探索和发现的勇气及胆量；创新型认知风格的消费者乐意承担因尝试新产品或品牌可能导致的消费风险，求新和求变的特质使得他们善于通过抽象的思维方式理解和解决消费过程出现的问题并形成对新产品或品牌一致性的评价，但他们对新产品或品牌的黏性和忠诚度并不高。② 在现实生活中，绿色品牌产品通常以新产品的方式展现给消费者，消费者对于绿色品牌产品所具备的先进技术、环保功能及新颖外观等产品特征是否敏感，已成为激活消费者绿色品牌消费行为的关键。③ 可见，相较于其他类型的认知风格，适应-创新型认知风格更适合于解释消费者-绿色品牌依恋关系影响下消费者对绿色品牌的心理反应和行为反应。

4.2.2 消费者-绿色品牌依恋关系后效研究的作用模型构建

由消费者-绿色品牌依恋关系后效变量的选取依据可知，消费者-绿色品牌依恋关系与消费者绿色品牌承诺及重复购买、溢价支付、钱包份额、口碑推荐和差错宽恕等相关行为意向间的关系已得到了学者们的普遍认同，但三者间可能存在的作用机理目前还不够明确。为了对消费者-绿色品牌依恋关系的后效进行整合研究，有必要在借鉴品牌依恋、品牌价值等相关理论基础上结合已选消费者-绿色品牌依恋关系后效变量，建立消费者-绿色品牌依恋关系后效的综合作用模型。本书所构建的消费者-绿色品牌依恋关系后效研究作用模型如图 4-2 所示。

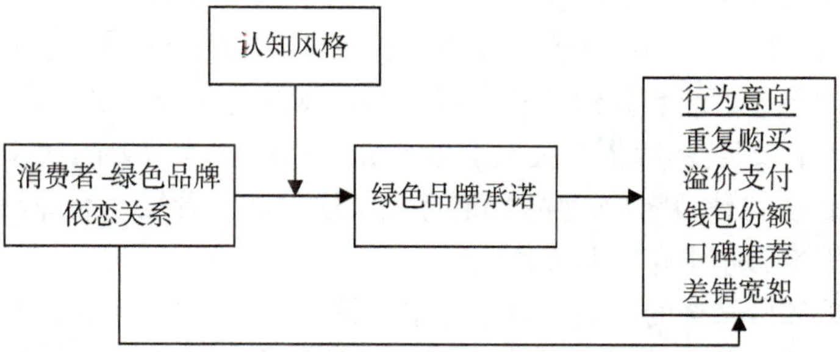

图 4-2 消费者-绿色品牌依恋关系后效研究的概念模型

① KIRTON M. Adaptors and innovators: A description and measure[J]. Journal of Applied Psychology, 1976, 61(5): 622-629.

② FOXALL G R. The influence of cognitive style on consumers' variety seeking among food innovations [J]. British Food Journal, 1993, 95(9): 32-36.

③ 盛光华，高键．生活方式绿色化的转化机理研究——以绿色消费为视角[J]. 西安交通大学学报(社会科学版), 2016, 36(4): 8-16.

模型构建的主要依据为价值-信念-规范理论。张晓杰等(2016)指出价值-信念-规范理论是规范激活理论的最新发展，是目前研究公众各式环保行为最好的理论模型。① 由消费者-绿色品牌依恋前因分析可知，消费者的生态价值和利他价值取向与绿色品牌环保价值的契合是消费者-绿色品牌依恋关系建立的重要基础。消费者-绿色品牌依恋关系在一定程度上体现了消费者所具备的环境价值观，可作为影响和促进绿色品牌消费行为形成的重要变量。绿色品牌承诺反映了消费者对绿色品牌情感和心理上的依赖，以及期望与绿色品牌保持持久关系的意愿。这种依赖和意愿说明消费者已对绿色品牌应对环境问题的能力有了充分的认知和判断，并相信通过自身的持续绿色品牌消费行为能减少污染和体现社会责任。绿色品牌承诺可以有效代表消费者通过绿色品牌消费降低消费行为不利后果的结果意识和减少环境威胁的责任归属，亦可作为影响消费者绿色品牌消费行为形成的重要变量。按照价值-信念-规范理论的研究范式，消费者-绿色品牌依恋关系能激发消费者绿色品牌承诺，使得消费者能产生积极的绿色品牌消费意愿，并最终形成绿色品牌消费行为。在消费者-绿色品牌依恋关系后效研究中，本书认为消费者-绿色品牌依恋关系在直接作用于消费者绿色品牌行为意向的同时，还会通过绿色品牌承诺的中介作用间接影响消费者对绿色品牌的行为反应，即行为意向的产生。

虽然本书已由自我构念角度提出了不同自我一致性对消费者-绿色品牌依恋关系影响的假设，然而施卓敏和郑婉怡(2014)认为自我构念仅是对“我是谁”问题的界定，是关于自我与他人联系或区别感知的概念集合，无法直接解释个体差异性可能导致的不同认知路径和行为路径。② Blackwell 等(2006)在对消费者决策行为过程进行归纳后指出，消费者个体差异如生活方式、个性等会对消费者购买决策的形成产生重要影响。③ 可见，在研究消费者-绿色品牌依恋关系对行为意向的作用机理时，还应考虑消费者个体差异可能导致的消费者绿色品牌行为意向不同。由前文可知，认知风格作为消费者重要的内部特质，会影响到消费者对绿色品牌的认知和评价，即消费者在与绿色品牌互动时注意并试图接受绿色品牌创新性方式的差异可能会导致消费者绿色品牌购买行为意向的不同。适应-创新型认知风格被引入消费者-绿色品牌依恋关系后效研究，以探究消费者的适应型认知风格和创新型认知风格是否会在消费者-绿色品牌依恋关系通过消费者绿色品牌承诺对消费者绿色品牌行为意向的间接影响中存在调节作用。

基于研究依据和所筛选的研究变量，本书在消费者-绿色品牌依恋关系后效研究部分的主要内容包括：消费者-绿色品牌依恋关系对绿色品牌承诺的直接影响；消费者-绿色品牌依恋关系对重复购买、溢价支付、钱包份额、口碑推荐和差错宽恕等消费者绿色品牌行

---

① 张晓杰，靳慧蓉，娄成武．规范激活理论：公众环保行为的有效预测模型[J]．东北大学学报(社会科学版)，2016，18(6)：610-615.

② 施卓敏，郑婉怡．探秘不同认知风格的个体关注广告的差异——广告位置和认知风格对广告效果影响的眼动研究[J]．营销科学学报，2014，10(3)：128-145.

③ BLACKWELL R D，MINIARD P W，ENGEL J F．Consumer behavior[M]．New York：Thomason Corporation，2006：55-76.

为意向的直接影响；绿色品牌承诺在消费者-绿色品牌依恋关系对重复购买、溢价支付、钱包份额、口碑推荐和差错宽恕等消费者绿色品牌行为意向影响中的中介作用；认知风格在消费者-绿色品牌依恋关系经过绿色品牌承诺影响重复购买、溢价支付、钱包份额、口碑推荐和差错宽恕等消费者绿色品牌行为意向的中介关系中的调节作用。

4.2.3 研究假设的提出

(1)消费者-绿色品牌依恋关系与绿色品牌承诺

学者们已普遍认同品牌依恋在促进消费者品牌承诺中的作用。Park 等(2007)指出品牌依恋是品牌价值的重要驱动力，而品牌承诺在两者关系中发挥中介作用，当消费者对品牌的依恋程度增加时，其对所依恋品牌的承诺水平会随之提升，品牌价值也会得到增强。① 姜岩和董大海(2008)对品牌依恋与品牌承诺的关系进行了辨析，指出品牌承诺是品牌依恋发展的关键结果，强烈的品牌依恋能预知消费者愿意和品牌保持长期关系的承诺。② Louis 和 Lombart(2010)系统研究了品牌个性同消费者品牌依恋、承诺与信任间的相关性，分析发现品牌依恋同品牌承诺两者间存在正相关关系，且品牌个性通过品牌依恋对品牌承诺有间接影响。③ Dennis 等(2016)探究了高等教育品牌依恋对学生品牌承诺、满意和信任的影响，通过实证研究发现在校生品牌依恋对品牌承诺的促进作用明显高于新近毕业生。④ 当消费者对品牌产生依恋情感后，会更愿意以长远的眼光发展与该品牌的联系，且最终形成对该品牌的承诺。

尽管品牌依恋对品牌承诺的影响作用已被学者们证实，但在绿色品牌研究领域仅 Hussain 和 Waheed(2016)分析了绿色品牌形象对消费者绿色品牌依恋和承诺的影响，发现消费者绿色品牌信任在绿色品牌形象对绿色品牌依恋和承诺的作用中发挥部分中介效应。⑤ 目前关于绿色品牌依恋与绿色品牌承诺间直接关系的研究还较欠缺，仅能找到相关间接证据。胡保玲(2014)分析了零售企业社会责任与消费者商店情感依恋及商店忠诚间的关系，指出商店承诺是消费者商店忠诚的核心，消费者基于感知零售企业社会责任所塑

---

① PARK C W, MACINNIS D J, PRIESTER J R. Brand attachment and management of a strategic brand exemplar[M]//SCHMITT B, ROGERS D. Handbook of Brand and Experience Management. MA: Elgar Publishing, 2007: 1-36.

② 姜岩，董大海．品牌依恋的概念架构及其理论发展[J]．心理科学进展，2008，16(4)：606-617.

③ LOUIS D, LOMBART C. Impact of brand personality on three major relational consequences (trust, attachment, and commitment to the brand)[J]. Journal of Product & Brand Management, 2010, 19(2): 114-130.

④ DENNIS C, PAPAGIANNIDIS S, ALAMANOS E, et al. The role of brand attachment strength in higher education[J]. Journal of Business Research, 2016, 69(8): 3049-3057.

⑤ HUSSAIN K, WAHEED A. Building green brand relations: The role of green brand image as significant driver[J]. International Journal of Environment, Workplace and Employment, 2016, 4(2): 116-138.

造的情感依恋会通过商店承诺等消费者与商店间的关系结果变量对商店忠诚产生影响。① Jang 等(2015)研究了消费者情感依恋对绿色店铺忠诚的影响，并将绿色店铺忠诚定义为消费者对持续光顾绿色店铺的承诺，通过实证研究发现消费者绿色店铺依恋对店铺忠诚有显著正向影响。② 可见，当消费者和绿色品牌间形成依恋关系后，消费者开始更倾向于同绿色品牌建立可持续性的互动关系，并表现出更高层次的绿色品牌承诺。基于以上分析，提出如下假设：

H9：消费者-绿色品牌依恋关系对绿色品牌承诺有显著正向影响。

(2)消费者-绿色品牌依恋关系与消费者绿色品牌行为意向

品牌依恋除了能促进高层次品牌承诺的形成，还能预测消费者对品牌的投入和付出，即对所依恋品牌可能表现出的相关行为意向。李启庚等(2011)研究了消费者品牌依恋同品牌体验及品牌重购意向的相关性，通过深入分析发现品牌依恋对品牌体验和品牌重购意向有显著的正向影响作用，且品牌体验在品牌依恋对品牌重购的影响中具有部分中介作用。③ Kaufmann 等(2016)分析了奢侈品牌依恋者在仿冒奢侈品牌产品购买意向和正品奢侈品牌产品购买意愿上的差异，指出品牌依恋对消费者正品奢侈品牌产品购买意愿有显著正向影响，而消费者购买仿冒奢侈品牌产品的意愿则与品牌依恋水平间呈现负相关关系。④ Japutra 等(2014)认为品牌依恋除了会导致积极的消费者行为外还可能会引起消费者消极的行为反应，如对抗品牌忠诚和反品牌行动等，研究发现消费者社会认同和竞争感是导致消费者在品牌依恋下形成对抗品牌忠诚的原因，而关系恶化则会促使消费者在品牌依恋下采取反品牌行动。⑤ 虽然品牌依恋积极和消极行为反应的相关文献存在研究角度的差异，但这些研究都是为了促进消费者与品牌间关系的稳定和持久发展，提升品牌价值和竞争优势，最终实现消费者与品牌的双赢。

尽管目前缺少消费者-绿色品牌依恋关系与不同行为意向间关系的整合研究，但已有学者分别探究了品牌依恋与重复购买、溢价支付、钱包份额、口碑推荐和差错宽恕等消费者行为意向的关系。蒋廉雄等(2015)研究指出由于高品牌依恋消费者会重复购买特定品

---

① 胡保玲．零售企业社会责任、情感依恋与商店忠诚的关系研究[J]．山东财政学院学报，2014(5)：103-110.

② JANG Y J, KIM W G, LEE H Y. Coffee shop consumers' emotional attachment and loyalty to green stores: The moderating role of green consciousness[J]. International Journal of Hospitality Management, 2015, 44: 146-156.

③ 李启庚，薛可，杨芳平．消费者关系依恋对品牌体验和重购意向的影响研究[J]．经济与管理研究，2011(9)：96-104.

④ KAUFMANN H R, PETROVICI D A, GONÇALVES FILHO C, et al. Identifying moderators of brand attachment for driving customer purchase intention of original vs counterfeits of luxury brands[J]. Journal of Business Research, 2016, 69(12): 5735-5747.

⑤ JAPUTRA A, EKINCI Y, SIMKIN L, et al. The dark side of brand attachment: A conceptual framework of brand attachment's detrimental outcomes[J]. The Marketing Review, 2014, 14(3): 245-264.

牌，并抵御其他品牌的宣传和诱惑，因此他们对品牌内的新产品同样会表现出更高的购买倾向。① 陈明等(2016)从社会体验视角研究了消费者智能手机品牌依恋和品牌溢价支付的关系，发现消费者依恋强度越高，越容易产生品牌溢价支付意愿。② Ng 等(2013)将态度忠诚定义为消费者对特定对象的心理依恋，研究发现消费者态度忠诚对钱包份额有显著的正向影响。③ 杨强等(2015)分析了服务失误背景下品牌依恋与消费者口碑推荐间的关系，通过实证研究发现虽然服务失误可能造成消费者不满，但品牌依恋还是对消费者口碑推荐有显著的促进作用。④ Fedorikhin 等(2008)从情感依恋角度分析了消费者对品牌延伸的反应，指出情感依恋能增强消费者对品牌延伸中所出现品牌差错和危机的宽恕意愿。⑤ 消费者-绿色品牌依恋关系同样能提升行为意向形成的几率，促进重复购买、溢价支付、钱包份额、口碑推荐和差错宽恕等具体行为的生成。基于以上分析，提出如下假设：

H10：消费者-绿色品牌依恋关系对行为意向有显著正向影响。

H10a：消费者-绿色品牌依恋关系对重复购买有显著正向影响；

H10b：消费者-绿色品牌依恋关系对溢价支付有显著正向影响；

H10c：消费者-绿色品牌依恋关系对钱包份额有显著正向影响；

H10d：消费者-绿色品牌依恋关系对口碑推荐有显著正向影响；

H10e：消费者-绿色品牌依恋关系对差错宽恕有显著正向影响。

(3)绿色品牌承诺的中介作用

按照价值-信念-规范理论的观点，绿色品牌承诺可被作为消费者-绿色品牌依恋关系对行为意向影响的中介变量。消费者-绿色品牌依恋关系会通过绿色品牌承诺对行为意向产生影响。品牌承诺在促进消费者行为意向中的作用已得到了学者们的广泛认同。Kim 等(2008)研究了消费者网络社区品牌承诺与行为意向间的关系，通过实证分析发现除合作生产及顾客参与等行为意向外，品牌承诺与消费者重复购买意向、交叉购买和口碑传播等行为意向间的关系并不显著。⑥ 包国宪等(2015)分析了企业营销道德、品牌关系质量与顾

---

① 蒋廉雄，冯睿，滕海波，等．不同品牌化情境下的新产品采用：消费者创新性和品牌依恋的影响[J]．南开管理评论，2015，18(6)：71-80.

② FISKE S T. Controlling other people: The impact of power on stereotyping[J]. American Psychologist, 1993, 48(6): 621-628.

③ NG S, DAVID M E, DAGGER T S. Antecedents and consequences of customer-service provider relationship strength[J]. International Journal of Business Environment, 2013, 5(3): 232-251.

④ 杨强，武一波，张宇．服务补救对消费者正面口碑传播意愿的影响：品牌依恋的调节作用分析[J]．预测，2015，34(4)：21-26.

⑤ FEDORIKHIN A, PARK C W, THOMSON M. Beyond fit and attitude: The effect of emotional attachment on consumer responses to brand extensions[J]. Journal of Consumer Psychology, 2008, 18(4): 281-291.

⑥ KIM J W, CHOI J, QUALLS W, et al. It takes a marketplace community to raise brand commitment: The role of online communities[J]. Journal of Marketing Management, 2008, 24(3-4): 409-431.

客行为意向三者间的关系，发现品牌关系质量中的品牌承诺维度对顾客行为意向有显著的正向影响作用，且在企业营销道德与顾客行为意向关系间具有部分中介作用。① 对于绿色品牌而言，消费者在对绿色品牌产生承诺后，同样也会表现出积极的行为意向。结合前文关于消费者-绿色品牌依恋关系对绿色品牌承诺影响作用的假设可以发现，消费者-绿色品牌依恋关系、绿色品牌承诺与行为意向三者间存在着一定关联，消费者-绿色品牌依恋关系会经由绿色品牌承诺去影响消费者行为意向。

已有研究分析了品牌承诺在品牌依恋和品牌行为意向的关系中存在的中介作用。吕庆华等(2014)研究了消费者运动鞋品牌承诺在品牌依恋与运动鞋品牌忠诚关系中的中介作用，实证分析发现消费者品牌依恋能经由运动鞋品牌承诺的完全中介作用间接促进消费者行为忠诚的形成。② 范志国和郭靖丽(2015)探究了品牌承诺在品牌依恋对年轻顾客群体行为意向影响中的中介效应，分析发现品牌承诺在品牌依恋与年轻顾客群体行为意向的关系中具有中介作用，指出品牌依恋是年轻顾客群体品牌承诺的重要驱动要素，且品牌承诺对年轻顾客群体行为决策有积极推动作用。③ 消费者和绿色品牌间形成的依恋关系可以提升消费者推崇该绿色品牌和与其缔结更高层次关系的意愿，促使消费者向其作出承诺，继而有更强的意向重复购买绿色品牌产品、承担绿色品牌溢价、提升对绿色品牌的钱包份额，并将绿色品牌推荐给亲朋好友，甚至容忍和原谅绿色品牌的某些事故与失误。可见，消费者-绿色品牌依恋关系能通过绿色品牌承诺对行为意向产生间接影响作用，即消费者通过与绿色品牌建立的依恋关系，能强化其对绿色品牌作出的承诺，进而对绿色品牌表现出积极的相关行为意向。基于以上分析，提出如下假设：

H11：绿色品牌承诺在消费者-绿色品牌依恋关系与行为意向间有显著的中介作用。

H11a：绿色品牌承诺在消费者-绿色品牌依恋关系与重复购买间有显著的中介作用；

H11b：绿色品牌承诺在消费者-绿色品牌依恋关系与溢价支付间有显著的中介作用；

H11c：绿色品牌承诺在消费者-绿色品牌依恋关系与钱包份额间有显著的中介作用；

H11d：绿色品牌承诺在消费者-绿色品牌依恋关系与口碑推荐间有显著的中介作用；

H11e：绿色品牌承诺在消费者-绿色品牌依恋关系与差错宽恕间有显著的中介作用。

(4)认知风格的调节中介作用

认知风格会在消费者-绿色品牌依恋关系经绿色品牌承诺对行为意向影响的中介效应中发挥调节作用。对于不同认知风格的消费者而言，消费者-绿色品牌依恋关系可能导致的消费者行为意向及相关作用路径会存在一定差异。虽然消费者-绿色品牌依恋关系通常

---

① 包国宪，雷亮，刘康佳．企业营销道德对顾客行为意向的影响：品牌关系质量的中介作用[J]．西北大学学报(哲学社会科学版)，2015，45(3)：50-58.

② 吕庆华，郑淑蓉，刘伟，等．品牌依恋对运动鞋品牌忠诚的影响机理：运动鞋品牌承诺的中介作用[J]．上海体育学院学报，2014，38(5)：32-39.

③ 范志国，郭靖丽．品牌依恋对我国年轻顾客群体行为意向影响的实证研究——基于品牌承诺中介效应的分析[J]．经济经纬，2015，32(6)：108-113.

映射着高绿色品牌承诺，但因为消费者在绿色品牌消费与体验过程中的关切点和具体需求存在明显差异，导致了消费者对其与绿色品牌依恋关系的敏感性和认知方式不同，进而影响了消费者绿色品牌承诺的效果。创新型认知风格消费者倾向于参加具备革新性的品牌消费体验，期望通过品牌的创新性塑造和提升自我，并在与创新性品牌互动中形成更高层次的品牌承诺；适应型认知风格消费者则倾向于利用现有框架展现自我，对已选择的品牌展现出较高的一致性和连续性，基本不考虑品牌消费的创新性和灵活性。Bhate 和 Lawler (1997)由消费者的个体特征和人口统计变量等方面探究了可能对环境友好型产品消费行为产生影响的内在要素，通过实证分析发现创新型认知风格消费者具备更高的环境友好型产品购买意愿，且他们愿意为了获得环境友好产品承担更大份额的支出。①

绿色品牌低碳环保创新的功能价值和引领绿色消费时尚潮流的象征价值对消费者-绿色品牌依恋关系有促进作用，但这种依恋关系并不一定会完全转换为绿色品牌承诺和行为意向。Ozaki(2011)对创新性与消费者绿色电力购买行为的关系进行了研究，发现消费者绿色电力购买意愿不足的原因在于绿色产品创新性还无法满足不同消费者的内在消费需求和期望。② 不同认知风格的消费者都可能与绿色品牌建立起强烈的情感联系，但他们对绿色品牌兴趣点和认知度的差异则会直接影响接下来的心理与行为反应。创新型认知风格消费者关注消费者-绿色品牌依恋关系背后所影射的绿色品牌创新价值和线索，希望通过绿色品牌的新颖性、时尚性和新潮性展现和提升自我，并自愿通过绿色品牌承诺与绿色品牌建立起长久持续的品牌关系，最终在绿色品牌承诺基础上产生积极的行为意向；适应型认知风格消费者则对消费者-绿色品牌依恋关系所隐含的绿色品牌创新性信息并不感兴趣，他们更偏好于对已有品牌购买流程和模式的维持，保守固执的人格特质甚至会导致其对绿色品牌产生反感和抵触的情绪，不仅不利于绿色品牌承诺的建立，甚至还会有消极影响，而低绿色品牌承诺会进一步削弱绿色品牌行为意向。基于以上分析，提出如下假设：

H12：创新型认知风格在消费者-绿色品牌依恋关系通过绿色品牌承诺影响行为意向的中介关系中有调节作用。

H12a：创新型认知风格在消费者-绿色品牌依恋关系通过绿色品牌承诺影响重复购买的中介关系中有正向调节作用；

H12b：创新型认知风格在消费者-绿色品牌依恋关系通过绿色品牌承诺影响溢价支付的中介关系中有正向调节作用；

H12c：创新型认知风格在消费者-绿色品牌依恋关系通过绿色品牌承诺影响钱包份额的中介关系中有正向调节作用；

H12d：创新型认知风格在消费者-绿色品牌依恋关系通过绿色品牌承诺影响口碑推荐

① BHATE S, LAWLER K. Environmentally friendly products: Factors that influence their adoption[J]. Technovation, 1997, 17(8): 457-465.

② OZAKI R. Adopting sustainable innovation: What makes consumers sign up to green electricity? [J]. Business Strategy and the Environment, 2011, 20(1): 1-17.

的中介关系中有正向调节作用；

H12e：创新型认知风格在消费者-绿色品牌依恋关系通过绿色品牌承诺影响差错宽恕的中介关系中有正向调节作用。

H13：适应型认知风格在消费者-绿色品牌依恋关系通过绿色品牌承诺影响行为意向的中介关系中有调节作用。

H13a：适应型认知风格在消费者-绿色品牌依恋关系通过绿色品牌承诺影响重复购买的中介关系中有负向调节作用；

H13b：适应型认知风格在消费者-绿色品牌依恋关系通过绿色品牌承诺影响溢价支付的中介关系中有负向调节作用；

H13c：适应型认知风格在消费者-绿色品牌依恋关系通过绿色品牌承诺影响钱包份额的中介关系中有负向调节作用；

H13d：适应型认知风格在消费者-绿色品牌依恋关系通过绿色品牌承诺影响口碑推荐的中介关系中有负向调节作用；

H13e：适应型认知风格在消费者-绿色品牌依恋关系通过绿色品牌承诺影响差错宽恕的中介关系中有负向调节作用。

4.3　整合概念模型与研究假设汇总

基于对消费者-绿色品牌依恋关系相关文献及理论的回顾，笔者筛选并提取出了消费者-绿色品牌依恋关系前因和后效研究的主要变量，结合已有学者的研究成果及本书研究的相关理论依据，梳理和分析了消费者-绿色品牌依恋关系前因和后效的作用路径，提出了本书研究的假设。根据上述内容，构建了本书的整合概念模型，如图 4-3 所示。

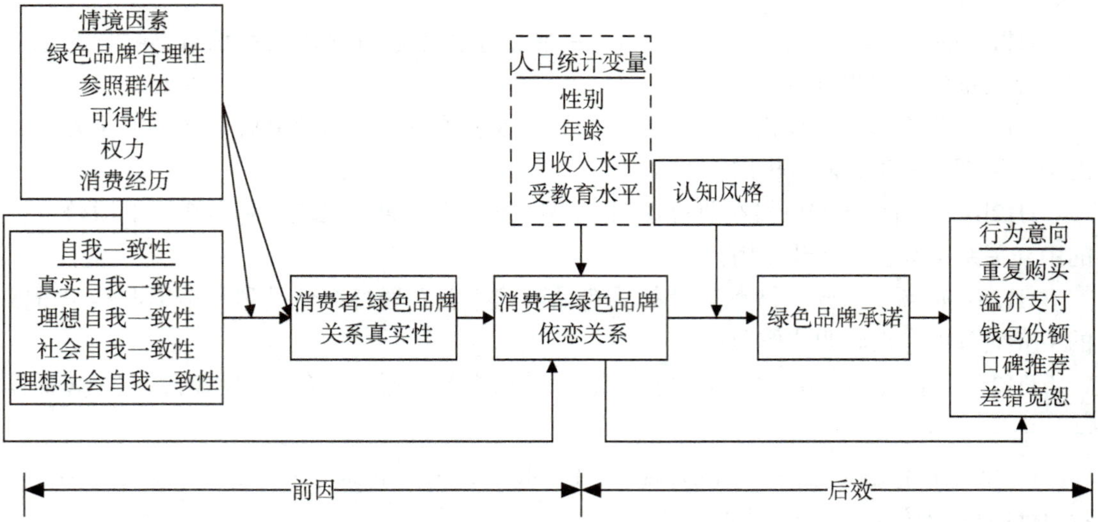

图 4-3　消费者-绿色品牌依恋关系研究的整合概念模型

由整合概念模型可以发现，本书的研究主要包括情境因素、自我一致性、消费者-绿色品牌关系真实性、人口统计变量、消费者-绿色品牌依恋关系、绿色品牌承诺、行为意向和认知风格等8个主要变量。在前因研究部分，首先研究自我一致性、情境因素及消费者-绿色品牌关系真实性对消费者-绿色品牌依恋关系的直接影响；接着探讨消费者-绿色品牌关系真实性分别在自我一致性和情境因素对消费者-绿色品牌依恋关系影响中的中介作用；最后探究在不同情境因素下自我一致性通过消费者-绿色品牌关系真实性对消费者-绿色品牌依恋关系的影响是否存在差异。在后效研究部分，首先研究消费者-绿色品牌依恋关系对绿色品牌承诺和行为意向的直接影响；接着探讨绿色品牌承诺在消费者-绿色品牌依恋关系对行为意向影响中的中介作用；最后探究消费者-绿色品牌依恋关系通过绿色品牌承诺对行为意向影响的中介效应是否会因消费者认知风格的不同而存在差异。综合所有已提出的相关假设，提出了研究假设汇总表，如表4-2所示。

表4-2 **研究假设汇总**

编号	假设内容
H1	自我一致性对消费者-绿色品牌依恋关系有显著正向影响
H2	情境因素对消费者-绿色品牌依恋关系有显著正向影响
H3	自我一致性和情境因素的组合对消费者-绿色品牌依恋关系有显著正向影响
H4	消费者-绿色品牌关系真实性对消费者-绿色品牌依恋关系有显著正向影响
H5	消费者-绿色品牌关系真实性在自我一致性与消费者-绿色品牌依恋关系间有显著的中介作用
H6	消费者-绿色品牌关系真实性在情境因素与消费者-绿色品牌依恋关系间有显著的中介作用
H7	情境因素在自我一致性通过消费者-绿色品牌关系真实性影响消费者-绿色品牌依恋关系的中介关系中有调节作用
H8	人口统计变量与消费者-绿色品牌依恋关系存在显著相关性
H9	消费者-绿色品牌依恋关系对绿色品牌承诺有显著正向影响
H10	消费者-绿色品牌依恋关系对行为意向有显著正向影响
H11	绿色品牌承诺在消费者-绿色品牌依恋关系与行为意向间有显著的中介作用
H12	创新型认知风格在消费者-绿色品牌依恋关系通过绿色品牌承诺影响行为意向的中介关系中有调节作用
H13	适应型认知风格在消费者-绿色品牌依恋关系通过绿色品牌承诺影响行为意向的中介关系中有调节作用

4.4　本章小结

本章依据所选取的消费者-绿色品牌依恋关系前因后效研究相关主要变量，结合 S-O-R、ABC 和价值-信念-规范等消费者行为学理论，探讨了消费者-绿色品牌依恋关系前因后效研究的概念模型。消费者-绿色品牌依恋关系研究的概念模型包括了情境因素、自我一致性、消费者-绿色品牌关系真实性、人口统计变量、消费者-绿色品牌依恋关系、绿色品牌承诺、行为意向和认知风格等 8 个主要变量，囊括了直接作用、中介作用和调节中介作用等在内的 13 个主要假设。

消费者-绿色品牌依恋关系前因研究部分主要探讨了自我一致性、情境因素和消费者-绿色品牌关系真实性对消费者-绿色品牌依恋关系的直接作用；消费者-绿色品牌关系真实性的中介作用；情境因素的调节中介作用。消费者-绿色品牌依恋关系后效研究部分则主要研究了消费者-绿色品牌依恋关系对绿色品牌承诺和行为意向的直接作用；绿色品牌承诺的中介作用；认知风格的调节中介作用。后文将采取实证研究方法对所构建概念模型的拟合度及所提出的相关假设进行检验。

第5章　研究设计与变量测量

5.1　变量操作化定义与测量

为便于对第四章中所构建消费者-绿色品牌依恋前因及后效研究概念模型进行检验，并对依据该概念模型所提假设进行验证，需要对概念模型中所涉及变量进行操作化定义与测量。由前文可知，已有学者对相关变量进行了理论界定，但为了保证实证研究的科学性和可操作性，还需将理论定义转换为操作化定义。操作化定义是规定变量的操作程序，能让抽象笼统的理论定义变为可被测量、观察和检验的变量。此外，概念模型的相关变量均采用多题项进行测量以防止单一测量题项无法准确真实的反映变量内容。为了保证量表的信度和效度，除消费者-绿色品牌关系的测量题项为自行开发外，消费者-绿色品牌依恋关系前因及后效研究中其他变量所使用的测量量表均借鉴自国内外已有成熟量表，并在充分考虑绿色品牌特征和中国文化特性的基础上结合营销学领域相关学者的意见修改而成。并邀请两位管理学专业博士研究生对国外量表进行双向翻译和语言润色，以求在准确表达相应英文原意的基础上提升测量题项的可读性和易懂性。

5.1.1　消费者-绿色品牌依恋关系前因研究的变量测量

(1)自我一致性

目前关于自我一致性的测量方法主要包括间接测量和直接测量两种。其中，自我一致性的间接测量是通过评估和计算消费者自我概念与品牌典型使用者形象的偏差指数来判断自我一致性高低的。简单而言，自我一致性的间接测量主要利用同一分量表分别对消费者自我和品牌典型使用者形象进行测量，在计算相对应题项得分差值之和的基础上对自我一致性程度进行判断。计算的数值越低，说明自我一致性的程度越高；计算的数值越高，则说明自我一致性的程度越低。自我一致性的间接测量量表多为语义差异量表，如Malhotra(1981)就将自我概念和产品形象按照语义差异分别界定为：年轻的/年老的、自由的/保守的、现代的/传统的、墨守成规的/不落俗套的、喜欢风险/喜欢安全、喜欢激情/喜欢平淡等六个方面。① 针对自我一致性的间接测量方法，Sirgy等(1997)认为消费者靠“想象”

---

① MALHOTRA N K. A scale to measure self-concepts, person concepts, and product concepts[J]. Journal of Marketing Research, 1981: 456-464.

所形成的对自我和品牌的认识可能与自己并不相关，且品牌形象的表达一般具有整体性，对不同品牌形象特征的补偿式分数测量无法完整反映品牌形象。①

针对自我一致性间接测量方法存在的问题，Sirgy 等(1997)提出采取一种更为直接和整体的自我一致性测量方法取代间接测量法，该方法允许消费者直接对自我一致性进行评价。② Sirgy 和 Su(2000)指出自我一致性直接测量的具体步骤为：被调查对象首先需对使用某一品牌的典型消费者进行回忆和思考；接着被要求采用人格化的形容词对典型消费者进行描述；最后通过给四个测量题项打分(分别对应自我一致性的四个维度)来评价自我一致性的程度。③ 虽然该方法能直接评价自我一致性，但其并没有全面反映四种自我一致性的内容，仅用单一题项对四种自我一致性进行分别测量。其实 Chon 和 Olsen(1991)早就在旅游管理研究领域分别对真实自我一致性和理想自我一致性进行了直接测量，且分别包含了 3 个测量项。④ 本书亦采用自我一致性直接测量法，将自我一致性定义为消费者基于对典型绿色品牌消费者的认识而分别对真实自我一致性、理想自我一致性、社会自我一致性和理想社会自我一致性的完整评价。结合 Chon 和 Olsen(1991)以及 Sirgy 和 Su(2000)关于自我一致性测量的研究成果，分别提出了真实自我一致性、理想自我一致性、社会自我一致性和理想社会自我一致性的测量量表，如表 5-1 所示。

(2)绿色品牌消费情境

如前文所述，按照 Belk(1975)的消费情境划分方式并结合绿色品牌消费的特点，绿色品牌合理性、参照群体、可得性、权力和消费经历被视为绿色品牌消费情境的关键维度。因此，本书将绿色品牌消费情境定义为一个由绿色品牌合理性、参照群体、可得性、权力和消费经历等五个相互独立且相互区别的维度所构成的高阶概念。绿色品牌合理性测量量表直接借鉴我国学者郭锐等(2015)的研究成果，共包括 6 个测量项。⑤ 参照群体的测量目前包括两种方式，一种是 Park 和 Lessig(1977)提出的参照群体三维度量表，认为信息影响、价值表达影响和功利影响构成了参照群体的主要维度；⑥ 一种是仇立(2012)以绿色品牌消费对研究对象开发的参照群体单维度量表，认为消费者绿色品牌消费参照群体效

---

① SIRGY M J, GREWAL D, MANGLEBURG T F, et al. Assessing the predictive validity of two methods of measuring self-image congruence[J]. Journal of the Academy of Marketing Science, 1997, 25(3): 229.

② SIRGY M J, GREWAL D, MANGLEBURG T F, et al. Assessing the predictive validity of two methods of measuring self-image congruence[J]. Journal of the Academy of Marketing Science, 1997, 25(3): 229.

③ SIRGY M J, SU C. Destination image, self-congruity, and travel behavior: Toward an integrative model [J]. Journal of Travel Research, 2000, 38(4): 340-352.

④ CHON K S, OLSEN M D. Functional and symbolic congruity approaches to consumer satisfaction/dissatisfaction in consumerism[J]. Journal of the International Academy of Hospitality Research logo, 1991 (3): 2-18.

⑤ 郭锐，李伟，严良. 漂绿后绿色品牌信任重建战略研究：基于 CBBE 模型和合理性视角[J]. 中国地质大学学报(社会科学版)，2015，15(3)：28-38.

⑥ 姜岩，董大海. 西方消费者依恋理论的研究进展[J]. 管理评论，2009，21(1)：77-86.

表 5-1 **自我一致性测量题项**

维度	编号	测量题项	参考来源
真实自我一致性(RS)	RS1	消费该绿色品牌的典型消费者，与我是同一种人	Chon 和 Olsen(1991)①、Sirgy 和 Su(2000)②
	RS2	消费该绿色品牌的典型消费者，与我是相似的	
	RS3	消费该绿色品牌的典型消费者，与我非常相像	
理想自我一致性(IS)	IS1	消费该绿色品牌的典型消费者，反映了我希望成为的那种人	
	IS2	消费该绿色品牌的典型消费者，与我希望看到的自己是一致的	
	IS3	消费该绿色品牌的典型消费者，与我想要成为的那一类型的人非常相似	
社会自我一致性(SS)	SS1	消费该绿色品牌的典型消费者，反映了别人认为我属于的那种人	
	SS2	消费该绿色品牌的典型消费者，与别人认为我属于的那种人是一致的	
	SS3	消费该绿色品牌的典型消费者，与别人认为我属于的那一类型的人非常相似	
理想社会自我一致性(SC)	SC1	消费该绿色品牌的典型消费者，反映了我希望别人把我视为的那种人	
	SC2	消费该绿色品牌的典型消费者，与我希望别人把我视为的那种人是一致的	
	SC3	消费该绿色品牌的典型消费者，与我希望别人把我视为的那一类型的人非常相似	

应主要源于亲朋好友等直接群体的影响以及向往和厌恶对象等间接群体的影响。③ 由于参照群体的概念主要被归于影响消费者-绿色品牌依恋关系的社会环境，而三维度量表已远超过所要测量的范围，因此并不适用于本书参照群体的研究。本着便于测量和聚焦研究目标的原则，本书参照群体测量量表直接借鉴我国学者仇立(2012)的研究成果，共包括 3 个测量题项。可得性的测量量表亦借鉴我国学者仇立(2012)的研究成果，其认为可由绿色品牌的获得性和购物点的便利性等反映绿色品牌消费的可得性问题，共包括 3 个测量题项。④ 权力的测量量表主要借鉴 Anderson 和 Galinsky(2006)的研究，其认为可通过个体权力和社会权力等对权力进行测量，共包括 7 个测量题项。⑤ 消费经历的测量量表借鉴

① CHON K S, OLSEN M D. Functional and symbolic congruity approaches to consumer satisfaction/dissatisfaction in consumerism[J]. Journal of the International Academy of Hospitality Research logo, 1991 (3): 2-18.

② SIRGY M J, SU C. Destination image, self-congruity, and travel behavior: Toward an integrative model [J]. Journal of Travel Research, 2000, 38(4): 340-352.

③ 仇立. 基于绿色品牌的消费者行为研究[D]. 天津: 天津大学, 2012.

④ 仇立. 基于绿色品牌的消费者行为研究[D]. 天津: 天津大学, 2012.

⑤ ANDERSON C, GALINSKY A D. Power, optimism, and risk-taking[J]. European Journal of Social Psychology, 2006, 36(4): 511-536.

Teichmann(2011)的研究成果，由消费者过去绿色品牌消费频次进行衡量，共包括 2 个测量题项。① 在借鉴国内外成熟量表的基础上，本书提出了绿色品牌消费情境的测量量表，如表 5-2 所示。

表 5-2　**绿色品牌消费情境测量题项**

维度	编号	测量题项	参考来源
绿色品牌合理性(BR)	BR1	该绿色品牌的环保效用是让人信服的	郭锐等(2015)②、仇立(2012)③、Anderson 和 Galinsky(2006)④、Teichmann(2011)⑤
	BR2	该绿色品牌的环保效用是合宜的	
	BR3	该绿色品牌的环保效用遵从行业要求与社会标准	
	BR4	该绿色品牌的环保效用是得当的	
	BR5	该绿色品牌的环保效用是不容置疑的	
	BR6	该绿色品牌的环保效用和我的理解是相符的	
参照群体(RG)	RG1	身边家人朋友对该绿色品牌的态度会影响我的购买意愿	
	RG2	如果我崇拜的人在购买或使用该绿色品牌，会很愿意购买该绿色品牌	
	RG3	如果我讨厌的人在购买或使用该绿色品牌，即使其性能再好，我也不会考虑购买	
可得性(AR)	AR1	我所居住社区的周边商店就有绿色品牌出售	
	AR2	我经常光顾的超市和购物中心有大量的该绿色品牌产品可供挑选	
	AR3	我在超市和购物中心能很容易买到该绿色品牌	
权力(PS)	PS1	我觉得我很有权力	
	PS2	通过我的努力，我能得到我想要的	
	PS3	只要我想，我就能够拍板做出决定	
	PS4	身边的人都听我的	
	PS5	我的话语很有分量	
	PS6	我可以让别人按照我的意愿去办事	
	PS7	我的观点和建议通常可以得到大家的认可	
消费经历(CE)	CE1	我曾经购买过该绿色品牌	
	CE2	我经常购买该绿色品牌	

① TEICHMANN K. Expertise, experience and self-confidence in consumers' travel information search[J]. International Journal of Culture, Tourism and Hospitality Research, 2011, 5(2): 184-194.

② 郭锐，李伟，严良．漂绿后绿色品牌信任重建战略研究：基于 CBBE 模型和合理性视角[J]. 中国地质大学学报：社会科学版，2015，15(3)：28-38.

③ 仇立．基于绿色品牌的消费者行为研究[D]. 天津：天津大学，2012.

④ ANDERSON C, GALINSKY A D. Power, optimism, and risk-taking[J]. European Journal of Social Psychology, 2006, 36(4): 511-536.

⑤ TEICHMANN K. Expertise, experience and self-confidence in consumers' travel information search[J]. International Journal of Culture, Tourism and Hospitality Research, 2011, 5(2): 184-194.

(3)消费者-绿色品牌关系真实性

消费者-绿色品牌关系真实性是消费者在同绿色品牌交往沟通的基础上对两者关系真切性的评价。通过两者的深入交往，消费者会判断绿色品牌是否在与自己的关系中真实地反映了其所具备的绿色品牌价值，是否存在虚假、夸张或做作的非真实性表现。Ilicic 和 Webster(2014)最先就消费者-品牌关系真实性问题进行了研究，并提出了消费者-品牌关系真实性的一维测量量表。① 本书关于消费者-绿色品牌关系真实性的测量量表主要借鉴 Ilicic 和 Webster(2014)的研究成果，包括 4 个测量题项，如表 5-3 所示。

表 5-3　**消费者-绿色品牌关系真实性测量题项**

编号	测量题项	参考来源
BA1	一般而言，该绿色品牌能让我意识到认识真实自我的重要性	Ilicic 和 Webster (2014)②
BA2	该绿色品牌的坦率和真诚是其能与我建立紧密关系的重要基础	
BA3	不管在何种情况下，该绿色品牌都能成为我认识自我的依靠	
BA4	通过该绿色品牌，除能让我认识自己的公众形象外，还能让我对真实的自我更加了解	

(4)人口统计变量

人口统计变量测量主要采用编码法，所要测量的内容包括性别、年龄、月收入水平和受教育水平等四个方面。相关变量测量水平是在借鉴了仇立(2012)③、Mourad 和 Serag (2012)④及 Namkung 和 Jang(2013)⑤等划分方式的基础上结合我国人口发展实际情况设定而成的。其中，分别用 1 和 2 代表女性和男性；对于年龄的测量，为了更详细地调查不同年龄段消费者与绿色品牌间依恋关系的建立状况，最低年龄组设为 20 岁以下，最高年龄组设为 60 岁以上，中间各组以 10 年作为间隔，共包括 6 组，分别从 1 到 6 进行编码；对于月收入水平的测量，按照目前我国的一般月收入分布情况，最低月收入设为 1000 元以

① ILICIC J, WEBSTER C M. Investigating consumer-brand relational authenticity[J]. Journal of Brand Management, 2014, 21(4): 342-363.

② ILICIC J, WEBSTER C M. Investigating consumer-brand relational authenticity[J]. Journal of Brand Management, 2014, 21(4): 342-363.

③ 仇立. 基于绿色品牌的消费者行为研究[D]. 天津: 天津大学, 2012.

④ MOURAD M, SERAG ELDIN AHMED Y. Perception of green brand in an emerging innovative market [J]. European Journal of Innovation Management, 2012, 15(4): 514-537.

⑤ NAMKUNG Y, JANG S C S. Effects of restaurant green practices on brand equity formation: Do green practices really matter? [J]. International Journal of Hospitality Management, 2013, 33: 85-95.

下，最高月收入设为 5000 元以上，中间各组以 2000 元作为间隔，共包括 4 组，分别从 1 到 4 进行编码；对于受教育水平，结合目前公众普遍的受教育状况和对教育层次的认知，将受教育水平设为高中及以下、专科、本科、硕士、博士等五个类别，分别从 1 到 5 进行编码。

5.1.2　消费者-绿色品牌依恋关系后效研究的变量测量

(1) 绿色品牌承诺

绿色品牌承诺是消费者在与绿色品牌建立依恋关系后愿意与绿色品牌缔结和保持长远关系的意向。可见，对于一个成功且持久的消费者-绿色品牌依恋关系而言，绿色品牌承诺是一个非常重要的结果和判断标准。目前关于品牌承诺的测量量表分为两种，一种是二维品牌承诺测量量表，认为品牌承诺包括偏向感性的情感承诺和偏向理性的计算承诺两种；① 一种是一维品牌承诺量表。由于绿色品牌承诺仅被视为消费者-绿色品牌依恋关系的结果变量，且前文研究没有将不同绿色品牌承诺考虑在内，因此本书关于绿色品牌承诺的测量主要利用一维测量量表进行。绿色品牌承诺的测量量表主要借鉴 Beatty 等(1988)的研究成果，② 包括 3 个测量题项，如表 5-4 所示。

表 5-4　　**绿色品牌承诺测量题项**

编号	测量题项	参考来源
BC1	即使该绿色品牌在商店无法买到，我也不会考虑其他品牌	Beatty 等(1988)③
BC2	即使其他同品类品牌在做促销活动，我也会购买该绿色品牌	
BC3	我认为我对该绿色品牌是高度忠诚的	

(2) 绿色品牌行为意向

消费者-绿色品牌依恋关系构建的效果归根到底还是要由消费者的行为意向体现出来。通过绿色品牌行为意向不仅可以判断消费者-绿色品牌依恋关系是否被消费者落到了实处，还能评估消费者对绿色品牌的依恋情感是否真正转换为相应购买力。本书对消费者-绿色品牌依恋关系可能导致的相关行为意向进行了归纳，主要包括重复购买、溢价支付、钱包

① FULLERTON G. When does commitment lead to loyalty? [J]. Journal of Service Research, 2003, 5(4): 333-344.

② BEATTY S E, HOMER P, KAHLE L R. The involvement-commitment model: Theory and implications [J]. Journal of Business Research, 1988, 16(2): 149-167.

③ BEATTY S E, HOMER P, KAHLE L R. The involvement-commitment model: Theory and implications [J]. Journal of Business Research, 1988, 16(2): 149-167.

份额、口碑推荐和差错宽恕等五种。可见，绿色品牌行为意向可定义为消费者在与绿色品牌建立依恋关系后愿意为获得绿色品牌愿意作出的努力和牺牲。石海娇等(2015)指出重复购买和钱包份额分别为消费者维持顾客关系和发展顾客关系的直观表现，他们从反复购买和转换购买角度设定了重复购买的测量题项，并在购买频率和比例基础上设定了钱包份额的测量题项。① 为了区分两种绿色品牌行为，本书关于重复购买和钱包份额的测量量表主要借鉴了石海娇等(2015)的研究成果，分别包括 2 个测量题项。溢价支付是消费者愿意为购买绿色品牌作出的财务牺牲，其测量量表主要借鉴了 Bravo 等(2008)的研究成果，② 包括 3 个测量题项。口碑推荐反映的是消费者愿意将绿色品牌推荐给包括亲朋好友在内的其他人的倾向，其测量量表主要借鉴了 Zeithaml 等(1996)的研究成果，③ 包括 3 个测量题项。差错宽恕是消费者在绿色品牌出现差错后对其表现出大度、宽容甚至维护的行为倾向，是消费者愿意与差错绿色品牌重归于好和重建关系的关键。本书差错宽恕的量表主要借鉴了 Finkel 等(2002)、Bobocel(2013)的研究成果，④ 包括了 5 个测量题项。在借鉴国内外成熟量表的基础上，本书提出了绿色品牌行为意向的测量量表，如表 5-5 所示。

(3)认知风格

认知风格是消费者在绿色品牌消费过程中保持不变的内在特质，主要包括创新型认知风格和适应型认知风格两种。不同认知风格消费者与绿色品牌间的依恋关系通常会导致差异化的心理及行为结果。创新型认知风格的消费者一般偏向于突破既定的认知和行为范式，用于挑战新事物；适应型认知风格的消费者往往拒绝改变和尝试新事物，缺失探索的勇气。本书创新-适应型认知风格的测量量表主要借鉴 Kirton(1976)的研究成果，⑤ 其中创新型认知风格和适应型认知风格分别包括 4 个测量题项，如表 5-6 所示。

---

① 石海娇，马宝龙，文思思．忠诚计划利益类型对顾客忠诚及顾客关系行为的影响研究——以航空业常旅客计划为实证对象[J]．营销科学学报，2015 (3)：104-119.

② BRAVO R, FRAJ E, MONTANER T. Family influence on young adult's brand evaluation. An empirical analysis focused on parent-children influence in three consumer packaged goods[J]. The International Review of Retail, Distribution and Consumer Research, 2008, 18(3): 255-268.

③ ZEITHAML V A. The behavioral consequences of service quality[J]. Journal of Marketing, 1996, 60(2): 31-46.

④ FINKEL E J, RUSBULT C E, KUMASHIRO M, et al. Dealing with betrayal in close relationships: Does commitment promote forgiveness? [J]. Journal of Personality and Social Psychology, 2002, 82(6): 956-974.

BOBOCEL D R. Coping with unfair events constructively or destructively: The effects of overall justice and self-other orientation[J]. Journal of Applied Psychology, 2013, 98(5): 720-731.

⑤ KIRTON M. Adaptors and innovators: A description and measure[J]. Journal of Applied Psychology, 1976, 61(5): 622-629.

表 5-5　　　**绿色品牌行为意向测量题项**

维度	编号	测量题项	参考来源
重复购买（RP）	RP1	未来的一段时间里，我还会继续购买该绿色品牌	石海娇等(2015)①、Bravo 等(2008)②、Zeithaml 等(1996)③、Finkel 等(2002)和 Bobocel(2013)④
	RP2	在与其他同品类品牌同等条件下，我仍然会选择购买该绿色品牌	
溢价支付（PP）	PP1	与其他同品类品牌相比，我愿意支付较高的价格购买该绿色品牌	
	PP2	即使该绿色品牌的价格稍微提高一些，我也愿意购买	
	PP3	只有当该绿色品牌的价格提得特别高时，我才会考虑其他品牌	
钱包份额（SW）	SW1	未来的一段时间里，我购买该绿色品牌的频率会增加	
	SW2	未来的一段时间里，我购买该绿色品牌的比例会增大	
口碑推荐（WM）	WM1	我会推荐其他人购买该绿色品牌	
	WM2	我会向征求我购买意见的人推荐该绿色品牌	
	WM3	我会鼓励亲朋好友购买该绿色品牌	
差错宽恕（MF）	MF1	尽管该绿色品牌出了差错，但我会给它一次机会	
	MF2	即使该绿色品牌伤害了我，但我会原谅它	
	MF3	尽管该绿色品牌出了差错，但我会接受它的差错	
	MF4	虽然该绿色品牌做了错事，但我还会继续购买它	
	MF5	尽管该绿色品牌出了差错，但我还会对其表示关心和友好	

① 石海娇，马宝龙，文思思．忠诚计划利益类型对顾客忠诚及顾客关系行为的影响研究——以航空业常旅客计划为实证对象[J]．营销科学学报，2015（3）：104-119.

② BRAVO R，FRAJ E，MONTANER T. Family influence on young adult's brand evaluation. An empirical analysis focused on parent-children influence in three consumer packaged goods[J]. The International Review of Retail，Distribution and Consumer Research，2008，18(3)：255-268.

③ ZEITHAML V A. The behavioral consequences of service quality[J]. Journal of Marketing，1996，60(2)：31-46.

④ FINKEL E J，RUSBULT C E，KUMASHIRO M，et al. Dealing with betrayal in close relationships：Does commitment promote forgiveness？[J]. Journal of Personality and Social Psychology，2002，82(6)：956-974.

BOBOCEL D R. Coping with unfair events constructively or destructively：The effects of overall justice and self-other orientation[J]. Journal of Applied Psychology，2013，98(5)：720-731.

表 5-6 **认知风格测量题项**

维度	编号	测量题项	参考来源
创新型认知风格(IC)	IC1	在生活或工作中，我常会有独创性的想法	Kirton(1976)①
	IC2	对生活或工作中遇到的问题，我常会找到新的分析角度	
	IC3	在与他人讨论时，常能从不同意见中脱颖而出	
	IC4	我更喜欢创新的思维方式，而不是去改变原来的想法	
适应型认知风格(AC)	AC1	在生活或工作中，我通常会循规蹈矩	
	AC2	在生活或工作中，我通常会顺从他人的意见	
	AC3	我认为我是一个非常守规矩的人	
	AC4	我喜欢固有的生活或工作方式，不愿意轻易改变	

5.2 预调研与量表净化

5.2.1 预调研数据收集

(1)问卷设计

通过前文所做的相关访谈可以明显发现，目前消费者对绿色品牌的辨识度并不高，常无法清楚地指出身边存在的绿色品牌，为了帮助被调查对象正确认识绿色品牌的内涵，调查问卷的指导语部分除了交代调研背景外，还对绿色品牌的含义进行了说明。调查问卷的问题部分主要包括三方面的内容，首先为了加深被调查对象对绿色品牌的认识，促使其顺利完成接下来的调查题项，调查者列出了由北京大学中国品牌研究中心发布的《2012 年中国绿色品牌百强排行榜》中选出的一系列国内知名电子类绿色品牌名单，如华为、海尔、联想、美的、格力等，被调查对象被要求由所列绿色品牌中选出自己熟悉且认可的参照品牌或给出自己认为的电子类绿色品牌；接着是对性别、年龄、学历及月收入水平等人口统计指标的调查；最后是对消费者-绿色品牌依恋关系前因及后效研究相关测量题项的调查，共包括 63 个题项，采用更利于被调查对象对测量题项进行敏锐和细腻反馈的 Likert 的 7 点量表法，被调查对象需按照所选电子类绿色品牌及自己对测量题项描述的理解从 1 到 7 中进行选择。其中，1 代表“非常不同意”，2 代表“很不同意”，3 代表“较不同意”，4 代

① KIRTON M. Adaptors and innovators: A description and measure[J]. Journal of Applied Psychology, 1976, 61(5): 622-629.

表“不确定”，5 代表“较同意”，6 代表“很同意”，7 代表“非常同意”。此外，同一变量的题项均按由简到难的顺序被放置在一起，保证题项便于理解，同时防止调查对象在答题时出现思维上的混乱。具体调查问卷见附录 E。

之所以选择电子类绿色品牌作为研究的参照品牌，一是由于电子类消费品牌面临着较高的环境法律法规及行业规范的约束，且消费者通常会注意或选择那些具有绿色认证标示且能满足其环保需求的绿色产品或品牌；① 二是相较于其他品类绿色品牌，电子类绿色品牌的产品品种丰富，几乎成为人们日常生活工作的必需品，且电子类品牌产品更新换代较快，消费者对电子类绿色品牌的接触度和熟悉度会更高；三是国家大力倡导绿色消费，实施过“节能家电补贴”等惠民工程，取得了较好的节能家电推广成效，在全社会建立起了对电子类绿色品牌的基本认知。因此，列出大众熟悉的国内电子类绿色品牌有利于唤起被调查对象过往绿色品牌消费的记忆，引导其选择参照品牌并对问卷进行快速真实的作答。

(2)数据收集

预调研的目的是由小样本对测量题项进行测试和修正，以形成正式量表。受时间和成本限制，预调研的对象选择主要采取关系亲近原则，通过各种社会渠道发动关系密切的亲戚朋友同学进行问卷调查。在预调研前先对绿色品牌的概念及调查的目的进行了介绍，让被调查对象对绿色品牌及消费者-绿色品牌依恋关系有一个初步认识。由于预调研对象均为研究者的亲朋好友，因此预调研的过程得到了较好的控制，保证了每份调查问卷来源的可靠性和唯一性。预调研共发放问卷 200 份，回收 191 份。对回收的问卷进行了整理和复核，剔除了其中的无效问卷，如选项结果具有显著规则的问卷、选项结果成片同一排列的问卷等，余下有效问卷为 157 份，问卷有效率 82. 2%。有效样本的人口统计变量统计信息如表 5-7 所示。其中，女性为 103 人，占有效样本数的 65. 61%；40 岁及以下为 110 人，占有效样本数的 70. 06%；本科及以上学历为 122 人，占有效样本数的 77. 71%；月收入 3000 元以上为 88 人，占有效样本数的 56. 05%。可见，被调查对象中年轻、高学历且高收入的女性消费者居多，高文化素质和高社会责任意识使得这部分消费者对绿色品牌有更高的接受度和认知度，能更容易理解和回答问卷中的测量题项，保证了所收集数据的可靠性和有效性。

表 5-7　　**预调研有效样本人口统计变量统计情况(N=157)**

统计内容	内容分类	人数	百分比
性别	男	54	34. 39
	女	103	65. 61

① CHEN Y S, LAI S B, WEN C T. The influence of green innovation performance on corporate advantage in Taiwan[J]. Journal of Business Ethics, 2006, 67(4): 331-339.

续表

统计内容	内容分类	人数	百分比
年龄	20 岁及以下	2	1.27
	21~30 岁	64	40.76
	31~40 岁	44	28.03
	41~50 岁	13	8.28
	51~60 岁	30	19.11
	61 岁及以下	4	2.55
受教育水平	高中及以下	5	3.18
	专科	30	19.11
	本科	90	57.32
	硕士	23	14.65
	博士	9	5.73
月收入水平	1000 元及以下	33	21.02
	1001~3000 元	36	22.93
	3001~5000 元	47	29.94
	5001 元及以上	41	26.11

在被调查对象所选择的参照电子类绿色品牌中，将华为作为参照品牌的占 39.58%；将海尔作为参照品牌的占 16.67%；将格力作为参照品牌的占 12.5%；将联想作为参照品牌的占 12.08%；将美的作为参照品牌的占 6.67%；将海信作为参照品牌的占 4.58%，选择长虹等其他所列品牌的占 5.42%，选择其他自填的占 2.5%，自填电子类绿色品牌主要包括苹果、OPPO 等，分布如图 5-1 所示。

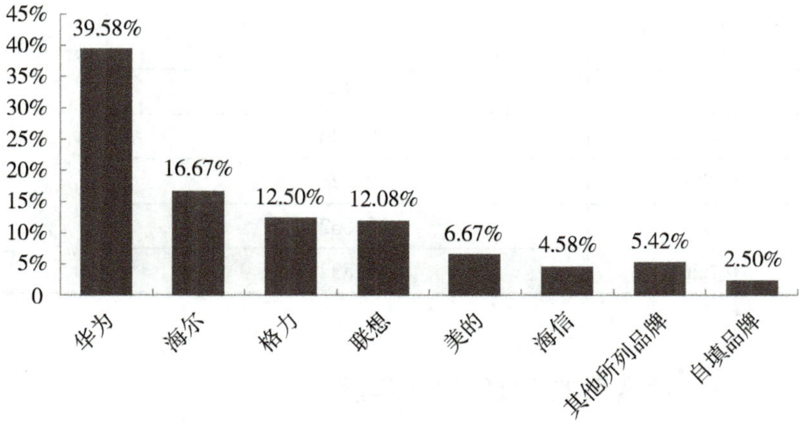

图 5-1 预调研被调查对象所选参照品牌分布

5.2.2　测量量表净化

在由预调研获取 157 份有效样本后，笔者通过 SPSS 20.0 软件对测量量表进行净化，剔除那些无法对测量变量进行准确反映的题项，并对测量量表的信度进行了分析和检验。本书同样采用校正的项总计相关性(corrected-item total correlation，CITC)对测量题项进行净化，利用 Cronbach's α 系数对测量题项的信度进行检验。在开展 CITC 值分析后，剔除那些 CITC 值小于 0.3 的无效测量题项，提升测量量表的内部一致性；接着对净化后的测量题项进行 Cronbach's α 系数计算，如 Cronbach's α 系数得到提升且高于 0.6，则说明测量量表的信度通过检验。本书分别对消费者-绿色品牌依恋关系前因后效研究中的自我一致性、绿色品牌消费情境、消费者-绿色品牌关系真实性等相关变量测量题项的 CITC 值和 Cronbach's α 系数进行了计算。

(1)自我一致性的 CITC 值和信度

自我一致性的 CITC 值和 Cronbach's α 系数如表 5-8 所示，自我一致性 12 个测量题项的 CITC 值均大于 0.3；该变量整体的 Cronbach's α 系数为 0.845，大于 0.6，均达到了判断标准，说明自我一致性的测量题项均得到了保留。

表 5-8　**自我一致性的 CITC 值和信度(N=157)**

编号	CITC 值	删除该项后的 Cronbach's α 系数	Cronbach's α 系数
RS1	0.504	0.834	初始 α 系数=0.845 最终 α 系数=0.845
RS2	0.545	0.831	
RS3	0.651	0.823	
IS1	0.443	0.838	
IS2	0.455	0.837	
IS3	0.501	0.834	
SS1	0.429	0.839	
SS2	0.500	0.834	
SS3	0.466	0.836	
SC1	0.579	0.828	
SC2	0.534	0.832	
SC3	0.526	0.832	

(2)绿色品牌消费情境的 CITC 值和信度

绿色品牌消费情境的 CITC 值和 Cronbach's α 系数如表 5-9 所示，编号为 RG1、AR1

和 PS2 的题项 CITC 值小于 0.3，变量整体初始 Cronbach's α 系数为 0.871；剔除这些题项后，Cronbach's α 系数提升为 0.880。

表 5-9 **绿色品牌消费情境的 CITC 值和信度(N=157)**

编号	CITC 值	删除该项后的 Cronbach's α 系数	Cronbach's α 系数
BR1	0.653	0.859	初始 α 系数=0.871 最终 α 系数=0.880
BR2	0.696	0.858	
BR3	0.690	0.859	
BR4	0.667	0.860	
BR5	0.608	0.861	
BR6	0.633	0.861	
RG1	0.214	0.874	
RG2	0.348	0.869	
RG3	0.358	0.869	
AR1	0.249	0.872	
AR2	0.337	0.870	
AR3	0.388	0.868	
PS1	0.497	0.865	
PS2	0.202	0.874	
PS3	0.503	0.864	
PS4	0.328	0.871	
PS5	0.476	0.865	
PS6	0.430	0.867	
PS7	0.648	0.860	
CE1	0.478	0.865	
CE2	0.388	0.869	

(3)消费者-绿色品牌关系真实性的 CITC 值和信度

消费者-绿色品牌关系真实性的 CITC 值和 Cronbach's α 系数如表 5-10 所示，消费者-绿色品牌关系真实性 4 个测量题项 CITC 值均大于 0.3；该变量整体 Cronbach's α 系数为 0.862，大于 0.6，均达到了判断标准，说明消费者-绿色品牌关系真实性的测量题项均得到了保留。

表 5-10　　**消费者-绿色品牌关系真实性的 CITC 值和信度(N=157)**

编号	CITC 值	删除该项后的 Cronbach's α 系数	Cronbach's α 系数
BA1	0. 758	0. 804	初始 α 系数=0. 862 最终 α 系数=0. 862
BA2	0. 663	0. 843	
BA3	0. 709	0. 824	
BA4	0. 709	0. 825	

(4)绿色品牌承诺的 CITC 值和信度

绿色品牌承诺的 CITC 值和 Cronbach's α 系数如表 5-11 所示，绿色品牌承诺 3 个测量题项 CITC 值均大于 0. 3；该变量整体的 Cronbach's α 系数为 0. 886，大于 0. 6，均达到了判断标准，说明绿色品牌承诺的测量题项均得到了保留。

表 5-11　　**绿色品牌承诺的 CITC 值和信度(N=157)**

编号	CITC 值	删除该项后的 Cronbach's α 系数	Cronbach's α 系数
BC1	0. 746	0. 869	初始 α 系数=0. 886 最终 α 系数=0. 886
BC2	0. 801	0. 820	
BC3	0. 791	0. 827	

(5)绿色品牌行为意向的 CITC 值和信度

绿色品牌行为意向的 CITC 值和 Cronbach's α 系数如表 5-12 所示，编号为 MF3 的测量题项 CITC 值为 0. 263，小于 0. 3，变量整体初始 Cronbach's α 系数为 0. 858；剔除该题项后，Cronbach's α 系数提升为 0. 862。

表 5-12　　**绿色品牌行为意向的 CITC 值和信度(N=157)**

编号	CITC 值	删除该项后的 Cronbach's α 系数	Cronbach's α 系数
RP1	0. 425	0. 853	初始 α 系数=0. 858 最终 α 系数=0. 862
RP2	0. 358	0. 857	
PP1	0. 489	0. 850	
PP2	0. 383	0. 855	
PP3	0. 446	0. 852	
SW1	0. 407	0. 854	

续表

编号	CITC 值	删除该项后的 Cronbach's α 系数	Cronbach's α 系数
SW2	0.400	0.854	初始 α 系数=0.858 最终 α 系数=0.862
WM1	0.599	0.845	
WM2	0.548	0.847	
WM3	0.520	0.848	
MF1	0.704	0.838	
MF2	0.636	0.841	
MF3	0.263	0.862	
MF4	0.564	0.846	
MF5	0.664	0.840	

(6) 认知风格的 CITC 值和信度

认知风格的 CITC 值和 Cronbach's α 系数如表 5-13 所示，认知风格 8 个测量题项 CITC 值均大于 0.3；该变量整体的 Cronbach's α 系数为 0.874，大于 0.6，均达到了判断标准，说明认知风格的测量题项均得到了保留。

表 5-13 **认知风格的 CITC 值和信度(N=157)**

编号	CITC 值	删除该项后的 Cronbach's α 系数	Cronbach's α 系数
IC1	0.692	0.852	初始 α 系数=0.874 最终 α 系数=0.874
IC2	0.685	0.853	
IC3	0.618	0.860	
IC4	0.666	0.855	
AC1	0.541	0.868	
AC2	0.456	0.877	
AC3	0.659	0.856	
AC4	0.750	0.846	

通过对消费者-绿色品牌依恋关系前因后效研究的相关变量进行 CITC 值和信度检验可以发现，除编号为 RG1、AR1、PS2 和 MF3 的测量题项被删除外，各变量其他测量题项的 CITC 值均在 0.3 之上，且变量整体的 Cronbach's α 系数均大于 0.6，说明本书所设计的测量量表具备较高的信度。

5.2.3　正式测量量表生成

虽然对初始量表的净化保证了测量题项的内部一致性，然而测量题项还可能存在信息重叠的问题，因此有必要利用探索性因子分析对测量题项进行单维度检验，以形成正式测量量表。探索性因子分析不仅可以探索各变量的内部结构，还能对各变量内的测量题项进行筛选，提升各变量间的区分度。在开展探索性因子分析前需要样本数据能通过 KMO 抽样适当性检验和 Bartlett 球形检验，当 KMO 值高于 0.7，且 Bartlett 球形检验 Sig. 的值低于 0.05，表示支持因子分析。利用最大方差旋转法进行探索性因子分析，以相同维度下的因子载荷大于 0.6 为标准，对因子载荷小于 0.6 的题项予以剔除。本书利用 SPSS 20.0 软件分别对消费者-绿色品牌依恋关系前因后效研究中所涉及的自我一致性、绿色品牌消费情境、消费者-绿色品牌关系真实性、绿色品牌承诺、绿色品牌行为意向和认知风格等进行探索性因子分析以确定正式测量量表。

(1) 自我一致性的因子分析

自我一致性有效样本数据的 KMO 值为 0.801，高于 0.7，Bartlett 球形值为 827.736，Sig. 值为 0.000，低于 0.05，表明样本数据可用于因子分析。自我一致性的因子分析结果如表 5-14 所示。可以发现，自我一致性测量题项共提取出了 4 个因子，4 个因子下测量题项的因子载荷均大于 0.6，且各测量题项均对应于其所属维度，说明净化后的自我一致性测量题项可被全部保留。

表 5-14　　**自我一致性的因子分析结果(N=157)**

编号	自我一致性因子载荷			
	1	2	3	4
RS1	0.904			
RS2	0.796			
RS3	0.798			
IS1		0.715		
IS2		0.802		
IS3		0.802		
SS1			0.868	
SS2			0.807	
SS3			0.901	
SC1				0.757
SC2				0.819
SC3				0.861

(2)绿色品牌消费情境的因子分析

绿色品牌消费情境样本数据的 KMO 值为 0.831，高于 0.7，Bartlett 球形值为 1552.251，Sig. 值为 0.000，低于 0.05，表明样本数据可用于因子分析。绿色品牌消费情境的因子分析结果如表 5-15 所示。绿色品牌消费情境测量题项共提取出了 5 个因子，除第四个因子中编号为 PS1 和 PS3 题项的因子载荷小于 0.6，5 个因子下其他测量题项的因子载荷均大于 0.6，且各测量题项均对应于其所属维度，说明还需要对净化后绿色品牌消费情境测量题项中的 PS1 和 PS3 进行删除。

表 5-15　**绿色品牌消费情境的因子分析结果(N=157)**

编号	绿色品牌消费情境因子载荷				
	1	2	3	4	5
BR1	0.801				
BR2	0.787				
BR3	0.844				
BR4	0.826				
BR5	0.771				
BR6	0.826				
RG2		0.890			
RG3		0.887			
AR2			0.893		
AR3			0.845		
PS1				0.576	
PS3				0.461	
PS4				0.804	
PS5				0.823	
PS6				0.867	
PS7				0.623	
CE1					0.828
CE2					0.846

(3)消费者-绿色品牌关系真实性的因子分析

消费者-绿色品牌关系真实性有效样本数据的 KMO 值为 0.779，高于 0.7，Bartlett 球形值为 295.657，Sig. 值为 0.000，低于 0.05，表明样本数据可用于因子分析。消费者-绿色品牌关系真实性因子分析结果如表 5-16 所示。可以发现，由于消费者-绿色品牌关系真实性为单因子，无法进行旋转。单因子下测量题项的因子载荷均大于 0.6，且各测量题项均对应于其所属变量，说明净化后的消费者-绿色品牌关系真实性测量题项可被全部保留。

表 5-16　　**消费者-绿色品牌关系真实性的因子分析结果（N=157）**

编号	消费者-绿色品牌关系真实性因子载荷
	1
BA1	0.873
BA2	0.808
BA3	0.843
BA4	0.841

(4) 绿色品牌承诺的因子分析

绿色品牌承诺有效样本数据的 KMO 值为 0.741，高于 0.7，Bartlett 球形值为 262.967，Sig. 值为 0.000，低于 0.05，表明样本数据可用于因子分析。绿色品牌承诺因子分析结果如表 5-17 所示。可以发现，由于绿色品牌承诺同样为单因子，无法进行旋转。单因子下测量题项的因子载荷均大于 0.6，且各测量题项均对应于其所属变量，说明净化后的绿色品牌承诺测量题项可被全部保留。

表 5-17　　**绿色品牌承诺的因子分析结果（N=157）**

编号	绿色品牌承诺因子载荷
	1
BC1	0.884
BC2	0.915
BC3	0.910

(5) 绿色品牌行为意向的因子分析

绿色品牌行为意向样本数据的 KMO 值为 0.812，高于 0.7，Bartlett 球形值为 941.422，Sig. 值为 0.000，低于 0.05，表明样本数据可用于因子分析。绿色品牌行为意向的因子分析结果如表 5-18 所示。绿色品牌行为意向测量题项共提取出了 5 个因子，5 个因子下测量题项的因子载荷均大于 0.6，且各测量题项均对应其所属维度，说明净化后的绿色品牌行为意向测量题项可被全部保留。

表 5-18 **绿色品牌行为意向的因子分析结果(N=157)**

编号	绿色品牌行为意向因子载荷				
	1	2	3	4	5
RP1	0.843				
RP2	0.855				
PP1		0.784			
PP2		0.804			
PP3		0.611			
SW1			0.827		
SW2			0.831		
WM1				0.796	
WM2				0.802	
WM3				0.843	
MF1					0.711
MF2					0.828
MF4					0.875
MF5					0.813

(6)认知风格的因子分析

认知风格有效样本数据的 KMO 值为 0.858，高于 0.7，Bartlett 球形值为 663.963，Sig. 值为 0.000，低于 0.05，表明样本数据可用于因子分析。认知风格的因子分析结果如表 5-19 所示。可以发现，认知风格测量题项共提取出了 2 个因子，2 个因子下测量题项的因子载荷均大于 0.6，且各测量题项均对应于其所属维度，说明净化后的认知风格测量题项可被全部保留。

表 5-19 **认知风格的因子分析结果(N=157)**

编号	认知风格因子载荷	
	1	2
IC1	0.812	
IC2	0.818	

续表

编号	认知风格因子载荷	
	1	2
IC3	0. 883	
IC4	0. 812	
AC1		0. 831
AC2		0. 757
AC3		0. 740
AC4		0. 806

通过对初始量表进行净化和探索性因子分析，最终得到了 57 个用于消费者-绿色品牌依恋关系前因及后效研究的测量题项，其中，自我一致性包括 12 个测量题项；绿色品牌消费情境包括 16 个测量题项；消费者-绿色品牌关系真实性包括 4 个测量题项；绿色品牌承诺包括 3 个测量题项；绿色品牌行为意向包括 14 个测量题项；认知风格包括 8 个测量题项。由因子分析共提取出了 18 个因子，基本满足了测量题项数应为公因子数 3~5 倍的要求。① 除消费者-绿色品牌依恋关系量表外，本书正式测量量表所包括的测量题项及对应变量如表 5-20 所示。

表 5-20　　**消费者-绿色品牌依恋关系前因后效研究相关变量及测量题项**

变量	测量题项编号	测量项数
自我一致性	RS1、RS2、RS3、IS1、IS2、IS3、SS1、SS2、SS3、SC1、SC2、SC3	12
绿色品牌消费情境	BR1、BR2、BR3、BR4、BR5、BR6、RG2、RG3、AR2、AR3、PS4、PS5、PS6、PS7、CE1、CE2	16
消费者-绿色品牌关系真实性	BA1、BA2、BA3、BA4	4
绿色品牌承诺	BC1、BC2、BC3	3
绿色品牌行为意向	RP1、RP2、PP1、PP2、PP3、SW1、SW2、WM1、WM2、WM3、MF1、MF2、MF4、MF5	14
认知风格	IC1、IC2、IC3、IC4、AC1、AC2、AC3、AC4	8

① 陈永昶．游客感知视角下旅游企业机会主义行为成因与影响研究[D]．天津：南开大学，2012.

5.3 正式调研与量表检验

5.3.1 正式调研数据收集

调查者在由预调研所形成正式测量量表基础上对正式调研问卷进行设计。为了适应正式调研的需要，本书对正式调研问卷的布局和内容进行了一定的调整与完善。首先，根据预调研的结果和被调查对象反馈的信息，在电子消费类参照绿色品牌设置上，除了依据北京大学中国品牌研究中心发布的《2012 年中国绿色品牌百强排行榜》列出华为、海尔、联想、美的、格力等一系列国内知名绿色品牌外，还由 Interbrand 公司发布的《2014 年全球最佳绿色品牌排行榜》中选出了苹果、三星、索尼等国外知名绿色品牌作为参照选项；其次，为了防止被调查对象在正式调研一开始就因性别、年龄、学历和收入等个人敏感信息调查出现抵触情绪，人口统计变量调查题项被放置于问卷的最后部分。正式调研具体调查问卷见附录 F。

为了提升正式调研结果的科学性和可靠性，除发放纸质问卷外，还主要利用在线问卷的方式，通过家人、朋友和同学等关系在 QQ 群、微信群及朋友圈进行扩散，邀请全国范围内不同地区人群进行调查。由于本书主要利用结构方程模型对消费者-绿色品牌依恋关系前因及后效作用的主效应进行检验，因此需要大样本数据进行支撑。吴明隆(2010)指出为了得到稳定的结构方程模型分析结果，被调查对象样本数最好应在 200 以上。① 此外，Thompson(2000)认为结构方程模型中的观察变量数与样本数的比例应在 1∶10 至 1∶15 之间。② 本次正式调研自 2017 年 2 月 10 日开始，到 2017 年 3 月 20 日截止，共回收问卷 1000 份，其中有效问卷 673 份，有效率为 67.3%。正式调研的全部测量题项为 79 项，其中用于消费者-绿色品牌依恋关系前因主效应研究的全部测量题项为 54 项，用于消费者-绿色品牌依恋关系后效主效应研究的全部测量题项为 39 项，有效问卷 673 份，分别为前因及后效主效应研究测量题项的 12.46 倍和 17.26 倍，有效样本数基本满足结构方程模型分析的样本数量需求。

在回收的有效样本中，样本来源范围主要包括河北、山西、山东、湖北、河南、广东、江苏等多个地区。有效样本的人口统计变量统计信息如表 5-21 所示。其中，女性为 409 人，占有效样本数的 60.77%；40 岁及以下为 574 人，占有效样本数的 85.29%；本科及以上学历为 407 人，占有效样本数的 60.48%；月收入 3000 元以上为 313 人，占有效样本数的 46.51%。由正式调研有效样本在不同类型消费者中的分布可以发现，此次正式调研数据涵盖了所有需要调查的人群，且年轻高学历高收入的女性被调查对象较多，符合目

① 吴明隆. 问卷统计分析实务：SPSS 操作与应用[M]. 重庆：重庆大学出版社，2010.

② THOMPSON B. Ten commandments of structual equation modeling[M]//GRIMM L G, YARNOLD P R. Reading and Understanding More Multivariate Statistics. Washington DC：APA, 2000：261-283.

前我国绿色消费主流人群的特征，说明正式调研有效样本分布具有较好的代表性和科学性。

表 5-21　　　　正式调研有效样本人口统计变量统计情况(N=673)

统计内容	内容分类	人数	百分比(%)
性别	男	264	39.23
	女	409	60.77
年龄	20 岁及以下	40	5.94
	21~30 岁	320	47.55
	31~40 岁	214	31.80
	41~50 岁	85	12.63
	51~60 岁	10	1.49
	61 岁及以上	4	0.59
受教育水平	高中及以下	122	18.13
	专科	144	21.40
	本科	279	41.46
	硕士	87	12.93
	博士	41	6.09
月收入水平	1000 元及以下	133	19.76
	1001~3000 元	227	33.73
	3001~5000 元	177	26.30
	5001 元及以上	136	20.21

由被调查对象所选电子消费类参照绿色品牌分布可以发现，排在前七位的参照品牌分别为华为(20.18%)、海尔(13.24%)、格力(11.03%)、美的(9.49%)、苹果(8.37%)、联想(7.74%)和三星(6.68%)，分布如图 5-2 所示。可见，相对于国外绿色品牌，消费者对本土绿色品牌的接受度和认可度更高，说明我国企业在绿色发展和绿色创新方面的努力正日益使本土绿色品牌受到消费者的青睐、关注和喜爱。

在进行信度、效度及假设检验之前，首先对所收集正式调研有效样本数据进行描述性统计分析。由表 5-22 可知，各题项偏度的绝对值处于 0.058 到 0.549 之间，远小于 3 的判断标准，峰度的绝对值处于 0.009 到 0.573 之间，远小于 10 的判断标准，表明样本数据服从正态分布，可用于后续的分析。

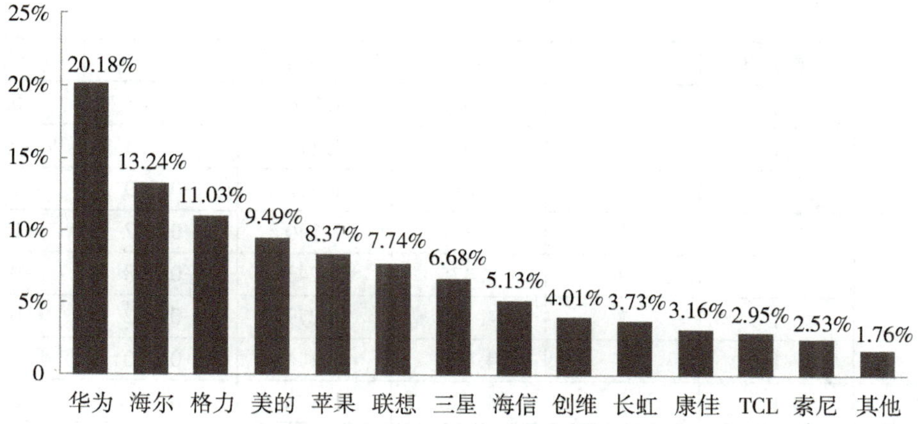

图 5-2 正式调研被调查对象所选参照品牌分布

表 5-22 **测量题项的描述性统计分析结果(N=673)**

题项	最小值	最大值	均值	标准差	偏度	峰度
BV1	1	7	4.624	1.458	−0.453	−0.316
BV2	1	7	4.587	1.309	−0.230	−0.318
BV4	1	7	4.734	1.283	−0.343	−0.112
BV5	1	7	4.621	1.229	−0.136	−0.252
BV6	1	7	4.724	1.246	−0.290	−0.076
BV8	1	7	4.923	1.016	−0.357	0.393
BV9	2	7	4.970	1.091	−0.176	−0.024
BV10	1	7	4.893	1.073	−0.322	0.314
BV11	1	7	4.897	1.063	−0.279	0.301
BV12	1	7	4.799	1.058	−0.236	0.386
BV14	1	7	4.988	1.080	−0.360	0.457
BV16	1	7	5.004	1.097	−0.226	−0.009
EC2	1	7	4.788	1.436	−0.488	−0.043
EC3	1	7	4.698	1.280	−0.284	−0.278
EC4	1	7	4.731	1.215	−0.277	−0.256
EC9	1	7	4.578	1.291	−0.215	−0.269
EC10	1	7	4.481	1.301	−0.368	0.065
EC12	1	7	4.535	1.301	−0.445	0.172
EC13	1	7	4.465	1.318	−0.483	0.082
EC18	1	7	4.346	1.360	−0.139	−0.283
EC19	1	7	4.340	1.382	−0.433	−0.314
EC21	1	7	4.363	1.397	−0.392	−0.057

续表

题项	最小值	最大值	均值	标准差	偏度	峰度
RS1	1	7	4. 667	1. 246	-0. 373	-0. 099
RS2	1	7	4. 519	1. 175	-0. 155	-0. 229
RS3	1	7	4. 654	1. 212	-0. 219	-0. 279
IS1	1	7	4. 371	1. 240	-0. 207	-0. 268
IS2	1	7	4. 475	1. 243	-0. 058	-0. 477
IS3	1	7	4. 453	1. 279	-0. 332	-0. 269
SS1	1	7	4. 532	1. 144	-0. 270	-0. 087
SS2	1	7	4. 516	1. 182	-0. 236	-0. 118
SS3	1	7	4. 530	1. 175	-0. 106	-0. 360
SC1	1	7	4. 429	1. 292	-0. 309	-0. 298
SC2	1	7	4. 299	1. 223	-0. 150	-0. 462
SC3	1	7	4. 435	1. 277	-0. 219	-0. 366
BR1	1	7	4. 697	1. 251	-0. 217	-0. 343
BR2	1	7	4. 661	1. 204	-0. 080	-0. 329
BR3	2	7	4. 758	1. 205	-0. 151	-0. 487
BR4	1	7	4. 713	1. 158	-0. 243	-0. 110
BR5	1	7	4. 695	1. 225	-0. 197	-0. 307
BR6	1	7	4. 679	1. 136	-0. 172	-0. 222
RG2	1	7	4. 648	1. 218	-0. 242	0. 068
RG3	1	7	4. 587	1. 229	-0. 327	0. 136
AR2	1	7	4. 648	1. 197	-0. 422	0. 314
AR3	1	7	4. 695	1. 255	-0. 384	0. 045
PS4	1	7	4. 242	1. 402	-0. 268	-0. 356
PS5	1	7	4. 259	1. 335	-0. 327	-0. 180
PS6	1	7	4. 229	1. 376	-0. 400	-0. 122
PS7	1	7	4. 419	1. 284	-0. 293	-0. 167
CE1	1	7	4. 682	1. 428	-0. 262	-0. 565
CE2	1	7	4. 480	1. 427	-0. 277	-0. 311
BA1	1	7	4. 504	1. 380	-0. 549	-0. 073
BA2	1	7	4. 530	1. 212	-0. 277	0. 017
BA3	1	7	4. 492	1. 317	-0. 345	-0. 166
BA4	1	7	4. 539	1. 287	-0. 384	0. 052
BC1	1	7	4. 207	1. 521	-0. 357	-0. 573
BC2	1	7	4. 166	1. 289	-0. 133	-0. 350

续表

题项	最小值	最大值	均值	标准差	偏度	峰度
BC3	1	7	4.342	1.417	-0.286	-0.496
RP1	1	7	4.539	1.279	-0.229	-0.178
RP2	1	7	4.517	1.300	-0.160	-0.464
PP1	1	7	4.462	1.333	-0.269	-0.311
PP2	1	7	4.498	1.351	-0.248	-0.223
PP3	1	7	4.575	1.312	-0.128	-0.484
SW1	1	7	4.415	1.348	-0.211	-0.365
SW2	1	7	4.371	1.369	-0.136	-0.413
WM1	1	7	4.673	1.270	-0.317	-0.055
WM2	1	7	4.611	1.274	-0.286	-0.184
WM3	1	7	4.684	1.357	-0.298	-0.269
MF1	1	7	4.548	1.273	-0.215	-0.013
MF2	1	7	4.363	1.288	-0.217	-0.080
MF4	1	7	4.355	1.331	-0.397	0.023
MF5	1	7	4.462	1.279	-0.429	0.092
IC1	1	7	4.425	1.313	-0.151	-0.372
IC2	1	7	4.415	1.324	-0.118	-0.506
IC3	1	7	4.426	1.272	-0.155	-0.371
IC4	1	7	4.444	1.277	-0.208	-0.412
AC1	1	7	4.331	1.341	-0.108	-0.524
AC2	1	7	4.227	1.355	-0.148	-0.453
AC3	1	7	4.300	1.343	-0.193	-0.478
AC4	1	7	4.355	1.362	-0.232	-0.514

5.3.2 信度分析

在通过描述性统计分析确定正式调研有效样本数据的分布形态后，还需分析正式测量量表的信度和效度。消费者-绿色品牌依恋关系前因及后效研究量表的信度分析主要采用被广泛接受的 Cronbach's α 系数进行检验。利用 SPSS 20.0 软件对正式测量量表中的 23 个变量进行信度分析，分析结果如表 5-23 所示。由该表可知，所有变量的 Cronbach's α 系数均大于 0.7。总体而言，消费者-绿色品牌依恋关系前因后效研究的量表具有较好的信度，能满足研究需要。

表 5-23　　正式调研量表的信度分析结果(N=673)

变　量	题项数目	Cronbach's α 系数
绿色功能价值(GBV)	5	0.837
一般功能价值(CBV)	7	0.875
初始直接情感联结(BEC)	3	0.754
热切直接情感联结(WEC)	4	0.802
间接情感联结(IEC)	3	0.761
真实自我一致性(RS)	3	0.750
理想自我一致性(IS)	3	0.759
社会自我一致性(SS)	3	0.763
理想社会自我一致性(SC)	3	0.794
绿色品牌合理性(BR)	6	0.858
参照群体(RG)	2	0.738
可得性(AR)	2	0.764
权力(PS)	4	0.852
消费经历(CE)	2	0.746
消费者-绿色品牌关系真实性(BA)	4	0.808
绿色品牌承诺(BC)	3	0.877
重复购买(RP)	2	0.849
溢价支付(PP)	3	0.790
钱包份额(SW)	2	0.794
口碑推荐(WM)	3	0.783
差错宽恕(MF)	4	0.811
创新型认知风格(IC)	4	0.891
适应型认知风格(AC)	4	0.882

5.3.3 效度分析

在对量表的信度进行初步分析后，还需对量表的效度进行分析，主要包含以下三个方面：内容效度分析、收敛效度分析及区别效度分析等。由于消费者-绿色品牌依恋关系内容测量量表的开发严格按照扎根理论的研究步骤进行，且消费者-绿色品牌依恋关系前因及后效研究的其他各变量测量题项均借鉴自国内外已有成熟研究成果，因此量表具备较高的内容效度。本书接着采用 SPSS 20.0 和 AMOS 16.0 软件对主要量表的收敛效度和区别效度进行分析。

(1)计算性绿色品牌依恋的效度分析

表 5-24 反映的是计算性绿色品牌依恋收敛效度分析的结果。由该表可知，绿色功能价值和一般功能价值的平均变异抽取值(AVE)分别为 0.510 和 0.501，组合信度(CR)分别为 0.838 和 0.875，且各维度测量项因子载荷的范围分别为 0.677～0.789 和 0.671～0.726，均达到各变量对应题项因子载荷高于 0.5，AVE 值高于 0.5，CR 值高于 0.7 的要求。此外，各拟合指标均达到相应判断标准，综合表明计算性绿色品牌依恋的测量量表具有较好的收敛效度。

表 5-24　**计算性绿色品牌依恋的收敛效度分析结果(N=673)**

维度	测量项	因子载荷	AVE 值	CR 值	拟合指标
绿色功能价值(GBV)	BV1	0.789	0.510	0.838	CMIN/DF=1.922 GFI=0.975 AGFI=0.963 RMSEA=0.037 CFI=0.985 NFI=0.969 PNFI=0.778 RFI=0.962 IFI=0.985
	BV2	0.716			
	BV4	0.696			
	BV5	0.678			
	BV6	0.686			
一般功能价值(CBV)	BV8	0.673	0.501	0.875	
	BV9	0.709			
	BV10	0.719			
	BV11	0.695			
	BV12	0.704			
	BV14	0.730			
	BV16	0.723			

表 5-25 反映的是计算性绿色品牌依恋区别效度分析的结果。由该表可知，计算性绿色品牌依恋下绿色功能价值和一般功能价值两维度 AVE 值的平方根均大于其与其他维度的相关系数，说明计算性绿色品牌依恋的整体测量量表具有较高的区别效度。

表 5-25　**计算性绿色品牌依恋的区别效度分析结果(N=673)**

	GBV	CBV
GBV	(0.714)	
CBV	0.560	(0.708)

注：对角线数值为各维度 AVE 值的平方根。

(2)情感性绿色品牌依恋的效度分析

表 5-26 反映的是情感性绿色品牌依恋收敛效度分析的结果。由该表可知，初始直接情感联结、热切直接情感联结和间接情感联结的平均变异抽取值(AVE)分别为 0.511、0.506 和 0.516，组合信度(CR)分别为 0.758、0.803 和 0.762，且各维度测量项因子载荷的范围分别为 0.681~0.775、0.652~0.759 和 0.692~0.760，均达到各变量对应题项因子载荷高于 0.5，AVE 值高于 0.5，CR 值高于 0.7 的要求。此外，各拟合指标均达到相应判断标准，综合表明情感性绿色品牌依恋的测量量表具有较好的收敛效度。

表 5-26　**情感性绿色品牌依恋的收敛效度分析结果(N=673)**

维度	测量项	因子载荷	AVE 值	CR 值	拟合指标
初始直接情感联结(BEC)	EC2	0.775	0.511	0.758	CMIN/DF=2.311 GFI=0.978 AGFI=0.962 RMSEA=0.044 CFI=0.981 NFI=0.967 PNFI=0.688 RFI=0.954 IFI=0.981
	EC3	0.681			
	EC4	0.685			
热切直接情感联结(WEC)	EC9	0.652	0.506	0.803	
	EC10	0.759			
	EC12	0.732			
	EC13	0.698			
间接情感联结(IEC)	EC18	0.701	0.516	0.762	
	EC19	0.760			
	EC21	0.692			

表 5-27 反映的是情感性绿色品牌依恋区别效度分析的结果。由该表可知，情感性绿色品牌依恋初始直接情感联结、热切直接情感联结和间接情感联结三维度 AVE 值的平方根均大于其与其他维度的相关系数，说明情感性绿色品牌依恋的整体测量量表具有较高的区别效度。

表 5-27　**情感性绿色品牌依恋的区别效度分析结果(N=673)**

	BEC	WEC	IEC
BEC	(0.715)		
WEC	0.611	(0.711)	
IEC	0.421	0.653	(0.718)

注：对角线数值为各维度 AVE 值的平方根。

(3)自我一致性的效度分析

表5-28反映的是自我一致性收敛效度分析的结果。由该表可知，真实自我一致性、理想自我一致性、社会自我一致性和理想社会自我一致性的平均变异抽取值(AVE)分别为0.505、0.514、0.517和0.564，组合信度(CR)分别为0.753、0.760、0.763和0.795，且各维度测量题项因子载荷的范围分别为0.678~0.763、0.694~0.729、0.706~0.736和0.723~0.786，均达到各变量对应题项因子载荷高于0.5，AVE值高于0.5，CR值高于0.7的要求。此外，各拟合指标均达到相应判断标准，综合表明自我一致性的测量量表具有较好的收敛效度。

表5-28　**自我一致性的收敛效度分析结果(N=673)**

维度	测量项	因子载荷	AVE值	CR值	拟合指标
真实自我一致性(RS)	RS1	0.763	0.505	0.753	CMIN/DF=2.110 GFI=0.975 AGFI=0.960 RMSEA=0.041 CFI=0.981 NFI=0.965 PNFI=0.701 RFI=0.951 IFI=0.981
	RS2	0.678			
	RS3	0.688			
理想自我一致性(IS)	IS1	0.729	0.514	0.760	
	IS2	0.694			
	IS3	0.727			
社会自我一致性(SS)	SS1	0.706	0.517	0.763	
	SS2	0.715			
	SS3	0.736			
理想社会自我一致性(SC)	SC1	0.742	0.564	0.795	
	SC2	0.723			
	SC3	0.786			

表5-29反映的是自我一致性区别效度分析的结果。由该表可知，自我一致性各维度AVE值的平方根均大于其与其他维度的相关系数，说明自我一致性的整体测量量表具有较高的区别效度。

表5-29　**自我一致性的区别效度分析结果(N=673)**

	RS	IS	SS	SC
RS	(0.711)			
IS	0.480	(0.717)		
SS	0.630	0.665	(0.719)	
SC	0.508	0.668	0.593	(0.751)

注：对角线数值为各维度AVE值的平方根。

(4)绿色品牌消费情境的效度分析

表 5-30 反映的是绿色品牌消费情境收敛效度分析的结果。由该表可知，绿色品牌合理性、参照群体、可得性、权力和消费经历的平均变异抽取值(AVE)分别为 0.502、0.588、0.619、0.593 和 0.597，组合信度(CR)分别为 0.858、0.740、0.765、0.853 和 0.747，且各维度测量项因子载荷的范围分别为 0.672～0.775、0.726～0.806、0.767～0.806、0.708～0.811 和 0.748～0.796，达到各变量对应题项因子载荷高于 0.5，AVE 值高于 0.5，CR 值高于 0.7 的要求。此外，各拟合指标均达到相应判断标准，综合表明绿色品牌消费情境的测量量表具有较好的收敛效度。

表 5-30　　**绿色品牌消费情境的收敛效度分析结果(N=673)**

<table>
<tr><th>维度</th><th>测量项</th><th>因子载荷</th><th>AVE 值</th><th>CR 值</th><th>拟合指标</th></tr>
<tr><td rowspan="6">绿色品牌合理性
(BR)</td><td>BR1</td><td>0.743</td><td rowspan="6">0.502</td><td rowspan="6">0.858</td><td rowspan="16">CMIN/DF=2.017
GFI=0.967
AGFI=0.952
RMSEA=0.039
CFI=0.979
NFI=0.959
PNFI=0.751
RFI=0.948
IFI=0.979</td></tr>
<tr><td>BR2</td><td>0.685</td></tr>
<tr><td>BR3</td><td>0.775</td></tr>
<tr><td>BR4</td><td>0.676</td></tr>
<tr><td>BR5</td><td>0.695</td></tr>
<tr><td>BR6</td><td>0.672</td></tr>
<tr><td rowspan="2">参照群体
(RG)</td><td>RG2</td><td>0.806</td><td rowspan="2">0.588</td><td rowspan="2">0.740</td></tr>
<tr><td>RG3</td><td>0.726</td></tr>
<tr><td rowspan="2">可得性
(AR)</td><td>AR2</td><td>0.806</td><td rowspan="2">0.619</td><td rowspan="2">0.765</td></tr>
<tr><td>AR3</td><td>0.767</td></tr>
<tr><td rowspan="4">权力
(PS)</td><td>PS4</td><td>0.811</td><td rowspan="4">0.593</td><td rowspan="4">0.853</td></tr>
<tr><td>PS5</td><td>0.759</td></tr>
<tr><td>PS6</td><td>0.797</td></tr>
<tr><td>PS7</td><td>0.708</td></tr>
<tr><td rowspan="2">消费经历
(CE)</td><td>CE1</td><td>0.796</td><td rowspan="2">0.597</td><td rowspan="2">0.747</td></tr>
<tr><td>CE2</td><td>0.748</td></tr>
</table>

表 5-31 反映的是绿色品牌消费情境区别效度分析的结果。由该表可知，绿色品牌消费情境各维度 AVE 值的平方根均大于其与其他维度的相关系数，说明绿色品牌消费情境的整体测量量表具有较高的区别效度。

表 5-31　　绿色品牌消费情境的区别效度分析结果(N=673)

	BR	RG	AR	PS	CE
BR	(0.709)				
RG	0.684	(0.767)			
AR	0.684	0.572	(0.787)		
PS	0.321	0.270	0.311	(0.770)	
CE	0.693	0.536	0.573	0.417	(0.773)

注：对角线数值为各维度 AVE 值的平方根。

(5)绿色品牌行为意向的效度分析

表 5-32 反映的是绿色品牌行为意向收敛效度分析的结果。由该表可知，重复购买、溢价支付、钱包份额、口碑推荐和差错宽恕的平均变异抽取值(AVE)分别为 0.738、0.557、0.659、0.547 和 0.519，组合信度(CR)分别为 0.849、0.790、0.794、0.784 和 0.812，且各维度测量项因子载荷的范围分别为 0.858～0.860、0.707～0.778、0.803～0.820、0.732～0.748 和 0.705～0.739，达到各变量对应题项因子载荷高于 0.5，AVE 值高于 0.5，CR 值高于 0.7 的要求。此外，各拟合指标均达到相应判断标准，综合表明绿色品牌行为意向的测量量表具有较好的收敛效度。

表 5-32　　绿色品牌行为意向的收敛效度分析结果(N=673)

维度	测量项	因子载荷	AVE 值	CR 值	拟合指标
重复购买(RP)	RP1	0.858	0.738	0.849	CMIN/DF=1.543 GFI=0.979 AGFI=0.967 RMSEA=0.028 CFI=0.991 NFI=0.975 PNFI=0.718 RFI=0.966 IFI=0.991
	RP2	0.860			
溢价支付(PP)	PP1	0.753	0.557	0.790	
	PP2	0.778			
	PP3	0.707			
钱包份额(SW)	SW1	0.820	0.659	0.794	
	SW2	0.803			
口碑推荐(WM)	WM1	0.739	0.547	0.784	
	WM2	0.748			
	WM3	0.732			
差错宽恕(MF)	MF1	0.705	0.519	0.812	
	MF2	0.725			
	MF4	0.739			
	MF5	0.711			

表 5-33 反映的是绿色品牌行为意向区别效度分析的结果。由该表可知，绿色品牌行为意向各维度 AVE 值的平方根均大于其与其他维度的相关系数，说明绿色品牌行为意向的整体测量量表具有较高的区别效度。

表 5-33　**绿色品牌行为意向的区别效度分析结果(N=673)**

	RP	PP	SW	WM	MF
RP	(0.859)				
PP	0.632	(0.746)			
SW	0.565	0.653	(0.812)		
WM	0.661	0.674	0.585	(0.740)	
MF	0.475	0.692	0.648	0.565	(0.720)

注：对角线数值为各维度 AVE 值的平方根。

(6)认知风格的效度分析

表 5-34 反映的是认知风格收敛效度分析的结果。由该表可知，创新型认知风格和适应型认知风格的平均变异抽取值(AVE)分别为 0.671 和 0.651，组合信度(CR)分别为 0.891 和 0.882，且各维度测量项因子载荷的范围分别为 0.799～0.837 和 0.795～0.821，达到各变量对应题项因子载荷高于 0.5，AVE 值高于 0.5，CR 值高于 0.7 的要求。此外，各拟合指标均达到相应判断标准，综合表明认知风格的测量量表具有较好的收敛效度。

表 5-34　**认知风格的收敛效度分析结果(N=673)**

维度	测量项	因子载荷	AVE 值	CR 值	拟合指标
创新型认知风格(IC)	IC1	0.837	0.671	0.891	CMIN/DF=1.250 GFI=0.991 AGFI=0.983 RMSEA=0.019 CFI=0.998 NFI=0.992 PNFI=0.673 RFI=0.988 IFI=0.998
	IC2	0.811			
	IC3	0.829			
	IC4	0.799			
适应型认知风格(AC)	AC1	0.800	0.651	0.882	
	AC2	0.795			
	AC3	0.821			
	AC4	0.812			

表 5-35 反映的是认知风格区别效度分析的结果。由该表可知，认知风格各维度 AVE 值的平方根均大于其与其他维度的相关系数，说明认知风格的整体测量量表具有较高的区别效度。

表 5-35 **认知风格的区别效度分析结果(N=673)**

	IC	AC
IC	(0.819)	
AC	-0.081	(0.807)

注：对角线数值为各维度 AVE 值的平方根。

(7)其他单维变量效度分析

除以上多维变量外，消费者-绿色品牌依恋关系的前因及后效研究还包括消费者-绿色品牌关系真实性和绿色品牌承诺两个单维变量。由于单维变量无法进行区别效度分析，因此仅对这两个变量进行收敛效度分析。为了防止单维变量在进行结构方程模型分析时出现饱和模型，本书将两个变量同时放入到一个模型中进行收敛效度分析。表 5-36 反映的是消费者-绿色品牌关系真实性和绿色品牌承诺收敛效度分析的结果。由该表可知，消费者-绿色品牌关系真实性和绿色品牌承诺的平均变异抽取值(AVE)分别为 0.515 和 0.709，组合信度(CR)分别为 0.809 和 0.879，且各维度测量项因子载荷的范围分别为 0.666~0.748 和 0.809~0.879，达到各变量对应题项因子载荷高于 0.5，AVE 值高于 0.5，CR 值高于 0.7 的要求。综合表明消费者-绿色品牌关系真实性和绿色品牌承诺的测量量表均具有较好的收敛效度。

表 5-36 **关系真实性和绿色品牌承诺的收敛效度分析结果(N=673)**

<table>
<tr><th>维度</th><th>测量项</th><th>因子载荷</th><th>AVE 值</th><th>CR 值</th><th>拟合指标</th></tr>
<tr><td rowspan="4">消费者-绿色品牌关系真实性(BA)</td><td>BA1</td><td>0.728</td><td rowspan="4">0.515</td><td rowspan="4">0.809</td><td rowspan="7">CMIN/DF=4.103
GFI=0.977
AGFI=0.951
RMSEA=0.068
CFI=0.981
NFI=0.975
PNFI=0.604
RFI=0.960
IFI=0.981</td></tr>
<tr><td>BA2</td><td>0.666</td></tr>
<tr><td>BA3</td><td>0.748</td></tr>
<tr><td>BA4</td><td>0.725</td></tr>
<tr><td rowspan="3">绿色品牌承诺(BC)</td><td>BC1</td><td>0.879</td><td rowspan="3">0.709</td><td rowspan="3">0.879</td></tr>
<tr><td>BC2</td><td>0.809</td></tr>
<tr><td>BC3</td><td>0.836</td></tr>
</table>

5.4　本章小结

根据第四章所提出的消费者-绿色品牌依恋关系前因及后效研究的概念模型和相关假设，本章在借鉴国内外成熟量表的基础上提出了自我一致性、消费情境、消费者-绿色品牌关系真实性等消费者-绿色品牌依恋关系前因研究相关变量的测量题项及绿色品牌承诺、绿色品牌行为意向和认知风格等消费者-绿色品牌依恋关系后效研究相关变量的测量题项。以预调研所采集有效样本数据为基础，对消费者-绿色品牌依恋关系前因及后效研究的测量量表进行了净化，最终得到了 57 个测量题项，生成正式测量量表。其中，自我一致性包括 12 个测量题项；绿色品牌消费情境包括 16 个测量题项；消费者-绿色品牌关系真实性包括 4 个测量题项；绿色品牌承诺包括 3 个测量题项；绿色品牌行为意向包括 14 个测量题项；认知风格包括 8 个测量题项。

基于生成的消费者-绿色品牌依恋关系前因及后效研究相关变量正式量表和第三章所提出的消费者-绿色品牌依恋关系内容量表，形成了正式调研问卷。正式调研共获得 673 份有效样本数据，用于相关量表的检验。首先对所收集正式调研有效样本数据进行描述性统计分析发现，样本数据服从正态分布，可用于后续的分析；接着通过对有效样本数据进行信度分析和效度分析发现，正式量表及调研所获得有效样本数据均符合相应检验标准。综上可知，正式调研所采集的有效样本数据及所提出的变量测量量表均可用于后文消费者-绿色品牌依恋关系模型的检验和分析。

第 6 章 消费者-绿色品牌依恋关系模型的检验与分析

笔者在正式调研所收集有效样本数据基础上对消费者-绿色品牌依恋关系模型进行检验和分析。首先对消费者-绿色品牌依恋关系与前因变量和后效变量的相关性进行分析，以简单判断相关变量间的因果关系；接着采用结构方程模型分别对消费者-绿色品牌依恋关系前因作用和后效作用的主效应模型进行分析，并利用模糊集定性比较手段对能带来高消费者-绿色品牌依恋关系的自我一致性和绿色品牌消费情境要素组合进行深入挖掘；最后采用分层回归分析方法对消费者-绿色品牌依恋关系模型中的中介效应和调节效应进行检验。

6.1 相关性分析与共同方法偏差检验

6.1.1 变量间相关性分析

在对消费者-绿色品牌依恋关系前因后效作用模型进行实证研究前，需要对模型中所涉及的变量进行相关性分析。通过相关性分析可以由计算所得的相关系数对变量间关联程度进行一个初步判断，把握变量间的作用方向和作用程度。一般来说，研究所提假设中的变量间应存在相关性，且具有统计意义。当变量间不存在相关性时，它们间也通常没有因果作用关系。变量间相关性分析是后续实证研究展开的重要基础。本书通过 SPSS 20.0 软件，采用 Pearson 相关系数对各变量间的相关性进行分析。

表 6-1 反映的是消费者-绿色品牌依恋关系前因作用各变量间相关性分析结果。从计算性绿色品牌依恋和情感性绿色品牌依恋分别与自我一致性的相关性可知，计算性绿色品牌依恋和真实自我一致性、理想自我一致性、社会自我一致性及理想社会自我一致性均存在正相关关系，且都在显著性水平为 0.001 以下相关，对应的数值为 0.425、0.433、0.412 和 0.466，可见计算性绿色品牌依恋和自我一致性间存在较强的相关性；情感性绿色品牌依恋和真实自我一致性、理想自我一致性、社会自我一致性及理想社会自我一致性也均存在正相关关系，且都在显著性水平为 0.001 以下相关，对应的数值为 0.535、0.539、0.585 和 0.533，可见情感性绿色品牌依恋和自我一致性间也存在较强的相关性。

从计算性绿色品牌依恋与情感性绿色品牌依恋分别和绿色品牌消费情境的相关性可知，计算性绿色品牌依恋和绿色品牌合理性、参照群体、可得性、权力和消费经历均存在正相关关系，且都在显著性水平为0.001以下相关，对应的数值为0.657、0.400、0.446、0.307和0.485，可见计算性绿色品牌依恋与绿色品牌消费情境间存在较强的相关性；情感性绿色品牌依恋与绿色品牌合理性、参照群体、可得性、权力和消费经历也均存在正相关关系，且都在显著性水平为0.001以下相关，对应的数值为0.648、0.484、0.483、0.274和0.493，可见情感性绿色品牌依恋也与绿色品牌消费情境间存在较强的相关性。

从计算性绿色品牌依恋和情感性绿色品牌依恋分别同消费者-绿色品牌关系真实性的相关性可知，计算性绿色品牌依恋和情感性绿色品牌依恋与消费者-绿色品牌关系真实性均存在正相关关系，且都在显著性水平为0.001以下相关，所对应的数值为0.501和0.612，说明计算性绿色品牌依恋和情感性绿色品牌依恋均与消费者-绿色品牌关系真实性存在较强的相关性。

表 6-1 **消费者-绿色品牌依恋关系前因作用变量的相关性分析(N=673)**

	BV	EC	RS	IS	SS	SC	BR	GR	AR	PS	CE	BA
BV	1											
EC	0.618***	1										
RS	0.425***	0.535***	1									
IS	0.433***	0.539***	0.370***	1								
SS	0.412***	0.585***	0.483***	0.507***	1							
SC	0.466***	0.533***	0.397***	0.520***	0.464***	1						
BR	0.657***	0.648***	0.501***	0.489***	0.497***	0.489***	1					
RG	0.400***	0.484***	0.327***	0.405***	0.434***	0.375***	0.545***	1				
AR	0.446***	0.483***	0.343***	0.347***	0.390***	0.342***	0.554***	0.428***	1			
PS	0.307***	0.274***	0.260***	0.298***	0.259***	0.274***	0.276***	0.220***	0.253***	1		
CE	0.485***	0.493***	0.400***	0.359***	0.423***	0.377***	0.552***	0.402***	0.436***	0.339***	1	
BA	0.501***	0.612***	0.435***	0.532***	0.578***	0.479***	0.630***	0.509***	0.463***	0.338***	0.545***	1

注：***p<0.001，**p<0.01，*p<0.05。

表6-2反映的是消费者-绿色品牌依恋关系后效作用各变量间相关性分析结果。从计算性绿色品牌依恋和情感性绿色品牌依恋分别与绿色品牌承诺的相关性可知，计算性绿色品牌依恋和情感性绿色品牌依恋与绿色品牌承诺均存在正相关关系，且都在显著性水平为0.001以下相关，所对应的数值为0.358和0.479，可见计算性绿色品牌依恋与情感性绿色品牌依恋均同绿色品牌承诺存在较强的相关性。

从计算性绿色品牌依恋和情感性绿色品牌依恋分别与绿色品牌行为意向的相关性可知，计算性绿色品牌依恋与重复购买、溢价支付、钱包份额、口碑推荐和差错宽恕均存在正相关关系，且都在显著性水平为 0.001 以下相关，所对应的数值为 0.506、0.383、0.349、0.498 和 0.340，可见计算性绿色品牌依恋与绿色品牌行为意向间存在较强的相关性；情感性绿色品牌依恋与重复购买、溢价支付、钱包份额、口碑推荐和差错宽恕均存在正相关关系，且都在显著性水平为 0.001 以下相关，所对应的数值为 0.511、0.466、0.427、0.520 和 0.509，可见情感性绿色品牌依恋与绿色品牌行为意向间存在较强的相关性。

表 6-2　消费者-绿色品牌依恋关系后效作用变量的相关性分析（N=673）

	BV	EC	BC	RP	PP	SW	WM	MF	IC	AC
BV	1									
EC	0.618***	1								
BC	0.358***	0.479***	1							
RP	0.506***	0.511***	0.449***	1						
PP	0.383***	0.466***	0.574***	0.517***	1					
SW	0.349***	0.427***	0.458***	0.465***	0.516***	1				
WM	0.498***	0.520***	0.498***	0.539***	0.532***	0.461***	1			
MF	0.340***	0.509***	0.535***	0.396***	0.555***	0.519***	0.453***	1		
IC	0.298***	0.338***	0.404***	0.351***	0.413***	0.420***	0.384***	0.429***	1	
AC	0.270***	0.397***	0.260***	0.279***	0.307***	0.295***	0.343***	0.368***	-0.072	1

注：***$p<0.001$，**$p<0.01$，*$p<0.05$。

6.1.2 共同方法偏差检验

共同方法偏差是指因为同样的数据来源或调研对象、同样的调研情境、相同的调研项目语境或调研项目本身特性而造成的预测与校标变量间的人为共变。由于每次调研的所有题项均由同一位调研对象作答，因此数据中的共同方法偏差通常是无法避免的，但有必要对共同方法偏差的影响进行检验。本书采用 Harman 单因素检验法对消费者-绿色品牌依恋关系前因及后效研究所有测量量表中各变量间的共同方法偏差问题进行分析，通过变量未旋转主成分分析方法所提取的因素数量和单一解释变异量检验共同方法偏差影响的严重程度。

本书用于测量消费者-绿色品牌依恋关系内容、前因及后效的题项共包括 79 个。通过对未旋转主成分分析方法所析出的所有因子分析发现，其中解释力最强的因子解释了总变异量的 29.234%。主成分分析法并没有只析出一个因子，且没有出现单一因子解释绝大部分变异的现象，说明共同方法偏差的影响并不严重。

6.2　消费者-绿色品牌依恋关系前因作用的验证分析

6.2.1　自我一致性与消费者-绿色品牌依恋关系

由于自我一致性和消费者-绿色品牌依恋关系均包含多个测量变量，而结构方程模型不仅能处理一个因变量与多个自变量的关系，还擅长于同时分析多个因变量与多个自变量之间的关系，因此本书主要通过 AMOS 16.0 软件，采用结构方程模型对自我一致性与消费者-绿色品牌依恋关系进行研究。

首先对自我一致性与消费者-绿色品牌依恋关系间作用模型的拟合度进行分析，如表 6-3 所示。各拟合指标均达到相应判断标准，表明自我一致性与消费者-绿色品牌依恋关系间作用模型的整体拟合情况基本达到要求，所构建作用模型是可以接受的。

接着对自我一致性与消费者-绿色品牌依恋关系间的假设路径进行检验。由表 6-3 可知，真实自我一致性、理想自我一致性、社会自我一致性和理想社会自我一致性对计算性绿色品牌依恋作用的路径系数分别为 0.396、0.315、0.217 和 0.390，临界比例的绝对值 | CR | 均大于 1.96，p 值均小于 0.001，说明自我一致性对计算性绿色品牌依恋有显著的正向影响；真实自我一致性、理想自我一致性、社会自我一致性和理想社会自我一致性对情感性绿色品牌依恋作用的路径系数分别为 0.445、0.374、0.497 和 0.363，临界比例的绝对值 | CR | 均大于 1.96，p 值均小于 0.001，说明自我一致性对情感性绿色品牌依恋也有显著的正向影响。总体来看，自我一致性各维度均对消费者-绿色品牌依恋关系有显著正向影响，自我一致性对消费者-绿色品牌依恋关系的作用模型成立，假设 H1 及各子假设均得到验证。

表 6-3　　**自我一致性与消费者-绿色品牌依恋关系的假设检验结果（N=673）**

关系	标准化路径系数	S. E.	C. R.	p	显著状况	拟合指标
BV←RS	0.396	0.036	6.590	***	显著	CMIN/DF=3.112 GFI=0.867 AGFI=0.846 RMSEA=0.056 CFI=0.883 NFI=0.838 PNFI=0.767 RFI=0.823 IFI=0.884
BV←IS	0.315	0.037	5.490	***	显著	
BV←SS	0.217	0.037	4.003	***	显著	
BV←SC	0.390	0.036	6.639	***	显著	
EC←RS	0.445	0.039	7.305	***	显著	
EC←IS	0.374	0.040	6.520	***	显著	
EC←SS	0.497	0.046	7.786	***	显著	
EC←SC	0.363	0.036	6.536	***	显著	

注：***p<0.001，**p<0.01，* p<0.05。

6.2.2 绿色品牌消费情境与消费者-绿色品牌依恋关系

本书通过 AMOS 16.0 软件，采用结构方程模型对绿色品牌消费情境与消费者-绿色品牌依恋关系进行探索。首先检验绿色品牌消费情境与消费者-绿色品牌依恋关系间作用模型的拟合度，如表 6-4 所示。各拟合指标均达到相应判断标准，表明情境与消费者-绿色品牌依恋关系间作用模型的整体拟合情况基本达到要求，所构建作用模型是可以接受的。

接着对绿色品牌消费情境和消费者-绿色品牌依恋关系间的假设路径进行检验。由表 6-4 可知，绿色品牌合理性、可得性、权力和消费经历对计算性绿色品牌依恋作用的路径系数分别为 0.835、0.108、0.152 和 0.220，临界比例的绝对值 | CR | 均大于 1.96，p 值均小于 0.05；而参照群体的路径系数为 0.049，临界比例的绝对值 | CR | 小于 1.96，p 值大于 0.05，说明除参照群体外，绿色品牌合理性、可得性、权力和消费经历均对计算性绿色品牌依恋有显著正向影响。绿色品牌合理性、参照群体、可得性和消费经历对情感性绿色品牌依恋作用的路径系数分别为 0.758、0.193、0.177 和 0.252，临界比例的绝对值 | CR | 均大于 1.96，p 值均小于 0.001；但权力的路径系数为 0.048，临界比例的绝对值 | CR | 小于 1.96，p 值大于 0.05，说明除权力外，绿色品牌合理性、参照群体、可得性和消费经历均对情感性绿色品牌依恋有显著正向影响。

表 6-4　**情境与消费者-绿色品牌依恋关系的假设检验结果(N=673)**

关系	标准化路径系数	S. E.	C. R.	p	显著状况	拟合指标
BV←BR	0.835	0.071	12.011	***	显著	CMIN/DF=3.130 GFI=0.847 AGFI=0.826 RMSEA=0.056 CFI=0.876 NFI=0.829 PNFI=0.766 RFI=0.815 IFI=0.877
BV←RG	0.049	0.041	1.081	0.280	不显著	
BV←AR	0.108	0.037	2.288	0.022	显著	
BV←PS	0.152	0.037	3.441	***	显著	
BV←CE	0.220	0.034	4.303	***	显著	
EC←BR	0.758	0.068	11.195	***	显著	
EC←RG	0.193	0.042	3.987	***	显著	
EC←AR	0.177	0.038	3.586	***	显著	
EC←PS	0.048	0.035	1.139	0.255	不显著	
EC←CE	0.252	0.034	4.826	***	显著	

注：***p<0.001，**p<0.01，* p<0.05。

由于模型中参照群体对计算性绿色品牌依恋以及权力对情感性绿色品牌依恋的路径系数不显著，但模型的各拟合指标又均达到了相应的判断标准，因此本书主要通过删除不显著路径的方法将情境因素对消费者-绿色品牌依恋关系的作用模型进行调整和修正。由表 6-5 可知，在删除不显著作用路径后，其余情境因素对消费者-绿色品牌依恋关系的作用路

径均显著，且临界比例的绝对值 | CR | 均大于 1.96。修正后模型的各拟合指标也均达到了相应的判断标准。总体来看，除参照群体和权力仅分别对情感性绿色品牌依恋和计算性绿色品牌依恋有显著正向影响外，其余绿色品牌消费情境变量均对消费者-绿色品牌依恋关系有显著正向影响。除假设 H2b 和 H2d 部分通过检验外，假设 H2a、H2c 和 H2e 均得到支持。

表 6-5　　**修正后情境与消费者-绿色品牌依恋关系的假设检验结果(N=673)**

关系	标准化路径系数	S. E.	C. R.	p	显著状况	拟合指标
BV←BR	0.843	0.072	12.165	***	显著	CMIN/DF=3.123 GFI=0.847 AGFI=0.825 RMSEA=0.056 CFI=0.876 NFI=0.829 PNFI=0.768 RFI=0.815 IFI=0.877
BV←AR	0.115	0.037	2.453	0.014	显著	
BV←PS	0.143	0.037	3.315	***	显著	
BV←CE	0.225	0.034	4.461	***	显著	
EC←BR	0.761	0.069	11.276	***	显著	
EC←RG	0.187	0.042	3.691	***	显著	
EC←AR	0.181	0.038	3.699	***	显著	
EC←CE	0.263	0.035	5.052	***	显著	

注：***p<0.001，**p<0.01，*p<0.05。

6.2.3　自我一致性与绿色品牌消费情境的组合作用

本书主要采用模糊集定性比较分析方法对能带来高消费者-绿色品牌依恋关系的自我一致性和绿色品牌消费情境组合进行分析。模糊集定性比较分析在定性比较分析方法中有着重要的地位。定性比较分析通过布尔代数相关运算方法探究不同个案间的逻辑，把个案视作差异化前因与影响因素共同构成的集合，经由个案解释条件与组合的探究以发掘可能具备的丰富因果联系。相较于传统的定量分析方法，如相关性分析和回归分析等，定性比较分析并不以检验变量间关系或作用的显著性为目的，其认为自变量与因变量间是非对称性的，指出同样的结果可能由多条路径导致，且这些路径是由不同的自变量组合表示的。可见，定性比较分析方法能与传统定量分析方法相互补充，在检验单个自变量与因变量间关系显著性的同时还可发现导致同一因变量的不同自变量组合，有效避免因某一变量关系不显著被简单剔除或变量间因果关系被过早确定的情况，更深入地挖掘出导致因变量背后的不同自变量组合模式，探究因变量与自变量间复杂的作用机理。①

① FISS P C. A set-theoretic approach to organizational configurations [J]. Academy of Management Review, 2007, 32(4): 1180-1198.

倪宁，杨玉红．基于模糊集定性比较分析方法改进胜任力建模[J]. 工业工程与管理，2009，14(2)：109-113.

清晰集定性比较分析与模糊集定性比较分析是定性比较分析的两个主要类别，且前者是后者建立和运用的重要基础。模糊集定性比较分析认为前因和相关条件集合的相关性可由某种水平值判断，其主要包括了三个步骤，首先是对数据的校准，将自变量和因变量数据转换为[0，1]隶属度分数，形成模糊集，其中分数越接近1，说明隶属度越高，分数越接近0，说明隶属度越低；接着是根据隶属度模糊集生成真值表，由于真值表是一个 2^n 的数值矩阵，其中 n 为自变量的个数，如本书真值表是一个 2^9(512)行数值矩阵，因此会存在512种自变量组合。然而，并非所有的自变量组合都能导致因变量的出现，因此最后需要通过相应的标准来进行判断。Ragin(2008)提出可以通过覆盖度(coverage)和一致性(consistency)对自变量组合的有效性及自变量组合对因变量的解释程度进行判断[367]。一致性和覆盖度的计算公式如下所示：

$$\text{Consistency}(X_i \leqslant Y_i) = \sum(\min(X_i,\ Y_i)\Big/\sum(X_i)$$

$$\text{Coverage}(X_i \leqslant Y_i) = \sum(\min(X_i,\ Y_i)\Big/\sum(Y_i)$$

其中，X_i表示自变量(或自变量组合)的隶属度，Y_i表示因变量(或因变量组合)的隶属度。一致性 Consistency($X \leqslant Y$)的值则体现了 X 集合属于 Y 集合机会的大小，该值越接近1，说明 X 集合属于 Y 集合的机会也趋向于1；覆盖度 Coverage($X \leqslant Y$)的值体现了非 X 集合属于 Y 集合机会的大小，该值越接近于1，说明非 X 集合同时属于 Y 集合的机会趋向于0。一致性和覆盖度的计算可通过 fs/QCA 2.0 软件实现，该软件还会提供原始覆盖度(raw coverage)和唯一覆盖度(unique coverage)，而后者以帮助判断多种自变量组合导致因变量结果发生时，何种自变量组合的效果更优。

目前模糊集定性比较分析方法主要被广泛应用于政治学相关研究，近年才受到管理学相关学者的重视。如我国学者彭娟(2013)利用模糊集定性比较分析方法对人力资源管理领域中能带来高运营绩效和低员工流失率的 HR 实践组合进行了研究。① 金永生等(2017)通过模糊集定性比较分析方法深入探究了可能导致高企业绩效产生的因果路径，发现互动导向是高企业绩效产生的必要非充分条件。② 国内管理学者主要将模糊集定性比较分析方法应用于人力资源管理、企业绩效管理和创新管理等领域，营销学领域的应用还较少。国外已有学者将该方法应用于绿色消费行为的研究，Gonçalves 等(2016)应用模糊集定性比较分析方法对消费价值与绿色购买行为的关系进行了研究，发现功能价值是高购买行为产生的必要非充分条件。③ 可见，利用模糊集定性比较分析方法来挖掘导致高消费者-绿色品牌依恋关系的自我一致性和情境因素组合是科学可行的。本书基于前文关于自我一致性与情境因素对消费者-绿色品牌依恋关系作用的结构方程模型分析，按照模糊集定性比较

---

① 彭娟．基于构型理论的人力资源系统与组织绩效的关系研究[D]．广州：华南理工大学，2013.

② 金永生，季桓永，许冠南．互动导向对企业绩效有多重要——基于模糊集的定性比较分析[J]．经济经纬，2017，34(2)：111-115.

③ GONÇALVES H M，LOURENÇO T F，SILVA G M. Green buying behavior and the theory of consumption values：A fuzzy-set approach[J]. Journal of Business Research，2016，69(4)：1484-1491.

分析方法研究的步骤，利用 fs/QCA 2.0 软件对可能存在的自我一致性和情境因素组合进行深入挖掘。

(1)以计算性绿色品牌依恋为因变量的模糊集定性比较分析

本书主要采用李克特7点量表法对相关变量进行测量。目前对数据校准的方式主要包括通过 Ragin(2008)的连续赋值方案将数据线性缩放到[0, 1]的模糊集区间或运用 Excel 表格中的 ROUND(x/7, 1)函数将数据直接转换为隶属度分数，其中 x 为各变量总分数的平均值。① 由于连续赋值法的转化标准并不统一，且不同的转化标准下的分析结果可能存在较大差距，因此本书主要采用 ROUND 函数对数据进行校准，构成模糊集。

在所得隶属度模糊集的基础上，运用 fs/QCA 2.0 软件中的模糊真值表算法(fuzzy truth table algorithm)将模糊集转化为1/0真值表，并对真值表中所含样本数小于2及一致性得分小于0.8的自变量组合予以删除。本书以0.9为标准对因变量进行编码，当一致性大于0.9时，因变量编码为1；当一致性小于0.9时，因变量编码为0。以计算性绿色品牌依恋为因变量的真值表如表6-6所示。

表 6-6　　**以计算性绿色品牌依恋为因变量的真值表(N=673)**

RS	IS	SS	SC	BR	RG	AR	PS	CE	样本数	EC	raw consist.	PRI consist.	SYM consist
1	1	1	1	1	1	1	1	1	247	1	0.997164	0.992952	0.998425
1	1	1	1	1	1	1	0	1	23	1	0.997255	0.984848	0.989848
1	1	1	1	1	1	1	1	0	5	1	0.999477	0.996297	0.996297
1	1	1	0	1	1	1	1	1	5	1	0.999515	0.996763	0.996764
1	1	1	1	1	1	1	0	0	4	1	0.999430	0.994117	0.994117
1	1	1	1	1	1	0	1	1	3	1	0.999480	0.996154	0.996154
1	1	1	1	1	0	1	1	1	3	1	0.999493	0.996503	0.996503
1	1	0	1	1	1	1	1	1	3	1	1.000000	1.000000	1.000000
1	0	1	0	1	1	1	0	0	2	1	0.998714	0.975309	0.975309

最后，对以计算性绿色品牌依恋为因变量的真值表进行简化，由于输出结果中复杂解与中间解具有一样的条件组合，一致性与覆盖度相等，因此本书主要通过中间解的结果做相关解析，得到如表6-7所示的真值表分析结果。

① RAGIN C C. Redesigning social inquiry: Fuzzy sets and beyond[M]. Chicago: University of Chicago Press, 2008.

李永发．面向实验创新的商业模式关键属性动态测评研究[D]．南京：东南大学，2015.

表 6-7　　以计算性绿色品牌依恋为因变量的真值表分析结果(N=673)

中间解	原始覆盖度	唯一覆盖度	一致性	解的覆盖度	解的一致性
RS * IS * SS * SC * BR * RG * AR	0.740330	0.045850	0.993584	0.786831	0.992599
RS * IS * SS * SC * BR * RG * PS * CE	0.695566	0.007823	0.996886		
RS * IS * SS * SC * BR * AR * PS * CE	0.699260	0.011517	0.996902		
RS * IS * SS * BR * RG * AR * PS * CE	0.702737	0.011517	0.996917		
RS * IS * SC * BR * RG * AR * PS * CE	0.695132	0.007388	0.996884		
RS * ~IS * SS * ~SC * BR * RG * AR * ~PS * ~CE	0.337462	0.004780	0.998714		

注：“~”为“非”；“*”为逻辑运算“和”；“+”为逻辑运算“或”。

(2)以情感性绿色品牌依恋为因变量的模糊集定性比较分析

参照以计算性绿色品牌依恋为因变量的模糊集定性比较分析研究过程，运用 fs/QCA 2.0 软件对采用 ROUND 函数校准所得的模糊集进行分析，得到了如表 6-8 所示以情感性绿色品牌依恋为因变量的真值表。

表 6-8　　以情感性绿色品牌依恋为因变量的真值表(N=673)

RS	IS	SS	SC	BR	RG	AR	PS	CE	样本数	EC	raw consist.	PRI consist.	SYM consist
1	1	1	1	1	1	1	1	1	247	1	0.994014	0.983507	0.992119
1	1	1	1	1	1	1	0	1	23	1	0.997713	0.984472	0.984471
1	1	1	1	1	1	1	1	0	5	1	0.997908	0.978724	0.978724
1	1	1	0	1	1	1	1	1	5	1	0.998059	0.981566	0.986112
1	1	1	1	1	1	1	0	0	4	1	0.998860	0.982906	0.982906
1	1	1	1	1	1	0	1	1	3	1	0.996878	0.965908	0.971428
1	1	1	1	1	0	1	1	1	3	1	0.997973	0.980488	0.985294
1	1	0	1	1	1	1	1	1	3	1	0.996991	0.963635	0.969511
1	0	1	0	1	1	1	0	0	2	1	0.996785	0.905664	0.905661

对以情感性绿色品牌依恋为因变量的真值表进行简化，由于输出结果中复杂解与中间解具有一样的条件组合，一致性与覆盖度相等，因此本书同样主要通过中间解的结果做相关解析，得到如表 6-9 所示的真值表分析结果。

表 6-9　　**以情感性绿色品牌依恋为因变量的真值表分析结果(N=673)**

中间解	原始覆盖度	唯一覆盖度	一致性	解的覆盖度	解的一致性
RS * IS * SS * SC * BR * RG * AR	0.779431	0.049702	0.992418	0.825927	0.988487
RS * IS * SS * SC * BR * RG * PS * CE	0.730416	0.007787	0.993149		
RS * IS * SS * SC * BR * AR * PS * CE	0.734538	0.011910	0.993494		
RS * IS * SS * BR * RG * AR * PS * CE	0.737974	0.011910	0.993218		
RS * IS * SC * BR * RG * AR * PS * CE	0.729270	0.006642	0.992209		
RS * ~IS * SS * ~SC * BR * RG * AR * ~PS * ~CE	0.355015	0.004810	0.996785		

注：“~”为“非”；“*”为逻辑运算“和”；“+”为逻辑运算“或”。

由表 6-7 和表 6-9 可知，以计算性绿色品牌依恋和情感性绿色品牌依恋为因变量的真值表分析结果可以发现，导致高计算性绿色品牌依恋和情感性绿色品牌依恋的因变量组合均为 6 个，且这 6 个因变量组合是一致的，仅在覆盖度和一致性上存在差异。其中，以计算性绿色品牌依恋为因变量的中间解的一致性大于 0.99，中间解的覆盖度大于 0.78；以情感性绿色品牌依恋为因变量的中间解的一致性大于 0.98，中间解的覆盖度大于 0.82。相较于整个解的一致性和覆盖度均应大于 0.8 的判断标准，以计算性绿色品牌依恋为因变量的中间解的覆盖度接近但低于 0.8 的标准，通常认为这可能与受到样本量限制有关①②；以情感性绿色品牌依恋为因变量的一致性和覆盖度均达到相应标准，说明绝大部分因果路径被包括在所得 6 个中间解中，所得自变量组合具有较高代表性。总体而言，能带来高消费者-绿色品牌依恋关系的 6 个自变量组合是可靠的。由于能带来高计算性绿色品牌依恋和高情感性绿色品牌依恋的自变量组合是一致的，因此本书对这 6 个组合在影响消费者-绿色品牌依恋关系中的作用一并展开研究。通过对影响消费者-绿色品牌依恋关系的 6 个自变量组合进行归纳可以得到如下逻辑式：

RS * BR * (IS * SS * SC * RG * AR+IS * SS * SC * RG * PS * CE+IS * SS * SC * AR * PS * CE+IS * SS * RG * AR * PS * CE+IS * SS * RG * AR * PS * CE+~IS * SS * ~SC * RG * AR * ~RS * ~CE)→绿色品牌依恋

即：真实自我一致性 * 绿色品牌合理性 *（理想自我一致性 * 社会自我一致性 * 理想社会自我一致性 * 参照群体 * 可得性+理想自我一致性 * 社会自我一致性 * 理想社会自我一致性 * 参照群体 * 权力 * 消费经历+理想自我一致性 * 社会自我一致性 * 理想社会自我一致性 * 可得性 * 权力 * 消费经历+理想自我一致性 * 社会自我一致性 * 参照群体 * 可得

① 倪宁，杨玉红．基于模糊集定性比较分析方法改进胜任力建模[J]．工业工程与管理，2009，14(2)：109-113.

② 李健．基于模糊集定性比较分析的民营企业政治行为有效性研究[J]．商业经济与管理，2012，253(11)：48-55.

性＊权力＊消费经历+理想自我一致性＊社会自我一致性＊参照群体＊可得性＊权力＊消费经历+非理想自我一致性＊社会自我一致性＊非理想社会自我一致性＊参照群体＊可得性＊非权力＊非消费经历)→绿色品牌依恋

由以上表达式可以发现：

首先，自我一致性、绿色品牌消费情境与消费者-绿色品牌依恋关系间具有差异化关系路径，自我一致性和绿色品牌消费情境所包含的自变量共构成了 6 种不同的可导致高消费者-绿色品牌依恋关系的组合。由 6 种组合的组成变量可知，自我一致性和绿色品牌消费情境中的 9 个自变量均对消费者-绿色品牌依恋关系有影响。假设 H3 得到了支持。

其次，在自我一致性和绿色品牌消费情境的 7 个自变量中，真实自我一致性和绿色品牌合理性是带来高消费者-绿色品牌依恋关系的必要条件，即只要这两个自变量存在，其他自我一致性和绿色品牌消费情境自变量对消费者-绿色品牌依恋关系的影响均不如真实自我一致性和绿色品牌合理性所发挥的作用重要。真实自我一致性和绿色品牌合理性所构成自我一致性与绿色品牌消费情境组合的效力进一步支持了假设 H3。

再次，由括号内的逻辑式发现，理想自我一致性、社会自我一致性、参照群体和可得性出现的频率为 5 次，理想社会自我一致性、权力和消费经历出现的频率为 4 次，且这些变量均在 4 个或 5 个自我一致性和绿色品牌消费情境组合中同时出现，说明理想自我一致性、社会自我一致性、理想社会自我一致性、参照群体、可得性、权力和消费经历等都是能带来高消费者-绿色品牌依恋关系的关键但非必要条件，且自我一致性和绿色品牌消费情境的捆绑更利于高消费者-绿色品牌依恋关系的建立。

最后，自我一致性和绿色品牌消费情境中间解中第 1 种自变量组合的唯一覆盖度最高，分别为 0.045850 和 0.049702，说明在此自我一致性和绿色品牌消费情境自变量组合下高消费者-绿色品牌依恋关系建立的成功概率更大。该组合由真实自我一致、理想自我一致性、社会自我一致性、理想社会自我一致性、绿色品牌合理性、参照群体和可得性等自变量组成。可见相较于权力和消费经历，绿色品牌合理性、参照群体和可得性等绿色品牌消费情境变量更能有效提升自我一致性并推动高消费者-绿色品牌依恋关系的建立。

6.2.4 关系真实性与消费者-绿色品牌依恋关系

笔者通过 AMOS 16.0 软件，采用结构方程模型对消费者-绿色品牌关系真实性与消费者-绿色品牌依恋关系进行研究。首先对两者间作用模型的拟合度进行分析，如表 6-10 所示。各拟合指标均达到相应判断标准，表明两者间作用模型的整体拟合情况达到要求，所构建作用模型是可以接受的。

接着对消费者-绿色品牌关系真实性与消费者-绿色品牌依恋关系间的假设路径进行检验。由表 6-10 可知，消费者-绿色品牌关系真实性对计算性绿色品牌依恋和情感性绿色品牌依恋作用的路径系数分别为 0.778 和 0.860，临界比例的绝对值 | CR | 均大于 1.96，p 值均小于 0.001，说明消费者-绿色品牌关系真实性对计算性绿色品牌依恋和情感性绿色品牌依恋有显著的正向影响。总体来看，消费者-绿色品牌关系真实性对消费者-绿色品牌依恋关系有显著正向影响，两者的作用模型成立，假设 H4 得到支持。

表 6-10　　**关系真实性与消费者-绿色品牌依恋关系的假设检验结果(N=673)**

关系	标准化路径系数	S.E.	C.R.	p	显著状况	拟合指标
BV←BA	0.778	0.061	12.446	***	显著	CMIN/DF=2.305 GFI=0.927 AGFI=0.912 RMSEA=0.044 CFI=0.947 NFI=0.910 PNFI=0.817 RFI=0.900 IFI=0.947
EC←BA	0.860	0.061	12.268	***	显著	

注：***$p<0.001$，**$p<0.01$，*$p<0.05$。

6.2.5　消费者-绿色品牌关系真实性的中介作用

本书以性别、年龄、学历和收入为控制变量、自我一致性和绿色品牌消费情境为自变量、消费者-绿色品牌关系真实性为中介变量、消费者-绿色品牌依恋关系为因变量，利用SPSS 20.0 软件对消费者-绿色品牌关系真实性的中介作用进行分析。中介效应检验主要参考温忠麟等(2004)所主张的相关研究方法。①

表 6-11 是以自我一致性为自变量、计算性绿色品牌依恋和情感性绿色品牌依恋为因变量，对消费者-绿色品牌关系真实性的中介作用进行检验的结果。首先研究自我一致性对消费者-绿色品牌关系真实性的影响。通过模型 2 发现，真实自我一致性($\beta=0.143$，$p<0.001$)、理想自我一致性($\beta=0.236$，$p<0.001$)、社会自我一致性($\beta=0.346$，$p<0.001$)和理想社会自我一致性($\beta=0.146$，$p<0.001$)皆与消费者-绿色品牌关系真实性之间的关系显著，第一步检验获得通过。接着对自我一致性分别与计算性绿色品牌依恋和情感性绿色品牌依恋间的关系进行分析。由模型 4 和模型 7 可知，真实自我一致性($\beta=0.168$，$p<0.001$；$\beta=0.212$，$p<0.001$)、理想自我一致性($\beta=0.128$，$p<0.001$；$\beta=0.172$，$p<0.001$)、社会自我一致性($\beta=0.092$，$p<0.01$；$\beta=0.237$，$p<0.001$)和理想社会自我一致性($\beta=0.177$，$p<0.001$；$\beta=0.162$，$p<0.001$)分别与计算性绿色品牌依恋和情感性绿色品牌依恋的关系显著。最后引入自我一致性、消费者-绿色品牌关系真实性同消费者-绿色品牌依恋关系做回归分析。通过模型 5 可以发现，在对计算性绿色品牌依恋的回归分析中，除社会自我一致性($\beta=0.027$，ns)外，真实自我一致性($\beta=0.141$，$p<0.001$)、理想自我一致性($\beta=0.084$，$p<0.01$)、理想社会自我一致性($\beta=0.149$，$p<0.001$)和消费者-绿色品牌关系真实性($\beta=0.187$，$p<0.001$)均显著；在情感性绿色品牌依恋的回归分析中，真实自我一致性($\beta=0.181$，$p<0.001$)、社会自我一致性($\beta=0.121$，$p<0.001$)、理想自我一致性($\beta=0.163$，$p<0.001$)、理想社会自我一致性($\beta=0.131$，$p<0.001$)和消费者-绿色品牌关系真实性($\beta=0.214$，$p<0.001$)均显著。

① 温忠麟，张雷，侯杰泰，等．中介效应检验程序及其应用[J]．心理学报，2004，36(5)：614-620.

由以上分析可知，消费者-绿色品牌关系真实性除了能在社会自我一致性和消费者-绿色品牌依恋关系间发挥完全中介作用外，在真实自我一致性、理想自我一致性和理想社会自我一致性对消费者-绿色品牌依恋关系的影响中均存在部分中介作用；消费者-绿色品牌关系真实性在自我一致性和消费者-绿色品牌依恋关系间发挥部分中介作用。假设H5及各子假设均得到支持。

表6-11　　**以自我一致性为自变量的关系真实性中介作用检验(N=673)**

变量	BA		BV			EC		
	模型1	模型2	模型3	模型4	模型5	模型6	模型7	模型8
控制变量								
性别	-0.002	0.043	0.019	0.053	0.045	-0.028	0.023	0.014
年龄	-0.079	-0.016	-0.125**	-0.081**	-0.078**	-0.105**	-0.046	-0.043
学历	0.086*	0.038	0.015	-0.009	-0.016	0.015	-0.021	-0.029
收入	0.022	0.026	0.012	0.016	-0.011	-0.014	-0.005	0.011
自变量								
RS		0.143***		0.168***	0.141***		0.212***	0.181***
IS		0.236***		0.128***	0.084**		0.172***	0.121***
SS		0.346***		0.092**	0.027		0.237***	0.163***
SC		0.146***		0.177***	0.149***		0.162***	0.131***
中介变量								
BA					0.187***			0.214***
R^2	0.015	0.447	0.02	0.332	0.365	0.013	0.512	0.549
F值	2.485*	67.207***	3.410**	41.211***	42.374***	2.253*	86.998***	89.751***

注：***p<0.001，**p<0.01，*p<0.05。

表6-12是以绿色品牌消费情境为自变量、计算性绿色品牌依恋和情感性绿色品牌依恋为因变量，对消费者-绿色品牌关系真实性中介作用检验的结果。通过模型10发现，绿色品牌消费情境与消费者-绿色品牌关系真实性间的关系显著，第一步检验获得通过。由模型12可知，除参照群体(β=0.014，ns)外，其他绿色品牌消费情境变量均对计算性绿色品牌依恋有显著正向影响；由模型15可知，除权力(β=0.041，ns)外，其他绿色品牌消费情境对情感性绿色品牌依恋有显著正向影响，第二步检验部分获得通过，而以参照群体为自变量和计算性绿色品牌依恋为因变量、以权力为自变量和情感性绿色品牌依恋为因变量的中介检验终止。由模型13可知，消费者-绿色品牌关系真实性(β=0.050，ns)对计算性绿色品牌依恋没有显著正向影响；由模型16可知，除权力外，其他绿色品牌消费情

境及消费者-绿色品牌关系真实性均与情感性绿色品牌依恋间的关系显著。

由以上分析可见，参照群体和权力分别对计算性绿色品牌依恋和情感性绿色品牌依恋没有显著影响，这进一步支持了假设 H2 的检验结果。绿色品牌消费情境无法通过消费者-绿色品牌关系真实性对计算性绿色品牌依恋产生间接影响；除权力外，消费者-绿色品牌关系真实性在其他绿色品牌消费情境对情感性绿色品牌依恋的影响中存在部分中介作用。除假设 H6d 没有通过检验外，假设 H6a、H6b、H6c 和 H6e 均得到部分支持。

表 6-12　　以绿色品牌消费情境为自变量的关系真实性中介作用检验(N=673)

变量	BA		BV			EC		
	模型 9	模型 10	模型 11	模型 12	模型 13	模型 14	模型 15	模型 16
控制变量								
性别	-0.002	-0.026	0.019	-0.008	-0.006	-0.028	-0.050	-0.045
年龄	-0.079	-0.002	-0.125**	-0.063*	-0.063*	-0.105**	-0.036	-0.035
学历	0.086*	0.026	0.015	-0.023	-0.024	0.015	-0.030	-0.035
收入	0.022	0.021	0.012	0.015	0.014	-0.014	-0.011	-0.016
自变量								
BR		0.393***		0.428***	0.409***		0.382***	0.296***
RG		0.169***		0.014	0.006		0.109***	0.073**
AR		0.069*		0.053*	0.049		0.094**	0.079**
PS		0.103***		0.073**	0.068**		0.041	0.019
CE		0.168***		0.083***	0.074**		0.095***	0.059*
中介变量								
BA					0.050			0.218***
R^2	0.015	0.498	0.020	0.472	0.475	0.013	0.481	0.516
F 值	2.485*	73.029***	3.410**	65.968***	59.806***	2.253*	68.229***	70.534***

注：***p<0.001，**p<0.01，*p<0.05。

6.2.6　绿色品牌消费情境的调节中介作用

本书以性别、年龄、学历和收入为控制变量、自我一致性为自变量、消费者-绿色品牌关系真实性为中介变量、绿色品牌消费情境为调节变量，消费者-绿色品牌依恋关系为因变量，利用 SPSS 20.0 软件对绿色品牌消费情境的调节中介作用进行检验。绿色品牌消费情境的调节中介效应检验主要借鉴温忠麟和叶宝娟(2014)的调节中介作用检验步骤。① 以避免或降低多重共线性问题对研究的干扰，在调节中介作用分析前对相关研究变量均开展了中心化处理工作，并通过对中心化处理后自变量与调节变量的乘积运算得到所需交互项的值。由于前文已检验了自我一致性通过消费者-绿色品牌关系真实性对消费者-绿色品牌依恋关系的间接影响，本书主要依据自我一致性、消费者-绿色品牌关系真实性、绿色品牌消费情境及自我一致性与绿色品牌消费情境的交互项对消费者-绿色品牌依恋关系的回归分析结果对绿色品牌消费情境的调节中介作用进行检验。当自我一致性与绿色品牌消费情境交互项的回归系数显著时，则绿色品牌消费情境的调节中介作用存在。关于绿色品牌消费情境调节中介作用检验的结果如表 6-13 和表 6-14 所示。

表 6-13 是以计算性绿色品牌依恋为因变量的绿色品牌消费情境调节中介作用检验结果。由表 6-13 可知，仅绿色品牌合理性($\beta=-0.059$，$p<0.05$)和可得性($\beta=-0.052$，$p<0.05$)在理想社会自我一致性通过消费者-绿色品牌关系真实性影响消费者-绿色品牌依恋关系的中介效应中存在显著调节作用；权力在真实自我一致性由消费者-绿色品牌关系真实性影响消费者-绿色品牌依恋关系的中介效应中存在显著调节作用($\beta=-0.068$，$p<0.05$)，其他均没有通过检验。

表 6-13　　**以计算性绿色品牌依恋为因变量的调节中介作用检验(N=673)**

自变量	调节变量	交互项	系数	T	p	显著状况
RS	BR	RS×BR	-0.009	-0.334	0.738	不显著
IS		IS×BR	0.032	1.209	0.227	不显著
SS		SS×BR	-0.003	-0.080	0.936	不显著
SC		SC×BR	-0.059	-2.250	0.025	显著
RS	RG	RS×RG	0.018	0.768	0.443	不显著
IS		IS×RG	0.003	0.147	0.883	不显著
SS		SS×RG	-0.018	-0.710	0.478	不显著
SC		SC×RG	0.004	0.186	0.853	不显著
RS	AR	RS×AR	0.011	0.490	0.624	不显著
IS		IS×AR	-0.012	-0.518	0.605	不显著
SS		SS×AR	-0.001	-0.024	0.981	不显著
SC		SC×AR	-0.052	-2.246	0.025	显著

① 温忠麟，叶宝娟．有调节的中介模型检验方法：竞争还是替补？[J]．心理学报，2014，46(5)：714-726.

续表

自变量	调节变量	交互项	系数	T	p	显著状况
RS	PS	RS×PS	-0.068	-2.647	0.008	显著
IS		IS×PS	-0.032	-1.337	0.182	不显著
SS		SS×PS	0.050	1.760	0.079	不显著
SC		SC×PS	0.023	1.019	0.308	不显著
RS	CE	RS×CE	-0.021	-1.012	0.312	不显著
IS		IS×CE	-0.012	-0.585	0.559	不显著
SS		SS×CE	-0.012	-0.490	0.624	不显著
SC		SC×CE	0.021	1.019	0.309	不显著

注：***$p<0.001$，**$p<0.01$，* $p<0.05$。

表 6-14 是以情感性绿色品牌依恋为因变量的绿色品牌消费情境调节中介作用检验结果。由表 6-14 可知，仅绿色品牌合理性在理想社会自我一致性通过消费者-绿色品牌关系真实性影响消费者-绿色品牌依恋关系的中介效应中存在显著的调节作用($\beta=-0.083$，$p<0.01$)；参照群体分别在理想自我一致性和理想社会自我一致性通过消费者-绿色品牌关系真实性影响消费者-绿色品牌依恋关系的中介效应中存在显著的调节作用($\beta=0.051$，$p<0.05$；$\beta=-0.060$，$p<0.01$)；可得性分别在社会自我一致性和理想社会自我一致性通过消费者-绿色品牌关系真实性影响消费者-绿色品牌依恋关系的中介效应中存在显著的调节作用($\beta=0.083$，$p<0.01$；$\beta=-0.059$，$p<0.01$)；权力在社会自我一致性由消费者-绿色品牌关系真实性影响消费者-绿色品牌依恋关系的中介效应中存在显著的调节作用($\beta=0.073$，$p<0.01$)；消费经历在理想自我一致性通过消费者-绿色品牌关系真实性影响消费者-绿色品牌依恋关系的中介效应中存在显著的调节作用($\beta=0.042$，$p<0.05$)；其他分析结果均没有通过检验。

表 6-14　**以情感性绿色品牌依恋为因变量的调节中介作用检验(N=673)**

自变量	调节变量	交互项	系数	T	p	显著状况
RS	BR	RS×BR	0.026	1.056	0.291	不显著
IS		IS×BR	0.040	1.540	0.124	不显著
SS		SS×BR	0.028	0.923	0.357	不显著
SC		SC×BR	-0.083	-3.307	0.001	显著
RS	RG	RS×RG	0.007	0.305	0.760	不显著
IS		IS×RG	0.051	2.428	0.015	显著
SS		SS×RG	0.030	1.301	0.194	不显著
SC		SC×RG	-0.060	-2.782	0.006	显著

续表

自变量	调节变量	交互项	系数	T	p	显著状况
RS	AR	RS×AR	−0.009	−0.449	0.654	不显著
IS		IS×AR	0.006	0.310	0.757	不显著
SS		SS×AR	0.083	3.370	0.001	显著
SC		SC×AR	−0.059	−2.805	0.005	显著
RS	PS	RS×PS	−0.026	−1.093	0.275	不显著
IS		IS×PS	−0.007	−0.327	0.744	不显著
SS		SS×PS	0.073	2.816	0.005	显著
SC		SC×PS	0.027	1.333	0.183	不显著
RS	CE	RS×CE	0.004	0.207	0.836	不显著
IS		IS×CE	0.042	2.290	0.022	显著
SS		SS×CE	0.022	0.988	0.324	不显著
SC		SC×CE	−0.031	−1.672	0.095	不显著

注：***p<0.001，**p<0.01，*p<0.05。

由以上分析可见，绿色品牌合理性、可得性及权力同时在以计算性绿色品牌依恋和情感性绿色品牌依恋为因变量和消费者-绿色品牌关系真实性为中介变量的部分作用路径中存在调节作用；而参照群体及消费经历仅在以情感性绿色品牌依恋为因变量和消费者-绿色品牌关系真实性中介变量的部分作用路径中存在调节作用。因此假设 H7 及各子假设均未完全得到支持。

6.2.7 人口统计变量与消费者-绿色品牌依恋关系

本书以正式调研所获得的 673 份有效样本数据为基础，采用单因素方差分析法（One-Way ANOVA）对不同性别、年龄、月收入水平和受教育水平等人口统计变量的消费者在消费者-绿色品牌依恋关系上的差异进行研究。

(1) 性别与消费者-绿色品牌依恋关系

表 6-15 反映的是性别分别在计算性绿色品牌依恋和情感性绿色品牌依恋上的单因素方差检验结果。性别在计算性绿色品牌依恋上的单因素方差检验的 $F=0.313$，$p=0.576>0.05$，说明性别在计算性绿色品牌依恋上没有显著差异；性别在情感性绿色品牌依恋上的单因素方差检验的 $F=0.025$，$p=0.874>0.05$，说明性别在情感性绿色品牌依恋上也没有显著差异。综合以上结果可知，性别在消费者-绿色品牌依恋关系上无显著差异。

表 6-15　　**性别在消费者-绿色品牌依恋关系上的 ANOVA 检验(N=673)**

		平方和	df	均方	F	显著性
计算性绿色品牌依恋(BV)	组间	0.195	1	0.195	0.313	0.576
	组内	417.605	671	0.622		
	总数	417.800	672			
情感性绿色品牌依恋(EC)	组间	0.018	1	0.018	0.025	0.874
	组内	489.472	671	0.729		
	总数	489.490	672			

注：***p<0.001，**p<0.01，*p<0.05。

(2)年龄与消费者-绿色品牌依恋关系

表 6-16 反映的是年龄分别在计算性绿色品牌依恋和情感性绿色品牌依恋上的单因素方差检验结果。年龄在计算性绿色品牌依恋上的单因素方差检验的 $F=3.408$，$p=0.005<0.01$，说明年龄在计算性绿色品牌依恋上有显著差异；年龄在情感性绿色品牌依恋上的单因素方差检验的 $F=2.083$，$p=0.066>0.05$，说明年龄在情感性绿色品牌依恋上没有显著差异。综合以上结果可知，年龄仅在计算性绿色品牌依恋上有显著差异。

表 6-16　　**年龄在消费者-绿色品牌依恋关系上的 ANOVA 检验(N=673)**

		平方和	df	均方	F	显著性
计算性绿色品牌依恋(BV)	组间	10.407	5	2.081	3.408	0.005
	组内	407.393	667	0.611		
	总数	417.8	672			
情感性绿色品牌依恋(EC)	组间	7.526	5	1.505	2.083	0.066
	组内	481.964	667	0.723		
	总数	489.49	672			

注：***p<0.001，**p<0.01，*p<0.05。

(3)月收入水平与消费者-绿色品牌依恋关系

表 6-17 反映的是月收入水平分别在计算性绿色品牌依恋和情感性绿色品牌依恋上的单因素方差检验结果。月收入水平在计算性绿色品牌依恋上的单因素方差检验的 $F=0.227$，$p=0.878>0.05$，说明月收入水平在计算性绿色品牌依恋上没有显著差异；月收入水平在情感性绿色品牌依恋上的单因素方差检验的 $F=0.841$，$p=0.472>0.05$，说明月收

入水平在情感性绿色品牌依恋上也没有显著差异。综合以上结果可知，月收入水平在消费者-绿色品牌依恋关系上无显著差异。

表 6-17 **月收入在消费者-绿色品牌依恋关系上的 ANOVA 检验(N=673)**

		平方和	df	均方	F	显著性
计算性绿色品牌依恋(BV)	组间	0.424	3	0.141	0.227	0.878
	组内	417.376	669	0.624		
	总数	417.8	672			
情感性绿色品牌依恋(EC)	组间	1.84	3	0.613	0.841	0.472
	组内	487.65	669	0.729		
	总数	489.49	672			

注：***p<0.001，**p<0.01，*p<0.05。

(4)受教育水平与消费者-绿色品牌依恋关系

表 6-18 反映的是受教育水平分别在计算性绿色品牌依恋和情感性绿色品牌依恋上的单因素方差检验结果。受教育水平在计算性绿色品牌依恋上的单因素方差检验的 $F=3.431$，$p=0.009<0.01$，说明受教育水平在计算性绿色品牌依恋上有显著差异；受教育水平在情感性绿色品牌依恋上的单因素方差检验的 $F=1.596$，$p=0.174>0.05$，说明受教育水平在情感性绿色品牌依恋上没有显著差异。综合以上结果可知，受教育水平仅在计算性绿色品牌依恋上有显著差异。

表 6-18 **受教育水平在消费者-绿色品牌依恋关系上的 ANOVA 检验(N=673)**

		平方和	df	均方	F	显著性
计算性绿色品牌依恋(BV)	组间	8.411	4	2.103	3.431	0.009
	组内	409.388	668	0.613		
	总数	417.8	672			
情感性绿色品牌依恋(EC)	组间	4.632	4	1.158	1.596	0.174
	组内	484.858	668	0.726		
	总数	489.49	672			

注：***p<0.001，**p<0.01，*p<0.05。

综上可知，人口统计变量中性别和月收入水平均与消费者-绿色品牌依恋关系没有显著的相关性；年龄和受教育水平与情感性绿色品牌依恋没有显著的相关性，但与计算性绿色品牌依恋有显著相关性。因此假设 H8a 和 H8c 没有得到支持，H8b 和 H8d 得到部分支持。

6.3　消费者-绿色品牌依恋关系后效作用的验证分析

6.3.1　消费者-绿色品牌依恋关系与绿色品牌承诺

笔者通过 AMOS 16.0 软件，采用结构方程模型对消费者-绿色品牌依恋关系与绿色品牌承诺进行研究。首先对消费者-绿色品牌依恋关系与绿色品牌承诺间作用模型的拟合度进行分析，如表 6-19 所示。各拟合指标均达到相应判断标准，表明消费者-绿色品牌依恋关系与绿色品牌承诺间作用模型的整体拟合情况达到要求，所构建作用模型是可以接受的。

表 6-19　**消费者-绿色品牌依恋关系与绿色品牌承诺的假设检验结果(N=673)**

关系	标准化路径系数	S. E.	C. R.	p	显著状况	拟合指标
BC←BV	0. 155	0. 121	3. 346	***	显著	CMIN/DF=3. 395 GFI=0. 909 AGFI=0. 890 RMSEA=0. 060 CFI=0. 911 NFI=0. 879 PNFI=0. 786 RFI=0. 865 IFI=0. 912
BC←EC	0. 515	0. 146	8. 420	***	显著	

注：***p<0. 001，**p<0. 01，* p<0. 05。

接着对消费者-绿色品牌依恋关系与绿色品牌承诺间的假设路径进行检验。由表 6-19 可知，计算性绿色品牌依恋和情感性绿色品牌依恋对绿色品牌承诺作用的路径系数分别为 0. 155 和 0. 515，临界比例的绝对值 | CR | 均大于 1. 96，P 值均小于 0. 001，说明计算性绿色品牌依恋与情感性绿色品牌依恋均对绿色品牌承诺的直接效应显著。总体来看，消费者-绿色品牌依恋关系对绿色品牌承诺有显著正向影响，两者的作用模型成立，假设 H9 得到支持。

6.3.2　消费者-绿色品牌依恋关系与行为意向

笔者首先对消费者-绿色品牌依恋关系与绿色品牌行为意向间作用模型的拟合度进行分析，如表 6-20 所示。各拟合指标均达到相应判断标准，表明消费者-绿色品牌依恋关系与绿色品牌行为意向间作用模型的整体拟合情况基本达到要求，所构建作用模型是可以接受的。

表 6-20 **依恋关系与绿色品牌行为意向的假设检验结果(N=673)**

关系	标准化路径系数	S. E.	C. R.	p	显著状况	拟合指标
RP←BV	0.433	0.106	7.647	***	显著	CMIN/DF=2.448 GFI=0.900 AGFI=0.885 RMSEA=0.046 CFI=0.920 NFI=0.873 PNFI=0.802 RFI=0.862 IFI=0.921
PP←BV	0.110	0.081	2.437	0.015	显著	
SW←BV	0.075	0.092	1.633	0.102	不显著	
WM←BV	0.387	0.091	6.836	***	显著	
MF←BV	-0.047	0.073	-1.103	0.270	不显著	
RP←EC	0.575	0.132	9.037	***	显著	
PP←EC	0.794	0.162	9.813	***	显著	
SW←EC	0.734	0.158	9.682	***	显著	
WM←EC	0.669	0.130	9.151	***	显著	
MF←EC	0.814	0.157	9.820	***	显著	

注：***p<0.001，**p<0.01，*p<0.05。

接着对消费者-绿色品牌依恋关系与绿色品牌行为意向间的假设路径进行检验。由表6-20可知，计算性绿色品牌依恋对重复购买和口碑推荐作用的路径系数分别为0.433和0.387，临界比例的绝对值|CR|均大于1.96，p值均小于0.001；计算性绿色品牌依恋对溢价支付作用的路径系数为0.110，临界比例的绝对值|CR|大于1.96，p值均小于0.05；计算性绿色品牌依恋对钱包份额和差错宽恕作用的路径系数分别为0.075和-0.047，临界比例的绝对值|CR|均小于1.96，p值均大于0.05，说明除钱包份额和差错宽恕外，计算性绿色品牌依恋对重复购买、溢价支付和口碑推荐均有显著的正向影响。情感性绿色品牌依恋对重复购买、溢价支付、钱包份额、口碑推荐和差错宽恕作用的路径系数分别为0.575、0.794、0.734、0.669和0.814，临界比例的绝对值|CR|均大于1.96，p值均等于或小于0.001，说明情感性绿色品牌依恋对绿色品牌行为意向有显著的正向影响。

由于模型中计算性绿色品牌依恋对钱包份额和差错宽恕作用的路径系数不显著，但模型的各拟合指标又均达到了相应的判断标准，因此本书也主要通过删除不显著路径的方法将消费者-绿色品牌依恋关系对绿色品牌行为意向的作用模型进行调整和修正。由表6-21可以发现，在删除不显著的作用路径后，消费者-绿色品牌依恋关系对其余绿色品牌行为意向变量的作用路径均显著，且临界比例的绝对值|CR|均大于1.96。同时，修正后模型的各拟合指标也均达到了相应的判断标准。总体来看，计算性绿色品牌依恋仅对重复购买、溢价支付和口碑推荐有显著正向影响，而情感性绿色品牌依恋对所有绿色品牌行为意向变量均有显著正向影响。除假设H10b和H10d部分通过检验外，假设H10a、H10c和H10e均得到支持。

表 6-21　　修正后依恋关系与绿色品牌行为意向的假设检验结果(N=673)

关系	标准化路径系数	S. E.	C. R.	p	显著状况	拟合指标
RP←BV	0. 412	0. 102	7. 596	***	显著	CMIN/DF=2. 446 GFI=0. 901 AGFI=0. 886 RMSEA=0. 046 CFI=0. 921 NFI=0. 873 PNFI=0. 805 RFI=0. 862 IFI=0. 920
PP←BV	0. 096	0. 076	2. 308	0. 021	显著	
WM←BV	0. 368	0. 087	6. 831	***	显著	
RP←EC	0. 588	0. 133	9. 168	***	显著	
PP←EC	0. 799	0. 162	9. 873	***	显著	
SW←EC	0. 758	0. 173	9. 878	***	显著	
WM←EC	0. 679	0. 131	9. 241	***	显著	
MF←EC	0. 796	0. 151	9. 777	***	显著	

注：***p<0. 001，**p<0. 01，* p<0. 05。

6. 3. 3　绿色品牌承诺的中介作用

本书以性别、年龄、学历和收入为控制变量、消费者-绿色品牌依恋关系为自变量、绿色品牌承诺为中介变量、绿色品牌行为意向为因变量，利用 SPSS 20. 0 软件对绿色品牌承诺的中介作用进行检验。中介效应检验亦主要参考温忠麟等(2004)提出的三步中介回归法。①

表 6-22 是绿色品牌承诺中介作用检验的结果。其中，模型 1 和模型 2 是以重复购买为因变量的绿色品牌承诺中介作用检验结果，模型 1 中计算性绿色品牌依恋(β=0. 455，p<0. 001)和情感性绿色品牌依恋(β=0. 458，p<0. 001)均对重复购买有显著的正向影响；模型 2 中计算性绿色品牌依恋(β=0. 412，p<0. 001)、情感性绿色品牌依恋(β=0. 314，p<0. 001)和绿色品牌承诺(β=0. 238，p<0. 001)也均对重复购买有显著正向影响，说明绿色品牌承诺在计算性绿色品依恋和情感性绿色品牌依恋对重复购买的影响中具有部分中介作用。

模型 3 和模型 4 是以溢价支付为因变量的绿色品牌承诺中介作用检验结果，模型 3 中，计算性绿色品牌依恋(β=0. 220，p<0. 001)和情感性绿色品牌依恋(β=0. 490，p<0. 001)均对溢价支付有显著的正向影响；模型 4 中计算性绿色品牌依恋(β=0. 147，p<0. 01)、情感性绿色品牌依恋(β=0. 249，p<0. 001)和绿色品牌承诺(β=0. 399，p<0. 001)也均对溢价支付有显著正向影响，说明绿色品牌承诺在计算性绿色品依恋和情感性绿色品牌依恋对溢价支付的影响中具有部分中介作用。

模型 5 和模型 6 是以钱包份额为因变量的绿色品牌承诺中介作用检验结果，模型 3 中，计算性绿色品牌依恋(β=0. 236，p<0. 01)和情感性绿色品牌依恋(β=0. 499，p<

① 温忠麟，张雷，侯杰泰，等. 中介效应检验程序及其应用[J]. 心理学报，2004，36(5)：614-620.

0.001)均对钱包份额有显著正向影响；模型 4 中计算性绿色品牌依恋(β=0.179，p<0.01)、情感性绿色品牌依恋(β=0.310，p<0.001)和绿色品牌承诺(β=0.312，p<0.001)也均对钱包份额有显著正向影响，说明绿色品牌承诺在计算性和情感性绿色品牌依恋对钱包份额的影响中具有部分中介作用。

表 6-22　**绿色品牌承诺的中介作用检验(N=673)**

变量	RP		PP		SW		WM		MF	
	模型 1	模型 2	模型 3	模型 4	模型 5	模型 6	模型 7	模型 8	模型 9	模型 10
控制变量										
性别	-0.023	0.023	-0.001	0.075	-0.028	0.032	0.069	0.12	-0.061	-0.002
年龄	-0.014	-0.032	0.053	0.023	0.115*	0.092	0.003	-0.016	0.052	0.030
学历	0.053	0.059	0.058	0.068*	0.023	0.031	-0.002	0.005	0.044	0.052
收入	-0.060	-0.059	0.030	0.031	0.054	0.055	-0.011	-0.010	0.045	0.045
自变量										
BV	0.455***	0.412***	0.220***	0.147**	0.236**	0.179**	0.406***	0.357***	0.057	0.001
EC	0.458***	0.314***	0.490***	0.249***	0.499***	0.310***	0.432***	0.270***	0.590***	0.404***
中介变量										
BC		0.238***		0.399***		0.312***		0.268***		0.308***
R^2	0.317	0.365	0.237	0.392	0.205	0.283	0.322	0.395	0.271	0.379
F 值	51.605***	54.602***	34.495***	61.293***	28.661***	37.421***	52.596***	62.133***	41.295***	58.090***

注：***p<0.001，**p<0.01，*p<0.05。

模型 7 和模型 8 是以口碑推荐为因变量的绿色品牌承诺中介作用检验结果，模型 3 中，计算性绿色品牌依恋(β=0.406，p<0.001)和情感性绿色品牌依恋(β=0.432，p<0.001)均对口碑推荐有显著的正向影响；模型 4 中计算性绿色品牌依恋(β=0.357，p<0.001)、情感性绿色品牌依恋(β=0.270，p<0.001)和绿色品牌承诺(β=0.268，p<0.001)也均对口碑推荐有显著正向影响，说明绿色品牌承诺在计算性绿色品依恋和情感性绿色品牌依恋对口碑推荐的影响中具有部分中介作用。

模型 5 和模型 6 是以差错宽恕为因变量的绿色品牌承诺中介作用检验结果，模型 3 中，计算性绿色品牌依恋(β=0.057，ns)对差错宽恕没有显著影响，而情感性绿色品牌依恋(β=0.590，p<0.001)对钱包份额有显著的正向影响，以计算性绿色品牌依恋为自变量的中介作用检验终止；模型 4 中情感性绿色品牌依恋(β=0.404，p<0.001)和绿色品牌承诺(β=0.308，p<0.001)均对钱包份额有显著正向影响，说明绿色品牌承诺在情感性绿色品牌依恋对钱包份额的影响中具有部分中介作用。

由以上分析可见，除差错宽恕外，绿色品牌承诺在计算性绿色品牌依恋对其他绿色品牌行为意向变量的影响中存在中介作用，而绿色品牌承诺在情感性绿色品牌依恋对所有绿色品牌行为意向变量的影响中均存在中介作用。除假设 H11e 部分通过检验外，假设

H11a、H11b、H11c 和 H11d 均得到支持。

6.3.4 认知风格的调节中介作用

本书以性别、年龄、学历和收入为控制变量、消费者-绿色品牌依恋关系为自变量、绿色品牌承诺为中介变量、认知风格为调节变量，绿色品牌行为意向为因变量，利用 SPSS 20.0 软件对认知风格的调节中介作用进行检验。认知风格的调节中介作用检验也借鉴温忠麟和叶宝娟(2014)所主张的相关研究方法。① 为避免或降低多重共线性问题对研究的干扰，在调节中介作用分析前对相关研究变量均开展了中心化处理工作，并通过中心化处理后自变量与调节变量的乘积运算得到所需交互项的值。由于前文已检验了绿色品牌承诺在消费者-绿色品牌依恋关系对绿色品牌行为意向影响中的中介作用，且发现绿色品牌承诺在计算性绿色品牌依恋对差错宽恕影响中的中介作用不显著，因此认知风格在该中介关系中的调节作用不予考虑。本书主要依据消费者-绿色品牌依恋关系、绿色品牌承诺、认知风格及消费者-绿色品牌依恋关系与认知风格的交互项对绿色品牌行为意向的回归分析结果对认知风格的调节中介作用进行检验。当消费者-绿色品牌依恋关系与认知风格交互项的回归系数显著时，则认知风格的调节中介作用存在。认知风格调节中介作用检验结果如表 6-23 和表 6-24 所示。

表 6-23 是创新型认知风格调节中介作用检验结果。由表 6-23 可知，创新型认知风格仅在计算性绿色品牌依恋($\beta=-0.102$，$p<0.05$)和情感性绿色品牌依恋($\beta=-0.079$，$p<0.05$)通过绿色品牌承诺对重复购买的中介关系中存在显著的调节作用，其他中介作用关系均没有通过检验。

表 6-23　**创新型认知风格的调节中介作用检验(N=673)**

因变量	自变量	交互项	系数	T	P	显著状况
RP	BV	BV×IC	-0.102	-2.379	0.018	显著
PP			-0.073	-1.896	0.058	不显著
SW			-0.025	-0.538	0.591	不显著
WM			0.013	0.343	0.732	不显著
RP	EC	EC×IC	-0.079	-2.092	0.037	显著
PP			-0.044	-1.299	0.195	不显著
SW			-0.007	-0.181	0.856	不显著
WM			0.031	0.929	0.353	不显著
MF			0.037	1.187	0.236	不显著

注：***p<0.001，**p<0.01，* p<0.05。

① 温忠麟，叶宝娟．有调节的中介模型检验方法：竞争还是替补？[J]．心理学报，2014，46(5)：714-726.

表 6-24 是适应型认知风格调节中介作用检验结果。由表 6-24 可知，适应型认知风格仅在情感性绿色品牌依恋（$\beta=-0.053$，$p<0.05$）通过绿色品牌承诺对差错宽恕的中介关系中存在显著的调节作用，其他中介作用关系均没有通过检验。

表 6-24　　适应型认知风格的调节中介作用检验（N=673）

因变量	自变量	交互项	系数	T	P	显著状况
RP	BV	BV×AC	0.027	0.759	0.448	不显著
PP			0.034	1.064	0.288	不显著
SW			0.064	1.690	0.092	不显著
WM			−0.024	−0.776	0.438	不显著
RP	EC	EC×AC	0.010	0.299	0.765	不显著
PP			0.025	0.850	0.395	不显著
SW			0.035	0.992	0.322	不显著
WM			−0.006	−0.217	0.828	不显著
MF			−0.053	−1.967	0.0496	显著

注：***$p<0.001$，**$p<0.01$，*$p<0.05$。

由以上分析可见，创新型认知风格仅在以计算性绿色品牌依恋和情感性绿色品牌依恋为自变量、重复购买为因变量的中介作用路径中存在调节作用；适应型认知风格仅在以情感性绿色品牌依恋为自变量、差错宽恕为因变量的中介路径中存在调节作用。除假设 H12a 和假设 H13e 外，假设 H12 和 H13 的其他假设均未得到支持。其中，创新型认知风格虽在通过绿色品牌承诺影响重复购买的中介关系中有显著的调节作用，但研究结果与假设 H12a 相反；H13e 也仅部分通过验证。

6.4 本章小结

本章基于第五章所采集的有效样本数据对消费者-绿色品牌依恋关系模型进行检验和分析。首先采用 Pearson 相关系数分别对消费者-绿色品牌依恋关系前因研究的变量及后效研究的变量进行相关性分析，验证了变量间的相关关系，初步论证了所提出相关假设和模型的合理性；接着采用 Harman 单因素检验法对消费者-绿色品牌依恋关系前因及后效研究各变量间共同方法偏差问题进行分析，发现没有出现单一因子解释绝大部分变异的现象，说明共同方法偏差的影响并不严重。

通过结构方程模型、模糊集定性比较分析、层次回归分析及单因素方差法等对消费者-绿色品牌依恋关系前因研究的相关假设进行验证，发现(1)自我一致性对消费者-绿色品牌依恋关系有显著正向影响；(2)除参照群体和权力分别对情感性绿色品牌依恋和计算性绿色品牌依恋有显著正向影响外，其余绿色品牌消费情境变量均对消费者-绿色品牌依恋关系有显著正向影响；(3)自我一致性和绿色品牌消费情境组合对消费者-绿色品牌依恋关系有显著正向影响；(4)消费者-绿色品牌关系真实性对消费者-绿色品牌依恋关系的正面作用显著；(5)绿色品牌消费情境无法通过消费者-绿色品牌关系真实性对计算性绿色品牌依恋产生间接影响，而消费者-绿色品牌关系真实性在除权力外的其他绿色品牌消费情境对情感性绿色品牌依恋的影响中存在部分中介作用；(6)绿色品牌合理性、可得性及权力同时在以计算性绿色品牌依恋和情感性绿色品牌依恋为因变量和消费者-绿色品牌关系真实性为中介变量的部分作用路径中存在调节作用；而参照群体及消费经历仅在以情感性绿色品牌依恋为因变量和消费者-绿色品牌关系真实性中介变量的部分作用路径中存在调节作用；(7)人口统计变量中仅年龄和受教育水平与计算性绿色品牌依恋有显著相关性。

通过结构方程模型和层次回归分析法等对消费者-绿色品牌依恋关系后效研究的相关假设进行验证，发现(1)消费者-绿色品牌依恋关系对绿色品牌承诺有显著正向影响；(2)计算性绿色品牌依恋仅对重复购买、溢价支付和口碑推荐有显著正向影响，而情感性绿色品牌依恋对所有绿色品牌行为意向变量均有显著正向影响；(3)除差错宽恕外，绿色品牌承诺在计算性绿色品牌依恋对其他绿色品牌行为意向变量的影响中存在中介作用，而绿色品牌承诺在情感性绿色品牌依恋对所有绿色品牌行为意向变量的影响中均存在中介作用；(4)创新型认知风格仅在以计算性绿色品牌依恋和情感性绿色品牌依恋为自变量、重复购买为因变量的中介作用路径中存在负向调节作用，而适应型认知风格也仅在以情感性绿色品牌依恋为自变量、差错宽恕为因变量的中介路径中存在负向调节作用。

第7章 结论与展望

7.1 研究结论

本书利用扎根理论方法对消费者-绿色品牌依恋关系的结构及量表进行了开发，回应了消费者-绿色品牌依恋关系“是什么”的问题；在S-O-R理论、ABC理论及价值-信念-规范理论基础上构建了消费者-绿色品牌依恋关系前因及后效的研究模型，运用结构方程模型、模糊集定性比较分析、分层回归分析及单因素方差检验等方法探讨了消费者-绿色品牌依恋关系的形成机理及所产生的后效作用，尝试解答了消费者-绿色品牌依恋关系“从哪里来”和“到哪里去”的问题。通过理论分析和实证检验，得到了如下研究结论：

(1)识别出了构成消费者-绿色品牌依恋关系的两个主要维度。

基于对绿色品牌和品牌依恋理论的把握，结合已有品牌依恋的相关研究，采用扎根理论、探索性因子分析和验证性因子分析方法提取并验证了构成消费者-绿色品牌依恋关系的两个主要维度：计算性绿色品牌依恋和情感性绿色品牌依恋，并依据这两个主要维度对相应的测量量表进行了开发和检验。计算性绿色品牌依恋体现了消费者基于对绿色品牌一般功能价值和绿色功能价值的理性计算而与绿色品牌形成一种的心理联系；情感性绿色品牌依恋反映了消费者与绿色品牌间形成的一种包括初始情感联结、热切情感联结和间接情感联结在内的总体性情感纽带。该维度划分方式可与姜岩(2013)提出的“认知、情感、意向”三因子依恋构成理论相对应。① 其中，计算性绿色品牌依恋可与认知成分相对应，情感性绿色品牌依恋则可同时与情感和意向成分相对应。

(2)明确了自我一致性、绿色品牌消费情境和消费者-绿色品牌关系真实性等前因对消费者-绿色品牌依恋关系的影响。

真实自我一致性、理想自我一致性、社会自我一致性及理想社会自我一致性均对消费者-绿色品牌依恋关系有显著正向影响，其中社会自我一致性分别在对计算性绿色品牌依恋和情感性绿色品牌依恋的作用强度上差别最大。计算性绿色品牌依恋主要源于消费者对绿色品牌一般功能价值和环保功能价值与自身现实消费需求与消费预期契合度的理性计算。当高真实自我一致性和理想(社会)自我一致性消费者在确认绿色品牌形象能反映和提升自我价值后，便可在高品牌利益感知下与绿色品牌建立起积极的心理联系，形成对该

---

① 姜岩．消费者购物网站依恋机理研究[D]．大连：大连理工大学，2013.

绿色品牌的计算性依恋。情感性绿色品牌依恋则不仅包含了消费者与绿色品牌互动中获得的自我认同感和愉悦感，还包括了由绿色品牌形象带来的社会归属感和身份感。在目前绿色品牌功能价值不突出的背景下，虽然真实自我一致性和理想(社会)自我一致性也能为消费者带来情感性绿色品牌依恋，但情感性绿色品依恋已超然于消费者的基本理性消费需要和诉求。能为消费者带来更高社会情感认同的绿色品牌象征价值成为情感性绿色品牌依恋形成的重要基础。在消费者与绿色品牌互动过程中，绿色品牌象征价值与消费者社会自我匹配越高，社会自我一致性越高，情感性绿色品牌依恋也会越强。

消费者-绿色品牌关系真实性也对消费者-绿色品牌依恋关系有显著正向影响。消费者-绿色品牌关系真实性不仅代表消费者对绿色品牌价值真实性的认同，还代表消费者在与绿色品牌互动过程中所感受到的真情实意和纯真质朴，而这两者分别与计算性绿色品牌依恋和情感性绿色品牌依恋相互关联，推动消费者-绿色品牌依恋关系的形成。对于绿色品牌消费情境而言，除参照群体和权力分别仅会对情感性绿色品牌依恋和计算性绿色品牌依恋有显著正向影响外，其余绿色品牌消费情境变量均对消费者-绿色品牌依恋关系有显著正向影响。消费者通常会受到参照群体价值规范的影响，他们为了与参照群体对绿色品牌的态度或行为保持一致并成为其中的一员，会将参照群体的价值规范内化为自身对绿色品牌的情感，并会希望在与绿色品牌的互动中获得归属感和支持感。随着两者间情感关系纽带的形成和增强，情感性绿色品牌依恋也会随之建立和提升。此外，权力对计算性绿色品牌依恋的显著正向影响说明高权力消费者更关注自身的真正消费需求，偏好于绿色品牌带来的功能价值，较少或不会借助情感性信息进行绿色品牌消费。该研究结论呼应了吴波等(2013)的观点，即“高权力消费者更偏好自利诉求产品，而低权力消费者更关注利他诉求产品……通过对利他诉求产品的购买可向他人展示他们是亲社会的个体，以获得与亲社会行为相联系的地位”。①

自我一致性和绿色品牌消费情境组合能带来高消费者-绿色品牌依恋关系的结论论证了 ABC 理论在诠释消费者-绿色品牌依恋关系形成中的作用。该结论不仅进一步验证了自我一致性或绿色品牌消费情境分别对消费者-绿色品牌依恋关系的影响，还证明了高消费者-绿色品牌依恋关系是在自我一致性和绿色品牌消费情境共同作用下形成的。单一绿色品牌消费情境变量对消费者-绿色品牌依恋关系作用的不显著并不意味着其和自我一致性的组合与消费者-绿色品牌依恋关系不存在相关性。所得 7 种中间解则说明不同自我一致性和绿色品牌消费情境组合对高消费者-绿色品牌依恋关系的实现有殊途同归的效果。此外，真实自我一致性和绿色品牌合理性作为高消费者-绿色品牌依恋关系形成的必要条件也与两者在分别对消费者-绿色品牌依恋关系影响中的相对重要性分析结果相互照应。

(3)明晰了自我一致性、绿色品牌消费情境和消费者-绿色品牌关系真实性等前因对消费者-绿色品牌依恋关系的作用机理。

① 吴波，李东进，秦勇．个体权力状态对利他诉求产品偏好影响研究[J]．营销科学学报，2013，9(4)：75-89.

自我一致性通过消费者-绿色品牌关系真实性实现了对消费者-绿色品牌依恋关系的间接影响。该作用路径清晰准确地刻画了消费者-绿色品牌关系视角下消费者与绿色品牌互动对依恋关系建立的影响过程。虽然自我一致性能提升消费者-绿色品牌依恋关系，但这种影响还与消费者在与绿色品牌互动中感受到的关系真实性息息相关。绿色品牌消费情境无法通过消费者-绿色品牌关系真实性实现对计算性绿色品牌依恋的间接影响；而除权力外，其他绿色品牌消费情境均能通过消费者-绿色品牌关系真实性对情感性绿色品牌依恋产生间接影响。该研究结论部分论证了 S-O-R 模型在解释外部绿色品牌消费情境刺激下消费者-绿色品牌依恋关系形成心理路径中的作用，表明消费者-绿色品牌关系真实性在绿色品牌消费情境对消费者-绿色品牌依恋关系的影响中具有重要的中介作用。虽然绿色品牌合理性、可得性、权力和消费经历等能促进计算性绿色品牌依恋形成，但这些外部绿色品牌消费情境线索目前无法彻底转变消费者对绿色品牌价格高、质量差的传统消极印象，导致消费者不能对其与绿色品牌间的关系真实性进行准确判断，使得消费者-绿色品牌关系真实性在绿色品牌消费情境对计算性绿色品牌依恋影响中的中介作用不显著。绿色品牌合理性、参照群体、可得性和消费经历等虽无法改善消费者对绿色品牌功能价值的真实性感知，却能帮助消费者通过绿色品牌消费建立起亲社会和热心环保的社会声誉，让消费者能由绿色品牌象征价值感知其与绿色品牌间的关系真实性，并最终形成情感性绿色品牌依恋。

通过实证结果可以发现，绿色品牌消费情境对消费者-绿色品牌关系真实性中介作用的调节机制十分复杂。通过归纳可以得到五类中介调节效应，其中绿色品牌合理性和可得性负向调节了消费者-绿色品牌关系真实性在理想社会自我一致性和消费者-绿色品牌依恋关系中的中介作用；权力负向调节了消费者-绿色品牌关系真实性在真实自我一致性和计算性绿色品牌依恋中的中介作用；可得性和权力正向调节了消费者-绿色品牌关系真实性在社会自我一致性和情感性绿色品牌依恋中的中介作用；参照群体和消费经历正向调节了消费者-绿色品牌关系真实性在理想自我一致性和情感性绿色品牌依恋中的中介作用；参照群体负向调节了消费者-绿色品牌关系真实性在理想社会自我一致性和情感性绿色品牌依恋中的中介作用。由绿色品牌消费情境主要调节中介作用看，绿色品牌合理性和可得性负向调节以理想社会自我一致性为自变量的中介作用路径，主要由于这些绿色品牌消费情境虽能向消费者传递绿色品牌象征价值，但理想社会自我一致性是以社会自我期望为基础，尚未形成的绿色品牌消费社会氛围与文化势必会滞后消费者在与绿色品牌互动中对理想社会自我的憧憬，影响消费者对绿色品牌的依恋；权力负向调节以真实自我一致性为自变量的中介作用路径反而正向调节以社会自我一致性为自变量的中介作用路径则是因为绿色品牌消费者多为高利他性的个体，而由蔡頠等(2016)研究可知高利他性且高权力的消费者更擅长识别他人的情感需求并愿意为了他人放弃自己的利益，① 这无疑会提升社会自我一致性而降低真实自我一致性对关系真实性和依恋关系的作用。

① 蔡頠，吴嵩，寇彧．权力对亲社会行为的影响：机制及相关因素[J]．心理科学进展，2016，24(1)：120-131.

（4）明确了消费者-绿色品牌依恋关系对绿色品牌承诺和绿色品牌行为意向等后效的影响。

计算性绿色品牌依恋和情感性绿色品牌依恋均对绿色品牌承诺有显著正向影响，但情感性绿色品牌依恋的影响更大。在消费者与绿色品牌间基于绿色品牌功能价值和情感联结形成心理联系后，消费者会在与绿色品牌的互动中表现出愿意与其建立长期关系的意愿，并由此对绿色品牌做出承诺。随着消费者-绿色品牌依恋关系的强化，消费者对绿色品牌的承诺也会随之提升。相较于情感性绿色品牌依恋，计算性绿色品牌依恋源于消费者对绿色品牌功能价值的计算，绿色品牌功能价值的高低或好坏直接影响消费者与绿色品牌建立心理联系的意愿。高计算性绿色品牌依恋消费者通常会对品牌漂绿、绿色品牌产品质量差等与功能价值感知相关的信息十分敏感，而这会导致其与绿色品牌间心理联结的不稳定，并最终影响消费者对绿色品牌的承诺。

情感性绿色品牌依恋对所有绿色品牌行为意向均有显著正向影响，但计算性绿色品牌依恋仅对重复购买、溢价支付和口碑推荐有促进作用。相较于重复购买、溢价支付和口碑推荐，钱包份额和差错宽恕等的行为意向层级更高。消费者在对绿色品牌形成计算性依恋后，虽然愿意为绿色品牌付出金钱、精力和时间等资源，但还无法达到抵制竞争品牌和宽恕品牌差错的行为高度。可见，高计算性绿色品牌依恋消费者多以绿色品牌物质利益为导向，其行为意向不具备排他性和宽容性。高情感性绿色品牌消费者则多以绿色品牌精神利益为导向，其将绿色品牌视为情感依赖和心理归属的重要目标，更愿意为所依恋的绿色品牌作出最大限度的牺牲和让步。此外，通过对比计算性绿色品牌依恋和情感性绿色品牌依恋对绿色品牌行为意向作用的路径系数可以发现，计算性绿色品牌依恋对溢价支付的影响最小。这说明高计算性绿色品牌依恋消费者虽然认同绿色品牌产品在绿色环保及自我价值实现方面的作用，但却又不愿意花费更多的钱来承担绿色品牌质量不确定性和绿色功能模糊性所带来的消费风险，致使其对所依恋绿色品牌的溢价支付意愿不高。该研究结论与王大海等（2015）关于感知效用正向影响生态产品购买意向而价格敏感性负向影响的论断相一致。①

（5）明晰了消费者-绿色品牌依恋关系对绿色品牌承诺和绿色品牌行为意向的作用机理。

情感性绿色品牌依恋通过绿色品牌承诺实现了对绿色品牌行为意向的间接影响。该研究结论证明依据价值-信念-规范理论构建的“依恋关系-绿色品牌承诺-行为意向”逻辑分析框架能清晰且准确地反映消费者-绿色品牌关系视角下情感性绿色品牌依恋对行为意向的影响过程。虽然情感性绿色品牌依恋能提升消费者绿色品牌行为意向，但这种影响取决于消费者对绿色品牌所做出的承诺。情感性绿色品牌依恋的稳定性和可预见性促使消费者在与绿色品牌互动中形成面向两者未来关系的可持续性承诺，并最终采取相应的高层次绿色品牌行为。此外，计算性绿色品牌依恋通过绿色品牌承诺实现了对除差错宽恕外的绿色品

① 王大海，姚唐，姚飞．买还是不买——矛盾态度视角下的生态产品购买意向研究[J]．南开管理评论，2015，18(2)：136-146.

牌行为意向的间接影响。由于高计算性绿色品牌依恋消费者最在意的是绿色品牌所创造的功能价值，因此他们通常会对可能影响绿色品牌质量、效用和应对环境问题功能的品牌差错采取零容忍的态度。可见，消费者对绿色品牌的高计算性依恋和高承诺并不意味着对品牌差错的忍耐、理解和原谅。

认知风格在消费者-绿色品牌依恋关系通过绿色品牌承诺影响行为意向的中介关系中主要存在三种调节作用。其中，创新型认知风格分别在计算性绿色品牌和情感性绿色品牌依恋通过绿色品牌承诺影响重复购买的中介关系中存在负向调节作用；适应型认知风格在情感性绿色品牌依恋通过绿色品牌承诺影响差错宽恕的中介关系中存在负向调节作用。该研究结论强调了消费者个体认知差异所导致的消费者-绿色品牌依恋关系下绿色品牌行为意向差异。创新型认知风格的负向调节中介作用可能与创新型认知风格消费者求新求变的价值观有关，他们并不安分于对其与所依恋绿色品牌关系的可持续性承诺。当有更为新颖、新潮和时尚的绿色品牌出现时，高创新型认知风格消费者会选择减少或放弃对原依恋绿色品牌的承诺，而降低对原依恋绿色品牌重复购买的频率则是这种改变最直观的行为体现。相反，适应型认知风格消费者无法容忍改变。虽然情感性绿色品牌依恋能有效预示消费者对绿色品牌的承诺，但当绿色品牌违背其所宣称的品质和性能，或无法完全实现所允诺的绿色环保功能时，高适应型认知风格消费者将会放弃对该绿色品牌的承诺，并可能会做出相应的负面评价、愤恨和冷漠等反击行为。

除以上研究结论外，本书还发现人口统计变量中仅年龄和受教育水平与计算性绿色品牌依恋有显著相关性。综上可知，以上五个主要研究结论完整清晰地反映了消费者-绿色品牌依恋关系与前因及后效间的关系，消费者-绿色品牌依恋关系中的计算性绿色品牌依恋和情感性绿色品牌依恋在分别受前因作用和影响后效的同时，也在相应研究路径中存在着一定的差异。

7.2　主要创新点

笔者在已有绿色品牌及品牌依恋研究的基础上由品牌关系视角对消费者-绿色品牌依恋关系的构成、前因及后效进行了系统研究，丰富和完善了消费者-绿色品牌关系的理论研究体系，为企业高层次和可持续性绿色品牌关系管理提供了一定的理论支持。本书的创新点主要体现在以下几个方面：

(1)挖掘了消费者-绿色品牌依恋关系的内涵和构成维度。

现有品牌依恋及消费者-绿色品牌依恋关系的研究多立足于西方文化背景，而中国特有文化背景和绿色品牌消费实际情况势必会导致消费者对绿色品牌依恋内容和构成理解的差异。本书以中国消费者为研究样本，利用扎根理论的规范化研究方法提取了构成消费者-绿色品牌依恋关系的两个主要维度：计算性绿色品牌依恋和情感性绿色品牌依恋，并将消费者-绿色品牌依恋关系定义为消费者与绿色品牌间由功能价值认知和情感联结形成的心理纽带，为以后消费者-绿色品牌依恋关系的深入研究奠定了理论基础。

(2)构建了消费者-绿色品牌依恋关系的前因及后效作用模型。

相关学者虽提出了很多能影响品牌依恋建立的因素和绿色品牌依恋可能导致的结果，但缺乏对这些影响因素和结果的系统梳理和研究。本书通过对已有相关文献的挖掘和对我国绿色品牌消费特点的归纳斟酌，利用S-O-R理论、ABC理论和价值-信念-规范理论对消费者-绿色品牌依恋关系的前因和后效作用路径进行了设计和完善。消费者-绿色品牌依恋关系前因的作用路径为“自我一致性及绿色品牌消费情境→消费者-绿色品牌关系真实性→消费者-绿色品牌依恋关系”；后效的作用路径为“消费者-绿色品牌依恋关系→绿色品牌承诺→行为意向”。此外，还在前因及后效作用模型中设定或引入了中介变量和调节变量，以充分反映和系统体现消费者与绿色品牌依恋关系的生成和引发结果。所构建的前因及后效作用模型让消费者-绿色品牌依恋关系理论能更清晰明了地展现出来，丰富了消费者-绿色品牌依恋关系的理论研究成果。

(3)揭示了计算性绿色品牌依恋和情感性绿色品牌依恋之间前因及后效作用机理的差异性。

虽然情感联结在消费者-品牌关系研究中的重要性已受到学者们的认同，消费者与品牌间情感的共鸣能促进可持续消费者-品牌关系的形成，但情感的作用是否真的好于认知的作用我们还不得而知。本书分别以计算性绿色品牌依恋与情感性绿色品牌依恋为导向进行研究，不仅探明了情感在维系和促进消费者-绿色品牌关系中的优势，还发现了导致高情感性绿色品牌依恋的关键前因要素，并确定了情感性绿色品牌依恋能产生的实际行为效果。

7.3 研究展望

在所构建消费者-绿色品牌依恋关系前因及后效作用模型基础上，本书通过实证研究分析了前因如何导致高消费者-绿色品牌依恋关系及消费者-绿色品牌依恋关系能导致的后效，得到了一些有理论和实践价值的研究结论，实现了预期的研究效果。但受个人研究条件和研究能力的限制，本研究还存在一些需要后续完善和改进之处：

(1)本书提出了包含计算性绿色品牌依恋和情感性绿色品牌依恋的二维消费者-绿色品牌依恋关系构成，虽然已对两者进行了检验和实证研究，但这两个变量及其测量题项是否适合其他研究条件和环境还不明确，未来可以尝试将计算性绿色品牌依恋和情感性绿色品牌运用于相关研究中以判断两者的适用性和可推广性。

(2)能带来高消费者-绿色品牌依恋关系的前因较多，本书仅考虑了自我一致性、绿色品牌消费情境和消费者-绿色品牌关系真实性等对消费者-绿色品牌依恋关系的影响，可能还存在一些能导致高消费者-绿色品牌依恋关系的其他重要因素，未来可以进一步对影响消费者-绿色品牌依恋关系的内外因素进行挖掘和完善。

(3)虽然绿色品牌承诺是消费者-绿色品牌依恋关系重要的后效变量，但有研究认为品牌依恋还能导致品牌信任、品牌满意及品牌忠诚等心理状态或反应，未来可以将这些变量作为消费者-绿色品牌依恋关系的后效变量，比较分析这些变量在消费者-绿色品牌依恋关系对行为意向影响中的中介作用。

(4)本书在消费者-绿色品牌依恋关系前因及后效作用模型检验中主要以电子类绿色品牌作为参照品牌，这可能使得研究结果的普适性和可靠性受限，未来可以将研究所选参照品牌的范围扩大到其他品类的绿色品牌，如化妆品绿色品牌、食品绿色品牌等。

附录A　扎根访谈提纲

1. 您知道绿色品牌吗？请谈谈您对绿色品牌的看法和理解。

2. 您能列出几个您认为的绿色品牌吗？为什么您会选择这几个品牌呢？您会把这个品牌推荐给别人吗？您认为您的推荐会增加他人的购买欲望吗？

3. 针对您所列出的绿色品牌，您和您的家人朋友最经常购买和使用的绿色品牌是哪个？为什么会是这个绿色品牌呢？

4. 相比于其他同品类品牌，您认为这个绿色品牌与您的关系是最亲密的吗？这个绿色品牌的哪些因素吸引和打动了您和您的家人朋友呢？怎么打动你们的？

5. 请您回忆一下最初接触到这个绿色品牌时，是什么原因让您接受并慢慢认可了它？您与这个绿色品牌是什么时候建立起亲密关系的？

6. 请您回忆一下购买和使用这个绿色品牌过程中的一些感受，然后尝试着用五个形容词描述一下您与这个绿色品牌之间的亲密关系，以及选择这五个形容词的原因。

7. 购买和使用这个绿色品牌是否对您的生活或工作带来了一些积极的影响或改变？能具体谈谈是哪些改变吗？以及您认为可能造成这些改变的原因。

8. 这个绿色品牌对您自己来说有什么特殊的意义吗？能具体谈谈吗？

9. 假如让您将从接触这个绿色品牌到与它建立起亲密关系的过程分为不同的阶段，您会用哪些词语来进行命名呢？为什么会选择这些词语来命名？

10. 当您与这个绿色品牌分离时，即需要这个绿色品牌而购买不到时，您在情感上会有什么样的反应？

11. 您在与这个绿色品牌相处的过程中有过什么不愉快的经历吗？请回忆一下，最后您是怎么样处理和应付的？尤其是在感情上。

12. 您对这个绿色品牌今后的发展有什么期待吗？能具体谈谈吗？

附录 B　消费者-绿色品牌依恋关系结构预调研问卷

尊敬的女士/先生：

您好！我们正在进行一项关于消费者-绿色品牌依恋关系的研究。本问卷主要用于学术研究，您的认真作答非常重要，答案没有对错之分，请您按照自己的真实想法填写。

绿色品牌是一个相对于非绿色品牌的市场符号和概念。绿色品牌具备了一系列能为消费者创造绿色利益和品牌价值且能被消费者感知到的低碳、节能、环保等品牌属性，并能以此促使消费者与其建立积极的关系。

以下列出了一系列由相关访谈结果所得绿色品牌群中挑选的绿色品牌，请选择一个您经常购买且认同的绿色品牌作为参照品牌，以完成接下来的调查题项：

□华为	□海尔	□云南白药	□茅台	□格力
□青岛啤酒	□海信	□三只松鼠	□雪花秀	□其他________

第一部分：以下是一系列对消费者-绿色品牌依恋关系的描述，请您根据自己所选参照绿色品牌和对该绿色品牌的印象，勾选出与您想法相近的选项。

题号	题　　项	非常不同意	不同意	有点不同意	不确定	有点同意	同意	非常同意
BV1	该绿色品牌的节能标示，让我觉得其绿色功能是可靠的							
BV2	该绿色品牌的广告宣传，让我觉得其是值得信赖的							
BV3	该绿色品牌的购买渠道，让我对其绿色真实性很有信心							
BV4	该绿色品牌的环保、节能、低碳属性是其吸引我的地方							
BV5	相比其他同品类品牌，该绿色品牌融入了更多的绿色元素							
BV6	该绿色品牌应对环境问题的能力是令人满意的							
BV7	我对消费该绿色品牌可能涉及的隐私问题是放心的							
BV8	我坚信该绿色品牌不会对我的生命安全造成不良影响							
BV9	购买该绿色品牌的便捷性让我很舒心							
BV10	该绿色品牌的产品多种多样，能很好地满足我的消费需求							
BV11	用高于同品类品牌的价格购买该绿色品牌是值当的							

续表

题号	题　项	非常不同意	不同意	有点不同意	不确定	有点同意	同意	非常同意
BV12	该绿色品牌的品质对我来说，是不容挑剔的							
BV13	该绿色品牌采用的制造材料是可追溯的							
BV14	该绿色品牌在提升质量方面的努力是值得尊敬的							
BV15	通过使用该绿色品牌，我节省了时间和人力							
BV16	该绿色品牌让我的生活更加方便和容易							
EC1	使用该绿色品牌，我感觉很舒服							
EC2	我喜欢该绿色品牌							
EC3	我认同该绿色品牌所代表的价值观							
EC4	该绿色品牌的特性符合我的消费观念							
EC5	该绿色品牌不会出现其他同品类品牌的差错							
EC6	如果该绿色品牌出现问题，其他同品类品牌也同样会出现							
EC7	在有消费需求时，我会最先想到该绿色品牌							
EC8	除该绿色品牌外，其他品牌均不在我的考虑范围内							
EC9	该绿色品牌是我的挚爱							
EC10	我的生活和工作已经离不开该绿色品牌							
EC11	我觉得该绿色品牌是成功的							
EC12	购买和使用该绿色品牌让我很有成就感							
EC13	如果缺少该绿色品牌，我会感觉好像失去了什么似的							
EC14	我害怕购买不到该绿色品牌							
EC15	如果该绿色品牌在绿色创新方面加大投入，我会更喜欢它							
EC16	如果该绿色品牌的价格能优惠一些，我会感到更满足							
EC17	我信赖该绿色品牌是因为它是国产的							
EC18	我与该绿色品牌建立亲密关系是因为它是民族品牌							
EC19	对该绿色品牌管理者的崇拜，让我喜欢上了它							
EC20	企业家事迹是我对该绿色品牌热情形成的主要原因							
EC21	父母的看法左右着我对该绿色品牌的情感							
EC22	该绿色品牌对父母的帮助让我感受到了它的友善							

第二部分：您的基本情况

性别：□男　　　　　□女

附录C　消费者-绿色品牌依恋关系结构正式调研问卷

尊敬的女士/先生：

您好！我们正在进行一项关于消费者-绿色品牌依恋关系的研究。本问卷主要用于学术研究，您的认真作答非常重要，答案没有对错之分，请您按照自己的真实想法填写。

绿色品牌是一个相对于非绿色品牌的市场符号和概念。绿色品牌具备了一系列能为消费者创造绿色利益和品牌价值且能被消费者感知到的低碳、节能、环保等品牌属性，并能以此促使消费者与其建立积极的关系。

以下列出了一系列由相关访谈结果所得绿色品牌群中挑选的绿色品牌，请选择一个您经常购买且认同的绿色品牌作为参照品牌，以完成接下来的调查题项：

□华为　□海尔　□云南白药　□茅台　□格力

□青岛啤酒　□海信　□三只松鼠　□雪花秀　□其他＿＿＿＿

第一部分：以下是一系列对消费者-绿色品牌依恋关系的描述，请您根据自己所选参照绿色品牌和对该绿色品牌的印象，勾选出与您想法相近的选项。

题号	题　项	非常不同意	不同意	有点不同意	不确定	有点同意	同意	非常同意
BV1	该绿色品牌的节能标示，让我觉得其绿色功能是可靠的							
BV2	该绿色品牌的广告宣传，让我觉得其是值得信赖的							
BV4	该绿色品牌的环保、节能、低碳属性是其吸引我的地方							
BV5	相比其他同品类品牌，该绿色品牌融入了更多的绿色元素							
BV6	该绿色品牌应对环境问题的能力是令人满意的							
BV8	我坚信该绿色品牌不会对我的生命安全造成不良影响							
BV9	购买该绿色品牌的便捷性让我很舒心							
BV10	该绿色品牌的产品多种多样，能很好地满足我的消费需求							

续表

题号	题项	非常不同意	不同意	有点不同意	不确定	有点同意	同意	非常同意
BV11	用高于同品类品牌的价格购买该绿色品牌是值当的							
BV12	该绿色品牌的品质对我来说，是不容挑剔的							
BV14	该绿色品牌在提升质量方面的努力是值得尊敬的							
BV16	该绿色品牌让我的生活更加方便和容易							
EC2	我喜欢该绿色品牌							
EC3	我认同该绿色品牌所代表的价值观							
EC4	该绿色品牌的特性符合我的消费观念							
EC6	如果该绿色品牌出现问题，其他同品类品牌也同样会出现							
EC7	在有消费需求时，我会最先想到该绿色品牌							
EC9	该绿色品牌是我的挚爱							
EC10	我的生活和工作已经离不开该绿色品牌							
EC12	购买和使用该绿色品牌让我很有成就感							
EC13	如果缺少该绿色品牌，我会感觉好像失去了什么似的							
EC18	我与该绿色品牌建立亲密关系是因为它是民族品牌							
EC19	对该绿色品牌管理者的崇拜，让我喜欢上了它							
EC21	父母的看法左右着我对该绿色品牌的情感							
EC22	该绿色品牌对父母的帮助让我感受到了它的友善							

第二部分：您的基本情况

1. 性别：□男　　□女
2. 年龄：□20 岁及以下　　□21～30 岁　　□31～40 岁
　　□41～50 岁　　□51～60 岁　　□61 岁及以上
3. 受教育水平：□高中及以下　　□专科　　□本科
　　□硕士　　□博士
4. 月收入水平：□1000 元及以下　　□1001～3000 元
　　□3001～5000 元　　□5001 元及以上

附录D　消费者-绿色品牌依恋关系前因及后效预调研问卷

尊敬的女士/先生：

您好！我们正在进行一项关于消费者-绿色品牌依恋关系前因及后效的研究。本问卷主要用于学术研究，您的认真作答非常重要，答案没有对错之分，请您按照自己的真实想法填写。

绿色品牌是一个相对于非绿色品牌的市场符号和概念。绿色品牌具备了一系列能为消费者创造绿色利益和品牌价值且能被消费者感知到的低碳、节能、环保等品牌属性，并能以此促使消费者与其建立积极的关系。

以下为参考2012年《中国绿色品牌百强排行榜》列出的一系列电子类绿色品牌，请选择一个您熟悉且认同的电子类绿色品牌作为参照品牌，并以所选品牌为依据完成接下来的调查题项：

□海信　□TCL　□美的　□格力　□创维

□长虹　□华为　□联想　□康佳　□海尔

□其他__________

第一部分：以下是一系列对消费者-绿色品牌依恋关系前因的描述，请您根据自己所选参照绿色品牌和对该绿色品牌的印象，勾选出与您想法相近的选项。

1. 以下题项是关于您与该绿色品牌间个性或形象一致性的描述，请您做出选择：

题号	题　项	非常不同意	不同意	有点不同意	不确定	有点同意	同意	非常同意
RS1	消费该绿色品牌的典型消费者，与我是同一种人							
RS2	消费该绿色品牌的典型消费者，与我是相似的							
RS3	消费该绿色品牌的典型消费者，与我非常相像							
IS1	消费该绿色品牌的典型消费者，反映了我希望成为的那种人							
IS2	消费该绿色品牌的典型消费者，与我希望看到的自己一致							

续表

题号	题 项	非常不同意	不同意	有点不同意	不确定	有点同意	同意	非常同意
IS3	消费该绿色品牌的典型消费者，与我想要成为的那一类型的人非常相似							
SS1	消费该绿色品牌的典型消费者，反映了别人认为我属于的那种人							
SS2	消费该绿色品牌的典型消费者，与别人认为我属于的那种人是一致的							
SS3	消费该绿色品牌的典型消费者，与别人认为我属于的那一类型的人非常相似							
SC1	消费该绿色品牌的典型消费者，反映了我希望别人把我视为的那种人							
SC2	消费该绿色品牌的典型消费者，与我希望别人把我视为的那种人是一致的							
SC3	消费该绿色品牌的典型消费者，与我希望别人把我视为的那一类型的人非常相似							

2. 以下题项是关于您消费该绿色品牌时所面对消费情境的描述，请您做出选择：

题号	题 项	非常不同意	不同意	有点不同意	不确定	有点同意	同意	非常同意
BR1	该绿色品牌的环保效用是让人信服的							
BR2	该绿色品牌的环保效用是合宜的							
BR3	该绿色品牌的环保效用遵从行业要求与社会标准							
BR4	该绿色品牌的环保效用是得当的							
BR5	该绿色品牌的环保效用是不容置疑的							
BR6	该绿色品牌的环保效用和我的理解是相符的							
RG1	身边家人朋友对该绿色品牌的态度会影响我的购买意愿							
RG2	如果我崇拜的人在购买或使用该绿色品牌，我会很愿意购买该绿色品牌							

续表

题号	题　项	非常不同意	不同意	有点不同意	不确定	有点同意	同意	非常同意
RG3	如果我讨厌的人在购买或使用该绿色品牌，即使其性能再好，我也不会考虑购买							
AR1	我所居住社区的周边商店就有绿色品牌出售							
AR2	我经常光顾的超市和购物中心有大量的该绿色品牌产品可供挑选							
AR3	我在超市和购物中心能很容易买到该绿色品牌							
PS1	我觉得我很有权力							
PS2	通过我的努力，我能得到我想要的							
PS3	只要我想，我就能够拍板做出决定							
PS4	身边的人都听我的							
PS5	我的话语很有分量							
PS6	我可以让别人按照我的意愿去办事							
PS7	我的观点和建议通常可以得到大家的认可							
CE1	我曾经购买过该绿色品牌							
CE2	我经常购买该绿色品牌							

3. 以下题项是关于您与该绿色品牌间关系真实性的描述，请您做出选择：

题号	题　项	非常不同意	不同意	有点不同意	不确定	有点同意	同意	非常同意
BA1	该绿色品牌能让我意识到认识真实自我的重要性							
BA2	该绿色品牌的坦率和真诚是其能与我建立紧密关系的重要基础							
BA3	不管何种情况下，该绿色品牌都能成为我认识自我的依靠							
BA4	通过该绿色品牌，除能让我认识自己的公众形象外，还能让我对真实的自我更加了解							

第二部分：以下是一系列对消费者-绿色品牌依恋关系后效的描述，请您根据自己所选参

照绿色品牌和对该绿色品牌的印象，勾选出与您想法相近的选项。

4. 以下题项是关于您对该绿色品牌承诺的描述，请您做出选择：

题号	题　项	非常不同意	不同意	有点不同意	不确定	有点同意	同意	非常同意
BC1	即使该绿色品牌在商店无法买到，我也不会考虑其他品牌							
BC2	即使其他同品类品牌在做促销活动，我也会购买该绿色品牌							
BC3	我认为我对该绿色品牌是高度忠诚的							

5. 以下题项是关于您对该绿色品牌行为意向的描述，请您做出选择：

题号	题　项	非常不同意	不同意	有点不同意	不确定	有点同意	同意	非常同意
RP1	未来的一段时间里，我还会继续购买该绿色品牌							
RP2	在与其他同品类品牌同等条件下，我仍然会选择购买该绿色品牌							
PP1	与其他同品类品牌相比，我愿意支付较高的价格购买该绿色品牌							
PP2	即使该绿色品牌的价格稍微提高一些，我也愿意购买							
PP3	只有当该绿色品牌的价格提得特别高时，我才会考虑其他品牌							
SW1	未来的一段时间里，我购买该绿色品牌的频率会增加							
SW2	未来的一段时间里，我购买该绿色品牌的比例会增大							
WM1	我会推荐其他人购买该绿色品牌							
WM2	我会向征求我购买意见的人推荐该绿色品牌							
WM3	我会鼓励亲朋好友购买该绿色品牌							
MF1	尽管该绿色品牌出了差错，但我会给它一次机会							
MF2	即使该绿色品牌伤害了我，但我会原谅它							
MF3	尽管该绿色品牌出了差错，但我会接受它的差错							
MF4	虽然该绿色品牌做了错事，但我还会继续购买它							
MF5	尽管该绿色品牌出了差错，但我还会对其表示关心和友好							

6. 以下题项是关于您认知风格的描述，请您做出选择：

题号	题　　项	非常不同意	不同意	有点不同意	不确定	有点同意	同意	非常同意
IC1	在生活或工作中，我常会有独创性的想法							
IC2	对生活或工作中遇到的问题，我常会找到新的分析角度							
IC3	我在与他人讨论时常能从不同意见中脱颖而出							
IC4	我更喜欢创新的思维方式而不是去改变原来的想法							
AC1	在生活或工作中，我通常会循规蹈矩							
AC2	在生活或工作中，我通常会顺从他人的意见							
AC3	我认为我是一个非常守规矩的人							
AC4	我喜欢固有的生活或工作方式，不愿意轻易去改变							

第三部分：您的基本情况

7. 性别：□男　　□女

8. 年龄：□20岁及以下　□21~30岁　□31~40岁
□41~50岁　□51~60岁　□61岁及以上

9. 受教育水平：□高中及以下　□专科　□本科
□硕士　□博士

10. 月收入水平：□1000元及以下　□1001~3000元
□3001~5000元　□5001元及以上

附录 E　消费者-绿色品牌依恋关系前因及后效正式调研问卷

尊敬的女士/先生：

您好！我们正在进行一项关于消费者-绿色品牌依恋关系前因及后效的研究。本问卷主要用于学术研究，您的认真作答非常重要，答案没有对错之分，请您按照自己的真实想法填写。

绿色品牌是一个相对于非绿色品牌的市场符号和概念。绿色品牌具备了一系列能为消费者创造绿色利益和品牌价值且能被消费者感知到的低碳、节能、环保等品牌属性，并能以此促使消费者与其建立积极的关系。

以下为参考2012年《中国绿色品牌百强排行榜》和2014年《全球最佳绿色品牌排行榜》列出的一系列知名电子类绿色品牌，请选择一个您熟悉且认同的电子类绿色品牌作为参照品牌，并以所选品牌为依据完成接下来的调查题项：

□海信	□TCL	□美的	□格力	□创维
□长虹	□华为	□联想	□康佳	□海尔
□三星	□索尼	□苹果	□其他__________	

第一部分：以下是一系列对消费者-绿色品牌依恋关系内容的描述，请您根据自己所选参照绿色品牌和对该绿色品牌的印象，勾选出与您想法相近的选项。

1. 以下题项是关于您对该绿色品牌计算性依恋的描述，请您做出选择：

题号	题　项	非常不同意	不同意	有点不同意	不确定	有点同意	同意	非常同意
BV1	该绿色品牌的节能标示，让我觉得其绿色功能是可靠的							
BV2	该绿色品牌的广告宣传，让我觉得其是值得信赖的							
BV4	该绿色品牌的环保、节能、低碳属性是其吸引我的地方							
BV5	相比其他同品类品牌，该绿色品牌融入了更多的绿色元素							
BV6	该绿色品牌应对环境问题的能力是令人满意的							

续表

题号	题　　项	非常不同意	不同意	有点不同意	不确定	有点同意	同意	非常同意
BV8	我坚信该绿色品牌不会对我的生命安全造成不良影响							
BV9	购买该绿色品牌的便捷性让我很舒心							
BV10	该绿色品牌的产品多种多样，能很好地满足我的消费需求							
BV11	用高于同品类品牌的价格购买该绿色品牌是值当的							
BV12	该绿色品牌的品质对我来说，是不容挑剔的							
BV14	该绿色品牌在提升质量方面的努力是值得尊敬的							
BV16	该绿色品牌让我的生活更加方便和容易							

2. 以下题项是关于您对该绿色品牌情感性依恋的描述，请您做出选择：

题号	题　　项	非常不同意	不同意	有点不同意	不确定	有点同意	同意	非常同意
EC2	我喜欢该绿色品牌							
EC3	我认同该绿色品牌所代表的价值观							
EC4	该绿色品牌的特性符合我的消费观念							
EC9	该绿色品牌是我的挚爱							
EC10	我的生活和工作已经离不开该绿色品牌							
EC12	购买和使用该绿色品牌让我很有成就感							
EC13	如果缺少该绿色品牌，我会感觉好像失去了什么似的							
EC18	我与该绿色品牌建立亲密关系是因为它是民族品牌							
EC19	对该绿色品牌管理者的崇拜，让我喜欢上了它							
EC21	父母的看法左右着我对该绿色品牌的情感							

第二部分：以下是一系列对消费者-绿色品牌依恋关系前因的描述，请您根据自己所选参照绿色品牌和对该绿色品牌的印象，勾选出与您想法相近的选项。

3. 以下题项是关于您与该绿色品牌间个性或形象一致性的描述，请您做出选择：

题号	题项	非常不同意	不同意	有点不同意	不确定	有点同意	同意	非常同意
RS1	消费该绿色品牌的典型消费者，与我是同一种人							
RS2	消费该绿色品牌的典型消费者，与我是相似的							
RS3	消费该绿色品牌的典型消费者，与我非常相像							
IS1	消费该绿色品牌的典型消费者，反映了我希望成为的那种人							
IS2	消费该绿色品牌的典型消费者，与我希望看到的自己一致							
IS3	消费该绿色品牌的典型消费者，与我想要成为的那一类型的人非常相似							
SS1	消费该绿色品牌的典型消费者，反映了别人认为我属于的那种人							
SS2	消费该绿色品牌的典型消费者，与别人认为我属于的那种人是一致的							
SS3	消费该绿色品牌的典型消费者，与别人认为我属于的那一类型的人非常相似							
SC1	消费该绿色品牌的典型消费者，反映了我希望别人把我视为的那种人							
SC2	消费该绿色品牌的典型消费者，与我希望别人把我视为的那种人是一致的							
SC3	消费该绿色品牌的典型消费者，与我希望别人把我视为的那一类型的人非常相似							

4. 以下题项是关于您消费该绿色品牌时所面对消费情境的描述，请您做出选择：

题号	题项	非常不同意	不同意	有点不同意	不确定	有点同意	同意	非常同意
BR1	该绿色品牌的环保效用是让人信服的							
BR2	该绿色品牌的环保效用是合宜的							
BR3	该绿色品牌的环保效用遵从行业要求与社会标准							
BR4	该绿色品牌的环保效用是得当的							
BR5	该绿色品牌的环保效用是不容置疑的							

续表

题号	题　项	非常不同意	不同意	有点不同意	不确定	有点同意	同意	非常同意
BR6	该绿色品牌的环保效用和我的理解是相符的							
RG2	如果我崇拜的人在购买或使用该绿色品牌，我会很愿意购买该绿色品牌							
RG3	如果我讨厌的人在购买或使用该绿色品牌，即使其性能再好，我也不会考虑购买							
AR2	我经常光顾的超市和购物中心有大量的该绿色品牌产品可供挑选							
AR3	我在超市和购物中心能很容易买到该绿色品牌							
PS4	身边的人都听我的							
PS5	我的话语很有分量							
PS6	我可以让别人按照我的意愿去办事							
PS7	我的观点和建议通常可以得到大家的认可							
CE1	我曾经购买过该绿色品牌							
CE2	我经常购买该绿色品牌							

5. 以下题项是关于您与该绿色品牌间关系真实性的描述，请您做出选择：

题号	题　项	非常不同意	不同意	有点不同意	不确定	有点同意	同意	非常同意
BA1	该绿色品牌能让我意识到认识真实自我的重要性							
BA2	该绿色品牌的坦率和真诚是其能与我建立紧密关系的重要基础							
BA3	不管何种情况下，该绿色品牌都能成为我认识自我的依靠							
BA4	通过该绿色品牌，除能让我认识自己的公众形象外，还能让我对真实的自我更加了解							

第三部分：以下是一系列对消费者-绿色品牌依恋关系后效的描述，请您根据自己所选参照绿色品牌和对该绿色品牌的印象，勾选出与您想法相近的选项。

6. 以下题项是关于您对该绿色品牌承诺的描述，请您做出选择：

题号	题　　项	非常不同意	不同意	有点不同意	不确定	有点同意	同意	非常同意
BC1	即使该绿色品牌在商店无法买到，我也不会考虑其他品牌							
BC2	即使其他同品类品牌在做促销活动，我也会购买该绿色品牌							
BC3	我认为我对该绿色品牌是高度忠诚的							

7. 以下题项是关于您对该绿色品牌行为意向的描述，请您做出选择：

题号	题　　项	非常不同意	不同意	有点不同意	不确定	有点同意	同意	非常同意
RP1	未来的一段时间里，我还会继续购买该绿色品牌							
RP2	在与其他同品类品牌同等条件下，我仍然会选择购买该绿色品牌							
PP1	与其他同品类品牌相比，我愿意支付较高的价格购买该绿色品牌							
PP2	即使该绿色品牌的价格稍微提高一些，我也愿意购买							
PP3	只有当该绿色品牌的价格提得特别高时，我才会考虑其他品牌							
SW1	未来的一段时间里，我购买该绿色品牌的频率会增加							
SW2	未来的一段时间里，我购买该绿色品牌的比例会增大							
WM1	我会推荐其他人购买该绿色品牌							
WM2	我会向征求我购买意见的人推荐该绿色品牌							
WM3	我会鼓励亲朋好友购买该绿色品牌							
MF1	尽管该绿色品牌出了差错，但我会给它一次机会							
MF2	即使该绿色品牌伤害了我，但我会原谅它							
MF4	虽然该绿色品牌做了错事，但我还会继续购买它							
MF5	尽管该绿色品牌出了差错，但我还会对其表示关心和友好							

8. 以下题项是关于您认知风格的描述，请您做出选择：

题号	题　　项	非常不同意	不同意	有点不同意	不确定	有点同意	同意	非常同意
IC1	在生活或工作中，我常会有独创性的想法							
IC2	对生活或工作中遇到的问题，我常会找到新的分析角度							
IC3	在与他人讨论时常能从不同意见中脱颖而出							
IC4	我更喜欢创新的思维方式而不是去改变原来的想法							
AC1	在生活或工作中，我通常会循规蹈矩							
AC2	在生活或工作中，我通常会顺从他人的意见							
AC3	我认为我是一个非常守规矩的人							
AC4	我喜欢固有的生活或工作方式，不愿意轻易去改变							

第三部分：您的基本情况

9. 性别：□男　　□女

10. 年龄：□20 岁及以下　□21～30 岁　□31～40 岁
□41～50 岁　□51～60 岁　□61 岁及以上

11. 受教育水平：□高中及以下　□专科　□本科
□硕士　□博士

12. 月收入水平：□1000 元及以下　□1001～3000 元
□3001～5000 元　□5001 元及以上

参 考 文 献

[1] MAINIERI T, BARNETT E G, VALDERO T R, et al. Green buying: The influence of environmental concern on consumer behavior[J]. The Journal of Social Psychology, 1997, 137(2): 189-204.

[2] SHEPPARD B H, HARTWICK J, WARSHAW P R. The theory of reasoned action: A meta-analysis of past research with recommendations for modifications and future research [J]. Journal of Consumer Research, 1988, 15(3): 325-343.

[3] PARK C W, MACINNIS D J, PRIESTER J R. Beyond attitudes: Attachment and consumer behavior[J]. Seoul National Journal, 2006, 12(2): 3-36.

[4] 休谟. 道德原则研究[M]. 北京: 商务印书馆, 2011.

[5] 王建明, 吴龙昌. 绿色购买的情感-行为双因素模型: 假设和检验[J]. 管理科学, 2015, 28(6): 80-94.

[6] 阿里研究院, 阿里社会公益部. 2016 年度中国绿色消费者报告[EB/OL]. (2016-08-03). [2016-12-22]. http://www.aliresearch.com/blog/article/detail/id/21025.html.

[7] YIM C K, TSE D K, CHAN K W. Strengthening customer loyalty through intimacy and passion: Roles of customer-firm affection and customer-staff relationships in services[J]. Journal of Marketing Research, 2008, 45(6): 741-756.

[8] 俞林. 品牌信任、顾客满意及关系承诺[J]. 中国流通经济, 2015(3): 101-107.

[9] OLIVER R L. Whence consumer loyalty? [J]. Journal of Marketing, 1999, 63: 33-44.

[10] THOMSON M. Human Brands: Investigating antecedents to consumers' strong attachments to celebrities[J]. Journal of Marketing, 2013, 70(3): 104-119.

[11] GARDNER M P. Mood states and consumer behavior: A critical review[J]. Journal of Consumer Research, 1985, 12(3): 281-300.

[12] BAGOZZI R P, GOPINATH M, NYER P U. The role of emotions in marketing[J]. Journal of the Academy of Marketing Science, 1999, 27(2): 184-206.

[13] 王雁. 普通心理学[M]. 北京: 人民教育出版社, 2002.

[14] 何佳讯. 中国文化背景下品牌情感的结构及对中外品牌资产的影响效用[J]. 管理世界, 2008 (6): 95-108.

[15] MANO H, OLIVER R L. Assessing the dimensionality and structure of the consumption experience: evaluation, feeling, and satisfaction [J]. Journal of Consumer Research,

1993, 20(3): 451-466.

[16] WESTBROOK R A, OLIVER R L. The dimensionality of consumption emotion patterns and consumer satisfaction[J]. Journal of Consumer Research, 1991, 18(1): 84-91.

[17] CHAUDHURI A. Consumption emotion and perceived risk: A macro-analytic approach[J]. Journal of Business Research, 1997, 39(2): 81-92.

[18] 耿黎辉, 陈淑青. 消费情绪与购后行为的关系研究综述[J]. 西南交通大学学报(社会科学版), 2006, 7(5): 93-99.

[19] WAGNER T, HENNIG-THURAU T, RUDOLPH T. Does customer demotion jeopardize loyalty? [J]. Journal of Marketing, 2009, 73(3): 69-85.

[20] CHAUDHURI A, HOLBROOK M B. The chain of effects from brand trust and brand affect to brand performance: the role of brand loyalty[J]. Journal of Marketing, 2001, 65(2): 81-93.

[21] MAZODIER M, MERUNKA D. Achieving brand loyalty through sponsorship: the role of fit and self-congruity[J]. Journal of the Academy of Marketing Science, 2012, 40(6): 807-820.

[22] 望海军. 品牌信任和品牌情感: 究竟谁导致了品牌忠诚? ——一个动态研究[J]. 心理学报, 2012, 44(6): 830-840.

[23] 谢毅, 彭泗清. 品牌信任和品牌情感对口碑传播的影响: 态度和态度不确定性的作用[J]. 管理评论, 2014, 26(2): 80-91.

[24] SMITH A K, BOLTON R N. The effect of customers' emotional responses to service failures on their recovery effort evaluations and satisfaction judgments[J]. Journal of the Academy of Marketing Science, 2002, 30(1): 5-23.

[25] WESTBROOK R A. Product/consumption-based affective responses andpostpurchase processes[J]. Journal of Marketing Research, 1987: 258-270.

[26] HOLBROOK M B, GARDNER M P. Illustrating a dynamic model of the mood-updating process in consumer behavior[J]. Psychology and Marketing, 2000, 17(3): 165-194.

[27] LEE Y K, BACK K J, KIM J Y. Family restaurant brand personality and its impact on customer's emotion, satisfaction, and brand loyalty[J]. Journal of Hospitality & Tourism Research, 2009, 33(3): 305-328.

[28] 黄静, 林青蓝. 消费者-品牌的个人和社会情感维度研究[J]. 武汉大学学报(哲学社会科学版), 2010, 63(3): 446-450.

[29] BLACKSTON M. Building brand equity by managing the brand's relationships[J]. Journal of Advertising Research, 1992, 32(3): 79-83.

[30] FOURNIER S. Consumers and their brands: Developing relationship theory in consumer research[J]. Journal of Consumer Research, 1998, 24(4): 343-353.

[31] 何佳讯, 卢泰宏. 中国文化背景中的消费者-品牌关系: 理论建构与实证研究[J]. 商业经济与管理, 2007, 193(11): 41-49.

[32] FOURNIER S. A consumer-brand relationship framework for strategic brand management [D]. Gainesville: University of Florida, 1994.

[33] 谢毅, 彭泗清. 消费者-品牌关系的影响因素：一项探索性研究[J]. 商业研究, 2008 (1): 1-7.

[34] KANG S, HUR W M. Investigating the antecedents of green brand equity: A sustainable development perspective [J]. Corporate Social Responsibility and Environmental Management, 2012, 19(5): 306-316.

[35] CHEN Y S. The Drivers of green brand equity: Green brand image, green satisfaction, and green trust[J]. Journal of Business Ethics, 2010, 93(2): 307-319.

[36] LIN J, LOBO A, LECKIE C. The role of benefits and transparency in shaping consumers' green perceived value, self-brand connection and brand loyalty[J]. Journal of Retailing and Consumer Services, 2017, 35: 133-141.

[37] SUKI N M. Green product purchase intention: Impact of green brands, attitude, and knowledge[J]. British Food Journal, 2016, 118(12): 2893-2910.

[38] WANG H J. Green brand positioning in the online environment[J]. International Journal of Communication, 2016, 10: 1405-1427.

[39] RAHMAN K M, HAQUE M. Exploring price sensitivity of a green brand: A consumers' perspective[J]. World Review of Business Research, 2011, 1(2): 84-97.

[40] PAPISTA E, KRYSTALLIS A. Investigating the types of value and cost of green brands: proposition of a conceptual framework[J]. Journal of Business Ethics, 2013, 115(1): 75-92.

[41] BEKK M, SPÖRRLE M, HEDJASIE R, et al. Greening the competitive advantage: Antecedents and consequences of green brand equity[J]. Quality & Quantity, 2016, 50 (4): 1727-1746.

[42] JENG M Y, YEH T M. The effect of consumer values on the brand position of green restaurants by means-end chain and laddering interviews[J]. Service Business, 2016, 10 (1): 223-238.

[43] CHEN Y S, TIEN W P, LEE Y I, et al. Greenwash and green brand equity [C]// PICMET. 2016 Proceedings of PICMET' 16: Technology Management for Social Innovation. Honolulu: [s. n.], 2016: 1797-1803.

[44] HARTMANN P, IBáñEZ V A, SAINZ F J F. Green branding effects on attitude: Functional versus emotional positioning strategies[J]. Marketing Intelligence & Planning, 2005, 23(1): 9-29.

[45] MOURAD M, SERAG ELDIN AHMED Y. Perception of green brand in an emerging innovative market [J]. European Journal of Innovation Management, 2012, 15(4): 514-537.

[46] NAZARI E, GHASEMI B, SAEIDI S S. Explain the relationship between green brand

image, green satisfaction and green trust and factors affecting on green brand equity[J]. Bulletin of The Georgian National Academy of Sciences, 2015, 9(1): 487-494.

[47] AMEGBE H, HANU C. Exploring the relationship between green orientation, customer based brand equity (CBBE) and the competitive performance of SMEs in Ghana[J]. Journal of Marketing Development and Competitiveness, 2016, 10(1): 80-93.

[48] 井绍平, 陶宇红, 田泽永. 消费者品牌转换驱动因素研究: 基于绿色营销视角[J]. 商业经济与管理, 2008, 198(4): 50-54.

[49] 李自琼, 陶宇红, 井绍平. 基于绿色营销的消费者品牌偏好变化影响因素的实证研究——以食品、家用电器为例[J]. 生态经济(学术版), 2010 (2): 335-340.

[50] 井绍平, 陶宇红, 李自琼. 消费者品牌转换口碑传播影响因素研究: 基于绿色营销视角[J]. 管理世界, 2010(9): 182-183.

[51] 陶宇红, 井绍平, 周庆元. 基于 BP 模型的消费者绿色品牌偏好变化趋势分析[J]. 消费经济, 2011, 27(4): 19-23.

[52] 井绍平, 王春梅. 基于绿色营销视角的消费者品牌转换成本控制研究[J]. 江苏技术师范学院学报, 2008, 23(11): 104-108.

[53] OLSEN M C, SLOTEGRAAF R J, CHANDUKALA S R. Green claims and message frames: How green new products change brand attitude[J]. Journal of Marketing, 2014, 78(5): 119-137.

[54] DOSZHANOV A, AHMAD Z A. Customers' intention to use green products: The impact of green brand dimensions and green perceived value[C]//SHS Web of Conferences. Les Ulis Cedex A: EDP Sciences, 2015: 1-16.

[55] 刘中刚. 农产品绿色信息完美度及品牌知名度对说服效果的影响: 双面信息的视角[J]. 经济经纬, 2015, 32(5): 31-36.

[56] NAGAR K. Modeling the effects of green advertising on brand image: Investigating the moderating effects of product involvement using structural equation[J]. Journal of Global Marketing, 2015, 28(3-5): 152-171.

[57] ULUSOY E, BARRETTA P G. How green are you, really? Consumers' skepticism toward brands with green claims[J]. Journal of Global Responsibility, 2016, 7(1): 72-83.

[58] 夏鑫, 何建民, 刘嘉毅. 定性比较分析的研究逻辑——兼论其对经济管理学研究的启示[J]. 财经研究, 2014 (10): 97-107.

[59] 马计斌, 王亚平, 吴旭燕. 基于未确知的绿色品牌诊断研究[J]. 科技管理研究, 2008, 28(7): 500-501.

[60] HUANG Y C, YANG M, WANG Y C. Effects of green brand on green purchase intention [J]. Marketing Intelligence & Planning, 2014, 32(3): 250-268.

[61] 孙习祥, 陈伟军. 消费者绿色品牌真实性感知指标构建与评价[J]. 系统工程, 2014, 32(12): 92-96.

[62] 郭锐, 李伟, 严良. 漂绿后绿色品牌信任重建战略研究: 基于 CBBE 模型和合理性视

角[J]. 中国地质大学学报(社会科学版), 2015, 15(3): 28-38.
[63] BLACKSTON M. Observations: Building brand equity by managing the brand's relationships[J]. Journal of Advertising Research, 1992, 32(3): 79-83.
[64] FOURNIER S. Consumers and their brands: Developing relationship theory in consumer research[J]. Journal of Consumer Research, 1998, 24(4): 343-373.
[65] 许正良, 古安伟. 基于关系视角的品牌资产驱动模型研究[J]. 中国工业经济, 2011(10): 109-118.
[66] NAM J, EKINCI Y, WHYATT G. Brand equity, brand loyalty and consumer satisfaction[J]. Annals of Tourism Research, 2011, 38(3): 1009-1030.
[67] CHUNG T, JANG H, HAN J. Financial-based brand value of Incheon international airport[J]. The Asian Journal of Shipping and Logistics, 2013, 29(2): 267-286.
[68] TUŠKEJ U, GOLOB U, PODNAR K. The role of consumer-brand identification in building brand relationships[J]. Journal of Business Research, 2013, 66(1): 53-59.
[69] NG P F, BUTT M M, KHONG K W, et al. Antecedents of green brand equity: An integrated approach[J]. Journal of Business Ethics, 2014, 121(2): 203-215.
[70] CHEN Y S, CHANG C H. The influences of green perceived quality and green brand awareness on green brand equity: The mediation effect of green perceived risk [C]// PICMET. 2012 Proceedings of PICMET '12. [S. l.]: [s. n.], 2012: 1152-1159.
[71] KANG S, HUR W M. Investigating the antecedents of green brand equity: A sustainable development perspective [J]. Corporate Social Responsibility and Environmental Management, 2012, 19(5): 306-316.
[72] 周亚庆, 吴茂英, 周永广, 等. 旅游研究中的"真实性"理论及其比较[J]. 旅游学刊, 2007, 22(6): 42-47.
[73] 王新新, 刘伟. 试论市场营销中真实性问题研究的缘起、主要内容与未来方向[J]. 外国经济与管理, 2010 (7): 31-39.
[74] 徐伟, 王新新, 刘伟. 老字号真实性的概念、维度及特征感知——基于扎根理论的质性研究[J]. 财经论丛, 2015 (11): 80-87.
[75] 张楠, 彭泗清. 品牌本真性概念探析: 内涵、维度与测量[J]. 商业经济与管理, 2016(9): 62-72.
[76] 梁勇. 绿色品牌真实性问题探讨[J]. 消费经济, 2011, 27(3): 63-66.
[77] 王爱民, 董俊武, 黄江圳. 绿色消费及绿色价格研究[J]. 消费经济, 2001, 17(2): 42-44.
[78] 于超, 张重阳, 樊治平. 考虑顾客感知效用的服务要素优化配置方法[J]. 管理学报, 2015, 12(5): 744-749.
[79] KRONROD A, GRINSTEIN A, WATHIEU L. Go green! Should environmental messages be so assertive? [J]. Journal of Marketing, 2012, 76(1): 95-102.
[80] WEISSTEIN F L, ASGARI M, SIEW S W. Price presentation effects on green purchase

intentions[J]. Journal of Product & Brand Management, 2014, 23(3): 230-239.
[81] 王大海, 姚唐, 姚飞. 买还是不买——矛盾态度视角下的生态产品购买意向研究[J]. 南开管理评论, 2015, 18(2): 136-146.
[82] 王财玉, 雷雳, 吴波. 时间参照对绿色创新消费"不作为惰性"的影响[J]. 心理科学进展, 2017, 25(1): 1-11.
[83] TYKOCINSKI O E, PITTMAN T S, TUTTLE E E. Inaction inertia: Foregoing future benefits as a result of an initial failure to act[J]. Journal of Personality and Social Psychology, 1995, 68(5): 793-803.
[84] 吴波. 道德认同与绿色消费——环保自我担当的中介作用[D]. 天津: 南开大学, 2014.
[85] 苏凇, 陈荣, 黄劲松. 不作为惰性的调节: 基于"向前看"的多参照点视角[J]. 心理学报, 2013, 45(12): 1393-1409.
[86] PUTTEN M V, ZEELENBERG M, DIJK E V. Dealing with missed opportunities: Action vs. state orientation moderates inaction inertia[J]. Journal of Experimental Social Psychology, 2009, 45(4): 808-815.
[87] 王尔德. 中国实施最严生态保护战略 2020 年底前全国划定生态红线[N]. 21 世纪经济报道, 2017-02-09(20).
[88] 盛光华, 庞英, 张志远. 生态红线约束下环境关心对绿色消费意图的传导机制研究[J]. 软科学, 2016, 30(4): 85-88.
[89] DUNLAP R, JONES R. Environmental concern: Conceptual and measurement issues[M]//DUNLAP R, MICHELSON W. Handbook of Environmental Sociology. London: Greenwood Press, 2002: 482-524.
[90] KWON W S, ENGLIS B, MANN M. Are third-party green-brown ratings believed?: The role of prior brand loyalty and environmental concern[J]. Journal of Business Research, 2016, 69(2): 815-822.
[91] 吴波, 李东进, 王财玉. 绿色还是享乐? 参与环保活动对消费行为的影响[J]. 心理学报, 2016, 48(12): 1574-1588.
[92] SUKI N M. Consumer environmental concern and green product purchase in Malaysia: Structural effects of consumption values[J]. Journal of Cleaner Production, 2016, 132: 204-214.
[93] ESCALAS J E, BETTMAN J R. Self-construal, reference groups, and brand meaning[J]. Journal of Consumer Research, 2005, 32(3): 378-389.
[94] 于伟. 消费者绿色消费行为形成机理分析——基于群体压力和环境认知的视角[J]. 消费经济, 2009(4): 75-77.
[95] 赵爱武, 杜建国, 关洪军. 绿色购买行为演化路径与影响机理分析[J]. 中国管理科学, 2015, 23(11): 163-170.
[96] YADAV R, PATHAK G S. Young consumers' intention towards buying green products in a

developing nation: Extending the theory of planned behavior [J]. Journal of Cleaner Production, 2016, 135: 732-739.
[97] 叶生洪, 谷穗子, 谢仕展. 社会圈子、面子意识对自我—品牌联结的调节作用[J]. 中南财经政法大学学报, 2015 (3): 139-147.
[98] 贺爱忠, 邓天翔. 典型非绿色消费行为形成机理研究[J]. 经济管理, 2014, 36(1): 77-87.
[99] PARK C W, JAWORSKI B J, MACLNNIS D J. Strategic brand concept-image management [J]. Journal of Marketing, 1986, 50(4): 135-145.
[100] 程志宇, 王朝晖. 顾客价值视角下消费者资源节约型品牌创新研究[J]. 学术交流, 2013(4): 94-97.
[101] 王秀村, 吕平平, 周晋. 低碳消费行为影响因素与作用路径的实证研究[J]. 中国人口·资源与环境, 2012, 22(S2): 50-56.
[102] SCHUITEMA G, GROOT J I M. Green consumerism: The influence of product attributes and values on purchasing intentions[J]. Journal of Consumer Behaviour, 2015, 14(1): 57-69.
[103] 尹世杰. 关于绿色消费一些值得研究的问题[J]. 消费经济, 2001, 17(6): 3-7.
[104] 杨晓燕, 周懿瑾. 绿色价值: 顾客感知价值的新维度[J]. 中国工业经济, 2006(7): 110-116.
[105] HARTMANN P, APAOLAZA-IBÁÑEZ V. Consumer attitude and purchase intention toward green energy brands: The roles of psychological benefits and environmental concern [J]. Journal of Business Research, 2012, 65(9): 1254-1263.
[106] MATTHES J, WONNEBERGER A, SCHMUCK D. Consumers' green involvement and the persuasive effects of emotional versus functional ads [J]. Journal of Business Research, 2014, 67(9): 1885-1893.
[107] 熊小明, 黄静, 郭昱琅. “利他”还是“利己”? 绿色产品的诉求方式对消费者购买意愿的影响研究[J]. 生态经济, 2015, 31(6): 103-107.
[108] WAL A J V D, HOREN F V, GRINSTEIN A. The paradox of 'green to be seen': Green high-status shoppers excessively use (branded) shopping bags[J]. International Journal of Research in Marketing, 2016, 33(1): 216-219.
[109] COX D F. The sorting rule model of the consumer product evaluation process[M]//COX D F. Risk Taking and Information Handling in Consumer Behavior. Boston: Graduate School of Business Administration, Harvard University, 1967: 324-369.
[110] OLSON J C, JACOBY J. Cue utilization in the quality perception process [C]// VENKATESAN M. Proceedings of the Third Annual Conference of the Association for Consumer Research. Chicago, IL: Association for Consumer Research, 1972: 167-179.
[111] WOODSIDE A G. Consumer evaluations of competing brands: Perceptual versus predictive validity[J]. Psychology & Marketing, 2012, 29(6): 458-466.

[112] DELGADO-BALLESTER E, HERNANDEZ-ESPALLARDO M, RODRIGUEZ-OREJUELA A. Store image influences in consumers' perceptions of store brands: The moderating role of value consciousness [J]. European Journal of Marketing, 2014, 48 (9/10): 1850-1869.

[113] 江林，郝婕．品牌相似性对超市自有品牌感知质量的影响研究——基于外部线索的自有品牌与全国性品牌比较[J]．首都经济贸易大学学报，2010，12(4)：63-71.

[114] 李健生，赵星宇，杨宜苗．外部线索对自有品牌购买意愿的影响：感知风险和信任的中介作用[J]．经济问题探索，2015(8)：44-51.

[115] EWING D R, ALLEN C T, EWING R L. Authenticity as meaning validation: An empirical investigation of iconic and indexical cues in a context of "green" products[J]. Journal of Consumer Behaviour, 2012, 11(5): 381-390.

[116] 仇立．基于绿色品牌的消费者行为研究[D]．天津：天津大学，2012.

[117] 刘呈庆．绿色品牌发展机制实证研究[D]．济南：山东大学，2010.

[118] BOWLBY J. Attachment and loss: Volume 1. Attachment [M]. New York: Basic Books, 1969.

[119] BOWLBY J. Attachment and loss: Volume 2. Separation [M]. New York: Basic Books, 1973.

[120] HAZAN C, SHAVER P. Romantic love conceptualized as an attachment process[J]. Journal of Personality & Social Psychology, 1987, 52(3): 511-24.

[121] HUMMON D M. Community attachment: Local sentiment and sense of place [M]. ALTMAN I, LOW S M. Place Attachment, New York: Plenum Press, 1992: 253-278.

[122] POPPER M, MAYSELESS O. Back to basics: Applying a parenting perspective to transformational leadership[J]. Leadership Quarterly, 2003, 14(1): 41-65.

[123] OH J H. Race/ethnicity, homeownership, and neighborhood attachment[J]. Race and Society, 2004, 7(2): 63-77.

[124] RUBIN K H, DWYER K M, BOOTH-LAFORCE C, et al. Attachment, friendship, and psychosocial functioning in early adolescence [J]. The Journal of Early Adolescence, 2004, 24(4): 326-356.

[125] 姜岩，董大海．品牌依恋的概念架构及其理论发展[J]．心理科学进展，2008，16(4)：606-617.

[126] 万基财，张捷，卢韶婧，等．九寨沟地方特质与旅游者地方依恋和环保行为倾向的关系[J]．地理科学进展，2014，33(3)：411-421.

[127] 高翔．消费者品牌依恋对品牌忠诚的影响研究[D]．泉州：华侨大学，2012.

[128] THOMSON M, MACINNIS D J, PARK C W. The ties that bind: Measuring the strength of consumers' emotional attachments to brands [J]. Journal of Consumer Psychology, 2005, 15(1): 77-91.

[129] MCEWEN W J. Married to the brand: Why consumers bond with some brands for life

[M]. Princeton: Gallup Press, 2005.
[130] THACH E C, OLSEN J. The role of service quality in influencing brand attachments at winery visitor centers[J]. Journal of Quality Assurance in Hospitality & Tourism, 2006, 7(3): 59-77.
[131] 姜岩, 董大海. 品牌依恋理论研究探析[J]. 外国经济与管理, 2008, 30(2): 51-59.
[132] 杨春. 消费者品牌依恋的内容结构及其相关研究[D]. 广州: 暨南大学, 2009.
[133] 戴春林, 唐维维. 大学生品牌依恋量表的编制[J]. 心理技术与应用, 2016, 4(1): 14-20.
[134] 姜岩. 消费者购物网站依恋机理研究[D]. 大连: 大连理工大学, 2013.
[135] GRISAFFE D B, NGUYEN H P. Antecedents of emotional attachment to brands[J]. Journal of Business Research, 2011, 64(10): 1052-1059.
[136] PARK C W, EISINGERICH A B, PARK J W. Attachment-aversion (AA) model of customer-brand relationships[J]. Journal of Consumer Psychology, 2013, 23(2): 229-248.
[137] PARK C W, MACINNIS D J, PRIESTER J, et al. Brand attachment and brand attitude strength: Conceptual and empirical differentiation of two critical brand equity drivers[J]. Journal of Marketing, 2010, 74(6): 1-17.
[138] BELAID S, TEMESSEK BEHI A. The role of attachment in building consumer-brand relationships: An empirical investigation in the utilitarian consumption context[J]. Journal of Product & Brand Management, 2011, 20(1): 37-47.
[139] CARROLL B A, AHUVIA A C. Some antecedents and outcomes of brand love[J]. Marketing Letters, 2006, 17(2): 79-89.
[140] BATRA R, AHUVIA A, BAGOZZI R P. Brand love[J]. Journal of Marketing, 2012, 76(2): 1-16.
[141] 苏敬勤, 张琳琳. 情境视角下的中国管理研究——路径与分析框架[J]. 科学学研究, 2015, 33(6): 824-832.
[142] 任兵, 楚耀. 中国管理学研究情境化的概念、内涵和路径[J]. 管理学报, 2014, 11(3): 330-336.
[143] 苏敬勤, 张琳琳. 情境内涵、分类与情境化研究现状[J]. 管理学报, 2016, 13(4): 491-497.
[144] 华生. 华生氏行为主义[M]. 陈德荣, 译. 北京: 商务印书馆, 1933.
[145] CAPPELLI P, SHERER P D. The missing role of context in OB-the need for a meso-level approach[J]. Research in Organizational Behavior, 1991, 13(1): 55-110.
[146] MOWDAY R T, SUTTON R I. Organizational behavior: Linking individuals and groups to organizational contexts[J]. Annual Review of Psychology, 1993, 44(1): 195-229.
[147] TOLMAN E C. Purposive behavior in animals and men[M]. New York: Appleton-Century-Crofts, 1932.

[148] BANDURA A. Social Foundations of thought and action: A social cognitive theory[M]. Englewood Cliffs: Prentice Hall, 1985.

[149] PEPPER S C. Word hypotheses[M]. Berkeley: University of California Press, 1942.

[150] MUUSS R E. Theories of adolescence[M]. 6th ed. New York: The McGraw-Hill Companies, 1996.

[151] LERNER R M. Concepts and theories of human development[M]. 3rd ed. London: Lawrence Erlbaum Associates, 2002.

[152] KOFFKA K. Principle of gestalt psychology[M]. New York: Harcourt, Brace & Company, 1935.

[153] 谷传华, 张文新. 情境的心理学内涵探微[J]. 山东师范大学学报(人文社会科学版), 2003, 48(5): 99-102.

[154] BELK R W. Situational variables and consumer behavior[J]. Journal of Consumer Research, 1975, 2(3): 157-164.

[155] LUTZ R J, KAKKAR P. The psychological situation as a determinant of consumer behavior[J]. Advances in Consumer Research, 1975, 2: 439-454.

[156] ANTONIDES G, RAAJJ F W. Consumer behavior: A European perspective[M]. Chichester: Wiley, 1988.

[157] MOWEN J C, MINOR M. Consumer behavior: A framework[M]. Englewood Cliffs, NJ: Prentice Hall, 2001.

[158] 李华敏, 崔瑜琴. 基于情境理论的消费者行为影响因素研究[J]. 商业研究, 2010(3): 163-166.

[159] 陈江涛. 论情境因素对消费者购房决策的影响[J]. 消费经济, 2005, 21(1): 86-89.

[160] ASSAEL H. Consumer behavior and marketing action[M]. 5rd ed. Cincinnati, OH: South-Western College Publishing, 1995.

[161] CHILD J. Context, comparison, and methodology in Chinese management research[J]. Management and Organization Review, 2009, 5(1): 57-73.

[162] 庄贵军, 周南, 李福安. 情境因素对于顾客购买决策的影响(一个初步的研究)[J]. 数理统计与管理, 2004, 23(4): 7-13.

[163] HANSEN R A、DEUTSCHER T. An empirical investigation of attribute importance in retail store selection[J]. Journal of Retailing, 1977, 53(4): 59-73.

[164] ENGEL J F, BLACKWELL R D, MINIARD P W. Consumer behavior[M]. 8th ed. Chicago: The Dryden Press, 1995.

[165] 吴晓义. 影响消费者购买决策的情境因素研究[J]. 商场现代化, 2005 (11): 8-9.

[166] HAWKINS D I, MOTHERSBAUGH D L, BEST R J. Consumer behaviour: Building marketing strategy[M]. 10th ed. New York: McGraw-Hill Higher Education, 2007.

[167] 王财玉. 消费决策的特质论、情境论及应用[J]. 广东工业大学学报(社会科学版), 2013, 13(3): 74-79.

[168] 崔楠，崔庆安，汪涛．在线零售情境因素对顾客惠顾意愿的影响研究[J]．管理科学学报，2013，16(1)：42-58.
[169] PROSHANSKY H M. The pursuit of understanding: An intellectual history[M]//ALTMAN I, CHRISTENSEN K. Environment and Behavior Studies: Emergence of Intellectual Traditions. New York: Plenum Press, 1990: 9-30.
[170] 俞国良，王青兰，杨治良．环境心理学[M]．北京：人民教育出版社，2000.
[171] 陈红，李海峰．环境心理学内涵的演变：从人与环境相互作用到生态保护可持续发展[J]．南京林业大学学报(人文社会科学版)，2014，14(2)：22-29.
[172] SELYE H. The stress of life[M]. New York: McGraw-Hill, 1956.
[173] BAUM A, SINGER J E, BAUM C S. Stress and the environment[J]. Journal of Social Issues, 1981, 37(1): 4-35.
[174] LAZARUS R S, FOLKMAN S. Stress, appraisal and coping[M]. New York: Guilford, 1984.
[175] EVANS G W, COHEN S. Environmental stress[M]//STOKOLS D, ALTMAN I. Handbook of Environmental Psychology. New York: John Wiley & Sons, 1987: 571-601.
[176] 姜少凯，梁进龙．环境心理学的学科发展与研究现状[J]．心理技术与应用，2014(1)：7-10.
[177] 张圣亮，钱路．银行服务失误对消费者情绪和行为的影响[J]．北京理工大学学报(社会科学版)，2010，12(2)：31-36.
[178] 李东进，马云飞，杜立婷．错过购买情境下消费者后悔对购买意向的影响研究[J]．南开管理评论，2011，14(5)：141-152.
[179] 汪兴东，景奉杰，涂铭．产品伤害中不同忠诚度顾客情绪反应及行为意向的差异性研究[J]．管理评论，2013，25(1)：73-81.
[180] KIM N Y, PARK J W. A study on the impact of airline service delays on emotional reactions and customer behavior[J]. Journal of Air Transport Management, 2016, 57: 19-25.
[181] 彭聃龄．普通心理学[M]．第四版．北京：北京师范大学出版社，2012.
[182] 侯旻．百货店人员服务、消费情感与消费者惠顾意向关系研究[D]．长春：吉林大学，2011.
[183] 魏守波，程岩．虚拟氛围对在线消费者冲动购买意向影响的实证研究[J]．系统管理学报，2012，21(4)：531-539.
[184] 周菲，李小鹿．社会临场感对网络团购消费者再购意向影响研究[J]．辽宁大学学报(哲学社会科学版)，2015，43(4)：113-121.
[185] ROMANI S, GRAPPI S, BAGOZZI R P. Corporate socially responsible initiatives and their effects on consumption of green products[J]. Journal of Business Ethics, 2016, 135(2): 253-264.
[186] 王倩倩，张璇，孟蕾，等．音乐节奏和共餐人数对就餐时间的影响[J]．应用心理

学, 2005, 11(3): 271-275.

[187] 邢宁宁, 汪京强. 基于现场实验的背景音乐对顾客等待时间的影响研究——以华侨大学主题实验餐厅为例[J]. 北京第二外国语学院学报, 2012(1): 49-56.

[188] 代祺, 张中奎. 基于认知负荷角度的消费者网购决策的实证研究[J]. 统计与决策, 2016(14): 59-62.

[189] FURNER C P, ZINKO R, et al. Electronic word-of-mouth and information overload in an experiential service industry[J]. Journal of Service Theory and Practice, 2016, 26(6): 788-810.

[190] 孙时进. 心理学概论[M]. 上海: 复旦大学出版社, 2012.

[191] MEHRABIAN A, RUSSELL J A. An approach to environmental psychology[M]. Cambridge: MIT Press, 1974.

[192] WATSON J B. Psychology as the behaviorist views it[J]. Psychological Review, 1913, 20(2): 158-177.

[193] KOTLER P T, KELLER K L. Marketing management[M]. 15th ed. Upper Saddle River, NJ: Pearson Education, 2015.

[194] STERN P C, OSKAMP S. Managing scarce environmental resources[M]//STOKOLS D, ALTMAN I. Handbook of Environmental Psychology. New York: John Wiley & Sons, 1987: 1044-1088.

[195] GUAGNANO G A, STERN P C, DIETZ T. Influences on attitude-behavior relationships a natural experiment with curbside recycling[J]. Environment and Behavior, 1995, 27(5): 699-718.

[196] STERN P C. New environmental theories: Toward a coherent theory of environmentally significant behavior[J]. Journal of Social Issues, 2000, 56(3): 407-424.

[197] SCHWARTZ S H. Universals in the content and structure of values: Theoretical advances and empirical tests in 20 countries[J]. Advances in Experimental Social Psychology, 1992, 25: 1-65.

[198] SCHWARTZ S H. Normative explanations of helping behavior: A critique, proposal, and empirical test[J]. Journal of Experimental Social Psychology, 1973, 9(4): 349-364.

[199] LIERE K D, DUNLAP R E. Moral norms and environmental behavior: An application of Schwartz's norm-activation model to yard burning[J]. Journal of Applied Social Psychology, 1978, 8(2): 174-188.

[200] GLASER B G, STRAUSS A L. The discovery of grounded theory: Strategies for qualitative research[M]. New York: Aldine, 1967.

[201] 卡麦兹 K. 建构扎根理论: 质性研究实践指南[M]. 边国英, 译. 重庆: 重庆大学出版社, 2009.

[202] 陈晓萍, 徐淑英, 樊景立. 组织与管理研究的实证方法[M]. 北京: 北京大学出版社, 2012.

[203] 费小冬．扎根理论研究方法论：要素、研究程序和评判标准[J]．公共行政评论，2008，1(3)：23-43.

[204] 王建明，贺爱忠．消费者低碳消费行为的心理归因和政策干预路径：一个基于扎根理论的探索性研究[J]．南开管理评论，2011，14(4)：80-89.

[205] GEORGE C，KAPLAN N，MAIN M. The adult attachment interview[Z]. Unpublished Manuscript，University of California at Berkeley，1985.

[206] ALDLAIGAN A，BUTTLE F. Beyond satisfaction：Customer attachment to retail banks [J]. International Journal of Bank Marketing，2005，23(4)：349-359.

[207] KLINE R B. Software programs for structural equation modeling：Amos，EQS，and LISREL[J]. Journal of Psychoeducational Assessment，1998，16(4)：343-364.

[208] 熊元斌，吕丹．品牌依恋的形成机制与营销效应：一个整合性分析框架[J]．华东经济管理，2015，29(10)：139-145.

[209] SIRGY M J，GREWAL D，MANGLEBURG T. Retail environment，self-congruity，and retail patronage：An integrative model and a research agenda[J]. Journal of Business Research，2000，49(2)：127-138.

[210] MALHOTRA N K. Self-concept and product choice：An integrated perspective[J]. Journal of Economic Psychology，1988，9(1)：1-28.

[211] SIRGY M J. Self-concept in consumer behavior：A critical review[J]. Journal of Consumer Research，1982，9(3)：287-300.

[212] HOSANY S，MARTIN D. Self-image congruence in consumer behavior[J]. Journal of Business Research，2012，65(5)：685-691.

[213] 应爱玲，朱金福．消费者真实/理想自我概念与品牌个性一致性对品牌偏好的影响研究——以高端教育产品为例[J]．数理统计与管理，2007，26(6)：971-976.

[214] 张初兵，侯如靖．自我概念一致性对网商品牌忠诚影响的实证研究——品牌认同及承诺的中介作用[J]．软科学，2013，27(4)：136-140.

[215] MALÄR L，KROHMER H，HOYER W D，et al. Emotional brand attachment and brand personality：The relative importance of the actual and the ideal self[J]. Journal of Marketing，2011，75(4)：35-52.

[216] 臧志谊，王聪．消费者自我一致性和品牌情感依恋：现实—理想自我差异的调节作用[J]．消费经济，2014，30(3)：49-54.

[217] 吴波，李东进，谢宗晓．消费者绿色产品偏好的影响因素研究[J]．软科学，2014，28(12)：89-94.

[218] SANDELL R G. Effects of attitudinal and situational factors on reported choice behavior [J]. Journal of Marketing Research，1968，5(4)：405-408.

[219] GRIMMER M，KILBURN A P，MILES M P. The effect of purchase situation on realized pro-environmental consumer behavior[J]. Journal of Business Research，2016，69(5)：1582-1586.

[220] 苏敬勤，刘畅．中国企业外部情境架构构建与研究述评[J]．外国经济与管理，2016，38(3)：3-18.

[221] 杜伟强，曹花蕊．基于自身短期与社会长远利益两难选择的绿色消费机制[J]．心理科学进展，2013，21(5)：775-784.

[222] 芈凌云．城市居民低碳化能源消费行为及政策引导研究[D]．徐州：中国矿业大学，2011.

[223] 孙剑，李锦锦，杨晓茹．消费者为何言行不一：绿色消费行为阻碍因素探究[J]．华中农业大学学报(社会科学版)，2015 (5)：72-81.

[224] 王建明．公众低碳消费行为影响机制和干预路径整合模型[M]．北京：中国社会科学出版社，2012.

[225] CARRINGTON M J，NEVILLE B A，WHITWELL G J. Why ethical consumers don't walk their talk：Towards a framework for understanding the gap between the ethical purchase intentions and actual buying behaviour of ethically minded consumers [J]. Journal of Business Ethics，2010，97(1)：139-158.

[226] BISWAS A，ROY M. Leveraging factors for sustained green consumption behavior based on consumption value perceptions：Testing the structural model [J]. Journal of Cleaner Production，2015，95：332-340.

[227] ERTZ M，KARAKAS F，SARIGÖLLÜ E. Exploring pro-environmental behaviors of consumers：An analysis of contextual factors，attitude，and behaviors [J]. Journal of Business Research，2016，69(10)：3971-3980.

[228] PARK C W，MACINNIS D J，PRIESTER J. Brand attachment：Constructs，consequences and causes[M]. Boston：Now Publishers Inc，2008.

[229] FISKE S T. Controlling other people：The impact of power on stereotyping[J]. American Psychologist，1993，48(6)：621-628.

[230] 吴波，李东进，秦勇．个体权力状态对利他诉求产品偏好影响研究[J]．营销科学学报，2013，9(4)：75-89.

[231] 戚海峰，吴少华，费鸿萍．消费者品牌选择行为的新视角：社会/个体权力[J]．华东理工大学学报(社会科学版)，2016，31(4)：50-57.

[232] 劳可夫．消费者创新性对绿色消费行为的影响机制研究[J]．南开管理评论，2013，16(4)：106-113.

[233] SCHULTZ S E，KLEINE R E，KERNAN J B. These are a few of my favorite things：Toward an explication of attachment as a consumer behavior construct [J]. Advances in Consumer Research，1989，16(1)：359-366.

[234] 耿黎辉，贾建民．在不同消费经历中消费情绪对品牌忠诚的影响机制分析[J]．营销科学学报，2014，10(1)：35-51.

[235] TEICHMANN K. Expertise，experience and self-confidence in consumers' travel information search [J]. International Journal of Culture，Tourism and Hospitality

Research, 2011, 5(2): 184-194.

[236] 赵宝春. 直接经验、伦理判断与非伦理消费行为再犯[J]. 管理学报, 2016, 13(4): 483-490.

[237] 王宁. 旅游中的互动本真性: 好客旅游研究[J]. 广西民族大学学报(哲学社会科学版), 2008, 29(6): 18-24.

[238] FLETCHER N. Ethical selves: A sketch for a theory of relational authenticity[J]. Journal of Philosophy of Life, 2013, 3(1) 83-96.

[239] ILICIC J, WEBSTER C M. Investigating consumer-brand relational authenticity [J]. Journal of Brand Management, 2014, 21(4): 342-363.

[240] 徐伟, 冯林燕, 王新新. 品牌真实性研究述评与展望[J]. 品牌研究, 2016(5): 21-31.

[241] FRANCE C, MERRILEES B, MILLER D. An integrated model of customer-brand engagement: Drivers and consequences[J]. Journal of Brand Management, 2016, 23(2): 119-136.

[242] LACOEUILHE J, BELAÏD S. Quelle (s) mesure (s) pour l'attachement à la marque? [J]. Revue Française du Marketing, 2007, 213(7): 7-25.

[243] CHANG C H, CHEN Y S. Managing green brand equity: The perspective of perceived risk theory[J]. Quality & Quantity, 2014, 48(3): 1753-1768.

[244] 贺爱忠, 李韬武, 盖延涛. 城市居民低碳利益关注和低碳责任意识对低碳消费的影响——基于多群组结构方程模型的东、中、西部差异分析[J]. 中国软科学, 2011(8): 185-192.

[245] 王建明, 郑冉冉. 心理意识因素对消费者生态文明行为的影响机理[J]. 管理学报, 2011, 8(7): 1027-1035.

[246] AKEHURST G, AFONSO C, MARTINS GONÇALVES H. Re-examining green purchase behaviour and the green consumer profile: New evidences[J]. Management Decision, 2012, 50(5): 972-988.

[247] KLEINE S S, BAKER S M. An integrative review of material possession attachment[J]. Academy of Marketing Science Review, 2004, 1: 1-35.

[248] JAHN S, GAUS H, KIESSLING T. Trust, commitment, and older women: Exploring brand attachment differences in the elderly segment[J]. Psychology & Marketing, 2012, 29(6): 445-457.

[249] VLACHOS P A, VRECHOPOULOS A P. Consumer-retailer love and attachment: Antecedents and personality moderators[J]. Journal of Retailing and Consumer Services, 2012, 19(2): 218-228.

[250] 陈伟军. 绿色品牌真实性感知对消费者品牌选择行为的影响研究[D]. 武汉: 武汉理工大学, 2015.

[251] 吉秋月, 郝晓彤. 绿色品牌顾客价值、关系质量和重复购买意向的实证研究: 以绿

色消费知觉控制为调节变量[J]. 现代经济信息，2014（15）：60-61.
[252] 吴波. 绿色消费研究评述[J]. 经济管理，2014（11）：178-189.
[253] 姜岩，董大海. 西方消费者依恋理论的研究进展[J]. 管理评论，2009，21(1)：77-86.
[254] 王永贵，马双，孙彬. 自我决定感在顾客互动与社区满意间的中介作用——基于SOR理论和自我决定理论的实证研究[J]. 山西财经大学学报，2012，34(8)：99-107.
[255] 张晓路. 中国城市老龄消费者品牌重购行为的形成机理[D]. 长春：吉林大学，2013.
[256] 胡兵，熊元斌，王红. 旅游地品牌的象征性意义与情感性品牌依恋——基于符号互动论视角[J]. 经济管理，2015（3）：120-129.
[257] 刘艳，邹泓. 自我建构理论的发展与评价[J]. 心理科学，2007，30(5)：1272-1275.
[258] 杨晓燕，胡晓红. 绿色认证对品牌信任和购买意愿的影响研究[J]. 国际经贸探索，2008，24(12)：66-70.
[259] 陈凯，彭茜. 参照群体对绿色消费态度-行为差距的影响分析[J]. 中国人口·资源与环境，2014（S2）：458-461.
[260] SRINIVASAN V, PARK C S, CHANG D R. An approach to the measurement, analysis, and prediction of brand equity and its sources[J]. Management Science, 2005, 51(9): 1433-1448.
[261] 贺冬锦，孙洪庆. 权力产生美吗？权力感、信息依赖倾向及品牌态度的关系研究[C]// 第二届中国市场营销国际学术年会论文集. 香港：亚洲商业协会 2014：407-418.
[262] 张蓓，林家宝. 质量安全背景下可追溯亚热带水果消费行为范式：购买经历的调节作用[J]. 管理评论，2015，27(8)：176-189.
[263] ARMSDEN G C, GREENBERG M T. The inventory of parent and peer attachment: Individual differences and their relationship to psychological well-being in adolescence[J]. Journal of Youth and Adolescence, 1987, 16(5): 427-454.
[264] 王振宇. 学前儿童发展心理学[M]. 北京：人民教育出版社，2004：206-214.
[265] LOPEZ F G, RICE K G. Preliminary development and validation of a measure of relationship authenticity[J]. Journal of Counseling Psychology, 2006, 53(3): 362-371.
[266] GILLATH O, SESKO A K, SHAVER P R, et al. Attachment, authenticity, and honesty: Dispositional and experimentally induced security can reduce self-and other-deception[J]. Journal of Personality and Social Psychology, 2010, 98(5): 841-855.
[267] 温飞. 消费者情感依恋的形成机理及杠杆作用[D]. 广州：华南理工大学，2011.
[268] SWAMINATHAN V, STILLEY K M, AHLUWALIA R. When brand personality matters: The moderating role of attachment styles[J]. Journal of Consumer Research, 2009, 35(6): 985-1002.

[269] QUESTER P G, KARUNARATNA A, KEE GOH L. Self-congruity and product evaluation: A cross-cultural study[J]. Journal of Consumer Marketing, 2000, 17(6): 525-535.
[270] 赵卫宏. 消费者自我概念结构维度对品牌个性的相对影响力研究[J]. 商业经济与管理, 2009 (1): 84-90.
[271] MARKUS H R, KITAYAMA S. Culture and the self: Implications for cognition, emotion, and motivation[J]. Psychological Review, 1991, 98(2): 224.
[272] 万松钱, 鞠芳辉. 绿色消费中的"态度—行为意向"差距及其政策含义[J]. 东北大学学报 (社会科学版), 2012, 14(3): 212-217.
[273] 王春晓, 刘润刚. 权力感对独特性消费行为的影响及机制研究[J]. 品牌研究, 2016 (3): 51-58.
[274] 王鹏, 庄贵军, 董维维. 品牌原产地困惑和购买经历对品牌形象的影响[J]. 预测, 2011, 30(4): 8-13.
[275] 高键, 盛光华, 周蕾. 绿色产品购买意向的影响机制: 基于消费者创新性视角[J]. 广东财经大学学报, 2016, 31(2): 33-42.
[276] 马瑞婧. 中国城市消费者绿色消费行为的影响因素研究[M]. 北京: 中国社会科学出版社, 2011.
[277] 王建明. 消费碳减排政策影响实验研究[M]. 北京: 科学出版社, 2016: 146-195.
[278] MOORMAN C, ZALTMAN G, DESHPANDE R. Relationships between providers and users of market research: The dynamics of trust within and between organizations[J]. Journal of Marketing Research, 1992, 29(3): 314-328.
[279] 刘小平. 组织承诺研究综述[J]. 心理科学进展, 1999, 17(4): 31-37.
[280] MATHIEU J E, ZAJAC D M. A review and meta-analysis of the antecedents, correlates, and consequences of organizational commitment[J]. Psychological Bulletin, 1990, 108 (2): 171-194.
[281] 姚唐, 黄文波, 范秀成. 基于组织承诺机制的服务业员工忠诚度研究[J]. 管理世界, 2008 (5): 102-114.
[282] GUNDLACH G T, ACHROL R S, MENTZER J T. The structure of commitment in exchange[J]. Journal of Marketing, 1995, 59(1): 78-92.
[283] CHAUDHURI A, HOLBROOK M B. Product-class effects on brand commitment and brand outcomes: The role of brand trust and brand affect[J]. Journal of Brand Management, 2002, 10(1): 33-58.
[284] DHOLAKIA U M. An Investigation of some determinants of brand commitment[J]. Advances in Consumer Research, 1997, 24(1): 381-387.
[285] WARRINGTON P, SHIM S. An empirical investigation of the relationship between product involvement and brand commitment[J]. Psychology and Marketing, 2000, 17 (9): 761-782.

[286] SUNG Y, CAMPBELL W K. Brand commitment in consumer-brand relationships: An investment model approach[J]. Journal of Brand Management, 2009, 17(2): 97-113.
[287] 吴剑琳，代祺，古继宝．产品涉入度、消费者从众与品牌承诺：品牌敏感的中介作用——以轿车消费市场为例[J]. 管理评论，2011，23(9)：68-75.
[288] HESS J, STORY J. Trust-based commitment: Multidimensional consumer-brand relationships[J]. Journal of Consumer Marketing, 2005, 22(6): 313-322.
[289] CHEN Y S, CHANG C H. Enhance green purchase intentions: The roles of green perceived value, green perceived risk, and green trust[J]. Management Decision, 2012, 50(3): 502-520.
[290] CHEN Y S, CHANG C H. Greenwash and green trust: The mediation effects of green consumer confusion and green perceived risk[J]. Journal of Business Ethics, 2013, 114(3): 489-500.
[291] 周健明，邓诗鉴．品牌依恋对消费惯性与品牌忠诚的影响研究[J]. 管理现代化，2015，35(6)：73-75.
[292] 潘莉．依恋研究的多学科视角述评[J]. 品牌研究，2016(4)：44-53.
[293] 周云，朱明侠．品牌忠诚度的测算方法研究[J]. 经济问题，2015 (10)：92-98.
[294] CHUNG N H, LEE K C. The determinants of customer satisfaction and repurchase intention in the Bricks & Clicks bookstore: Trust transfer, switching costs, and personal attitude[J]. Korean Management Review, 2007, 36(1): 183-204.
[295] DATTA P R. The determinants of brand loyalty[J]. Journal of American Academy of Business, 2003, 3(1/2): 138.
[296] 王兴元，孙国翠．品牌忠诚度测度及策略导向模型[J]. 经济管理，2005(2)：57-63.
[297] 薛倚明，韩琳．常见牙膏品牌亲和力与重复购买意愿的实证研究[J]. 管理评论，2011，23(2)：93-98.
[298] 宗淑英．论品牌溢价及品牌溢价能力的提升[J]. 现代经济信息，2008(1)：82-83.
[299] 陈明，温韵雅，蔡志明．智能手机社会体验与品牌溢价：品牌依恋的中介作用[J]. 华南理工大学学报（自然科学版），2016，18(3)：37-44.
[300] NETEMEYER R G, KRISHNAN B, PULLIG C, et al. Developing and validating measures of facets of customer-based brand equity[J]. Journal of Business Research, 2004, 57(2): 209-224.
[301] 朱丽叶，袁登华．品牌象征价值如何影响消费者溢价支付意愿——性别和产品可见性的调节作用[J]. 当代财经，2013 (6)：66-76.
[302] 宗计川，吕源，唐方方．环境态度、支付意愿与产品环境溢价——实验室研究证据[J]. 南开管理评论，2014，17(2)：153-160.
[303] JONES T O. Why satisfied customers defect[J]. Journal of Management in Engineering, 1996, 12(6): 11-11.
[304] 宋金柱，楼天阳．西方钱包份额研究述评[J]. 外国经济与管理，2013，35(12)：

41-49.

[305] 石海娇，马宝龙，文思思．忠诚计划利益类型对顾客忠诚及顾客关系行为的影响研究——以航空业常旅客计划为实证对象[J]．营销科学学报，2015（3）：104-119.

[306] ZEITHAML V A. The behavioral consequences of service quality [J]. Journal of Marketing, 1996, 60(2): 31-46.

[307] 李东进，金玉华，秦勇．WOM信息依赖性及其影响因素的实证研究[J]．管理学报，2005，2(1)：90-97.

[308] 杨强，武一波，张宇．服务补救对消费者正面口碑传播意愿的影响：品牌依恋的调节作用分析[J]．预测，2015，34(4)：21-26.

[309] 张德鹏，林萌菲，陈晓雁，等．顾客参与创新对口碑推荐意愿的影响研究：心理所有权的中介作用[J]．管理评论，2015，27(12)：131-140.

[310] 何美贤，罗建河．企业声誉对消费者情感依恋和顾客公民行为的影响机制——基于顾客—企业认同视角[J]．中国流通经济，2016，30(4)：108-114.

[311] ENRIGHT R D, FREEDMAN S, RIQUE J. The psychology of interpersonal forgiveness [M]//Enright R D, North J. Exploring Forgiveness. Madison. WI: University of Wisconsin Press, 1998: 46-62.

[312] TSARENKO Y, GABBOTT M. Forgiveness: A new insight into business relationships [C]. AMA Educations' Proceedings: Enhancing Knowledge Development in Marketing, Chicago: American Marketing Association, 2006: 30-36.

[313] 卫海英，魏巍．消费者宽恕意愿对产品伤害危机的影响[J]．经济管理，2011，33(8)：101-108.

[314] 孙乃娟．国外消费者宽恕研究综述及趋势展望[J]．中国流通经济，2012，26(4)：86-90.

[315] 任金中．产品伤害危机模糊情境下关键前提变量对消费者行为意向影响机制研究[D]．武汉：华中科技大学，2013.

[316] RIDING R J. On the nature of cognitive style[J]. Educational Psychology, 1997, 17(1-2): 29-49.

[317] 沃建中，闻莉，周少贤．认知风格理论研究的进展[J]．心理与行为研究，2004，2(4)：597-602.

[318] 杨治良，郭力平．认知风格的研究进展[J]．心理科学，2001，24(3)：326-329.

[319] WITKIN H A, GOODENOUGH D R, OLTMAN P K. Psychological differentiation: Current status [J]. Journal of Personality and Social Psychology, 1979, 37 (7): 1127-1145.

[320] 张剑渝，杜青龙．参考群体，认知风格与消费者购买决策——一个行为经济学视角的综述[J]．经济学动态，2009（11）：83-86.

[321] 盛光华，高键．生活方式绿色化的转化机理研究——以绿色消费为视角[J]．西安交通大学学报(社会科学版)，2016，36(4)：8-16.

[322] MIDGLEY D F, DOWLING G R. Innovativeness: The concept and its measurement[J]. Journal of Consumer Research, 1978, 4(4): 229-242.

[323] BARTELS J, REINDERS M J. Consumer innovativeness and its correlates: A propositional inventory for future research[J]. Journal of Business Research, 2011, 64(6): 601-609.

[324] 张喆，胡冰雁．感知风险对创新产品信息搜寻的影响——消费者创新性的调节作用[J]. 管理评论，2014，26(8)：145-157.

[325] KIRTON M. Adaptors and innovators: A description and measure[J]. Journal of Applied Psychology, 1976, 61(5): 622-629.

[326] FOXALL G R. The influence of cognitive style on consumers' variety seeking among food innovations[J]. British Food Journal, 1993, 95(9): 32-36.

[327] 张晓杰，靳慧蓉，娄成武．规范激活理论：公众环保行为的有效预测模型[J]. 东北大学学报(社会科学版)，2016，18(6)：610-615.

[328] 施卓敏，郑婉怡．探秘不同认知风格的个体关注广告的差异——广告位置和认知风格对广告效果影响的眼动研究[J]. 营销科学学报，2014，10(3)：128-145.

[329] BLACKWELL R D, MINIARD P W, ENGEL J F. Consumer behavior[M]. New York: Thomason Corporation, 2006: 55-76.

[330] PARK C W, MACINNIS D J, PRIESTER J R. Brand attachment and management of a strategic brand exemplar[M]//SCHMITT B, ROGERS D. Handbook of Brand and Experience Management. MA: Elgar Publishing, 2007: 1-36.

[331] LOUIS D, LOMBART C. Impact of brand personality on three major relational consequences (trust, attachment, and commitment to the brand)[J]. Journal of Product & Brand Management, 2010, 19(2): 114-130.

[332] DENNIS C, PAPAGIANNIDIS S, ALAMANOS E, et al. The role of brand attachment strength in higher education[J]. Journal of Business Research, 2016, 69(8): 3049-3057.

[333] HUSSAIN K, WAHEED A. Building green brand relations: The role of green brand image as significant driver[J]. International Journal of Environment, Workplace and Employment, 2016, 4(2): 116-138.

[334] 胡保玲．零售企业社会责任，情感依恋与商店忠诚的关系研究[J]. 山东财政学院学报，2014 (5)：103-110.

[335] JANG Y J, KIM W G, LEE H Y. Coffee shop consumers' emotional attachment and loyalty to green stores: The moderating role of green consciousness[J]. International Journal of Hospitality Management, 2015, 44: 146-156.

[336] 李启庚，薛可，杨芳平．消费者关系依恋对品牌体验和重购意向的影响研究[J]. 经济与管理研究，2011 (9)：96-104.

[337] KAUFMANN H R, PETROVICI D A, GONÇALVES FILHO C, et al. Identifying

moderators of brand attachment for driving customer purchase intention of original vs counterfeits of luxury brands [J]. Journal of Business Research, 2016, 69 (12): 5735-5747.
[338] JAPUTRA A, EKINCI Y, SIMKIN L, et al. The dark side of brand attachment: A conceptual framework of brand attachment's detrimental outcomes [J]. The Marketing Review, 2014, 14(3): 245-264.
[339] 蒋廉雄, 冯睿, 滕海波, 等. 不同品牌化情境下的新产品采用: 消费者创新性和品牌依恋的影响[J]. 南开管理评论, 2015, 18(6): 71-80.
[340] NG S, DAVID M E, DAGGER T S. Antecedents and consequences of customer-service provider relationship strength[J]. International Journal of Business Environment, 2013, 5 (3): 232-251.
[341] 杨强, 武一波, 张宇. 服务补救对消费者正面口碑传播意愿的影响: 品牌依恋的调节作用分析[J]. 预测, 2015, 34(4): 21-26.
[342] FEDORIKHIN A, PARK C W, THOMSON M. Beyond fit and attitude: The effect of emotional attachment on consumer responses to brand extensions[J]. Journal of Consumer Psychology, 2008, 18(4): 281-291.
[343] KIM J W, CHOI J, QUALLS W, et al. It takes a marketplace community to raise brand commitment: The role of online communities [J]. Journal of Marketing Management, 2008, 24(3-4): 409-431.
[344] 包国宪, 雷亮, 刘康佳. 企业营销道德对顾客行为意向的影响: 品牌关系质量的中介作用[J]. 西北大学学报(哲学社会科学版), 2015, 45(3): 50-58.
[345] 吕庆华, 郑淑蓉, 刘伟, 等. 品牌依恋对运动鞋品牌忠诚的影响机理: 运动鞋品牌承诺的中介作用[J]. 上海体育学院学报, 2014, 38(5): 32-39.
[346] 范志国, 郭靖丽. 品牌依恋对我国年轻顾客群体行为意向影响的实证研究——基于品牌承诺中介效应的分析[J]. 经济经纬, 2015, 32(6): 108-113.
[347] BHATE S, LAWLER K. Environmentally friendly products: Factors that influence their adoption[J]. Technovation, 1997, 17(8): 457-465.
[348] OZAKI R. Adopting sustainable innovation: What makes consumers sign up to green electricity? [J]. Business Strategy and the Environment, 2011, 20(1): 1-17.
[349] MALHOTRA N K. A scale to measure self-concepts, person concepts, and product concepts[J]. Journal of Marketing Research, 1981: 456-464.
[350] SIRGY M J, GREWAL D, MANGLEBURG T F, et al. Assessing the predictive validity of two methods of measuring self-image congruence[J]. Journal of the Academy of Marketing Science, 1997, 25(3): 229.
[351] SIRGY M J, SU C. Destination image, self-congruity, and travel behavior: Toward an integrative model[J]. Journal of Travel Research, 2000, 38(4): 340-352.
[352] CHON K S, OLSEN M D. Functional and symbolic congruity approaches to consumer

satisfaction/dissatisfaction in consumerism[J]. Journal of the International Academy of Hospitality Research logo, 1991 (3): 2-18.

[353] PARK C W, LESSIG V P. Students and housewives: Differences in susceptibility to reference group influence[J]. Journal of Consumer Research, 1977, 4(2): 102-110.

[354] ANDERSON C, GALINSKY A D. Power, optimism, and risk-taking[J]. European Journal of Social Psychology, 2006, 36(4): 511-536.

[355] NAMKUNG Y, JANG S C S. Effects of restaurant green practices on brand equity formation: Do green practices really matter? [J]. International Journal of Hospitality Management, 2013, 33: 85-95.

[356] FULLERTON G. When does commitment lead to loyalty? [J]. Journal of Service Research, 2003, 5(4): 333-344.

[357] BEATTY S E, HOMER P, KAHLE L R. The involvement-commitment model: Theory and implications[J]. Journal of Business Research, 1988, 16(2): 149-167.

[358] BRAVO R, FRAJ E, MONTANER T. Family influence on young adult's brand evaluation. An empirical analysis focused on parent-children influence in three consumer packaged goods [J]. The International Review of Retail, Distribution and Consumer Research, 2008, 18(3): 255-268.

[359] FINKEL E J, RUSBULT C E, KUMASHIRO M, et al. Dealing with betrayal in close relationships: Does commitment promote forgiveness? [J]. Journal of Personality and Social Psychology, 2002, 82(6): 956-974.

[360] BOBOCEL D R. Coping with unfair events constructively or destructively: The effects of overall justice and self-other orientation[J]. Journal of Applied Psychology, 2013, 98 (5): 720-731.

[361] CHEN Y S, LAI S B, WEN C T. The influence of green innovation performance on corporate advantage in Taiwan[J]. Journal of Business Ethics, 2006, 67(4): 331-339.

[362] 陈永昶. 游客感知视角下旅游企业机会主义行为成因与影响研究[D]. 天津: 南开大学, 2012.

[363] 吴明隆. 问卷统计分析实务: SPSS 操作与应用[M]. 重庆: 重庆大学出版社, 2010.

[364] THOMPSON B. Ten commandments of structual equation modeling[M]//GRIMM L G, YARNOLD P R. Reading and Understanding More Multivariate Statistics. Washington DC: APA, 2000: 261-283.

[365] FISS P C. A set-theoretic approach to organizational configurations[J]. Academy of Management Review, 2007, 32(4): 1180-1198.

[366] 倪宁, 杨玉红. 基于模糊集定性比较分析方法改进胜任力建模[J]. 工业工程与管理, 2009, 14(2): 109-113.

[367] RAGIN C C. Redesigning social inquiry: Fuzzy sets and beyond[M]. Chicago: University of Chicago Press, 2008.

[368] 彭娟．基于构型理论的人力资源系统与组织绩效的关系研究[D]．广州：华南理工大学，2013.

[369] 金永生，季桓永，许冠南．互动导向对企业绩效有多重要——基于模糊集的定性比较分析[J]．经济经纬，2017，34(2)：111-115.

[370] GONÇALVES H M, LOURENÇO T F, SILVA G M. Green buying behavior and the theory of consumption values: A fuzzy-set approach[J]. Journal of Business Research, 2016, 69(4): 1484-1491.

[371] 李永发．面向实验创新的商业模式关键属性动态测评研究[D]．南京：东南大学，2015.

[372] 李健．基于模糊集定性比较分析的民营企业政治行为有效性研究[J]．商业经济与管理，2012，253(11)：48-55.

[373] 温忠麟，张雷，侯杰泰，等．中介效应检验程序及其应用[J]．心理学报，2004，36(5)：614-620.

[374] 温忠麟，叶宝娟．有调节的中介模型检验方法：竞争还是替补？[J]．心理学报，2014，46(5)：714-726.

[375] 蔡頠，吴嵩，寇彧．权力对亲社会行为的影响：机制及相关因素[J]．心理科学进展，2016，24(1)：120-131.

后　记

我关注绿色品牌消费问题始于攻读博士学位之时，当时得益于导师孙习祥教授的指导和启发，帮我建立了对绿色品牌理论的认知，为我绿色品牌研究方向的确定打下了坚实基础。在这期间，我围绕绿色品牌消费心理和选择行为撰写了一些学术论文，分别发表在《商业经济与管理》《财经论丛》《贵州财经大学学报》《北京工商大学学报》《消费经济》等学术期刊上。随着研究的深入，我开始关注绿色品牌消费的情感问题，特别注意到消费者-绿色品牌情感在应对消费者绿色品牌态度-行为差距问题上的理论和实践优势，并最终将研究的目光聚焦到消费者-绿色品牌依恋关系上来，这也成为我博士学位论文的选题。本书正是在我博士学位论文的基础上修改而成的。

本书的完成首先要感谢我的导师孙习祥教授。孙老师知识渊博、正直谦逊，本书不论是构思，还是撰写、修改与定稿，都得到了导师的悉心指导。孙老师对我的言传身教和谆谆教导，一直历历在目、记忆犹新，这必将成为我一生最宝贵的财富，让我受益终身。在此，请允许我向我敬爱的导师致以最崇高的敬意和最诚挚的感谢。此外，我还要感谢聂鸣教授、陈池波教授、宋英华教授、邓明然教授、谢科范教授、刁兆峰教授、杨青教授、刘明非教授、彭华涛教授、熊国保教授等老师。

最后，对我的家人表示诚挚的感谢。正是父母在我背后的默默付出和无私奉献，才让我安下心来顺利完成相关研究和书稿的撰写。还要特别感谢我的妻子，她的辛勤付出和为我所作的巨大牺牲给我带来温暖并为我提供前进的动力，激励我努力前行。

本书的顺利出版获得了“东华理工大学学术专著出版基金”的资助，对学校的大力支持表示衷心的感谢。本书作为我的第一部学术专著，难免会存在一些不足和疏漏之处，希望各位专家、读者批评指正。

张启尧

2021 年春于南昌